三国人物家庭教育启示录

鞠锋◆著

中国言实出版社

图书在版编目（CIP）数据

三国人物家庭教育启示录 / 鞠锋著. -- 北京 ：中国言实出版社, 2017.1

ISBN 978-7-5171-2175-6

Ⅰ. ①三… Ⅱ. ①鞠… Ⅲ. ①历史人物－人物研究－中国－三国时代②家庭教育－经验－中国 Ⅳ.①K820.36②G78

中国版本图书馆 CIP 数据核字(2017)第 007438 号

出 版 人： 王昕朋
责任编辑： 曹庆臻
文字编辑： 张 强
张 朕
封面设计： 张惠慧

出版发行 中国言实出版社
地 址：北京市朝阳区北苑路 180 号加利大厦 5 号楼 105 室
邮 编：100101
编辑部：北京市海淀区北太平庄路甲 1 号
邮 编：100088
电 话：64924853（总编室） 64924716（发行部）
网 址：www.zgyscbs.cn
E-mail：zgyscbs@263.net

经 销 新华书店
印 刷 河市金泰源印务有限公司
版 次 2017 年 3 月第 1 版 2018 年 10月第 2 次印刷
规 格 710 毫米×1000 毫米 1/16 18.5 印张
字 数 268 千字
定 价 48.00 元 ISBN 978-7-5171-2175-6

教育孩子，别人的教训就是自己的经验

（代序）

付小平

自我女儿出生以来的近十年，我一直投身于教育行业。最近几年，更是潜心研究家庭教育。既读过成百上千本国内外出版的家庭教育著作，也写过多部家庭教育专著。无论是读过的，还是自己写过的，大都以总结和分享作者教育孩子的经验和教训为主，即使引经据典，也不过蜻蜓点水，一笔带过罢了。

当看到鞠锋老师发给我的这部书稿时，我不禁眼前一亮。他通过深入剖析三国时期众多历史人物的成败及其家族的兴衰，解读和反思他们的家庭教育，供如今的年轻家长在教育孩子时能够以史为鉴。这样的写作视角非常独特和新颖。

没有一个人注定就是天生的成功者，每一个孩子的成功都离不开其特定的家庭教育和成长经历。鞠锋老师挖掘到了中国历史中蕴含着的适合中国孩童成长的家庭教育观念和教育方式。他通过研究五十位三国人物的成长经历，解析出家庭教育对其人生的影响，并结合当下家庭教育中存在的普遍性问题，给家长教育孩子带来很多启示。

当我们翻开鞠锋老师的这部著作，在他对一个个三国人物成长的解析中，我们真正看到了家庭教育对一个孩子未来发展的巨大作用。就拿孙坚来说，他的出身并不好，来自于瓜农家庭，但他有一个伟大的父亲。正是在父亲的悉心教育下，他得以顺利成长和发展，最终奠定了孙氏家族称霸江东的基础。

每一个孩子都是独特的，即便处于同一个家族，其成长轨迹和教育方式都是不一样的。鞠锋老师通过对曹氏家族、孙氏家族、刘氏家族以及司马氏家族的兴衰解析，让我们看到，再完美的家族教育方式，只要有一代族人在孩子的教育上出现懈怠，就会对整个家族的未来产生不可忽视的影响。就拿司马氏家族来说，正是因为司马昭在教育长子上出现了偏差，才导致了兴盛的司马氏家族走向衰亡。

我们知道，在中国古代，女性地位较低。但鞠锋老师遴选出十位女性三国人物的成长故事，让我们懂得，即便是在重男轻女的古代，女孩成长与否也与家庭教育成败密不可分。

我一直坚信这样一个理念：别人教育孩子的教训就是自己教育孩子的经验。希望更多的家长朋友能吸取别人的教训，将别人教育孩子的教训转换为自己的经验，避免在教育孩子的问题上少走弯路。

倘能认真阅读这本书，做到以史为鉴，或许就是父母自我成长的一次独特体验。

（作者系复旦大学博士、亲子教育专家、教育专栏作家）

目录

CONTENTS

第三章

草根逆袭挺不易
——蜀汉皇族家庭教育启示 / 67

第四章

养子需要讲章法
——西晋皇族家庭教育启示 / 83

第五章

做好父亲真心难
——东汉末年军阀家庭教育启示 / 111

第六章

家庭氛围有奇效

——曹魏名臣家庭教育启示 /135

第七章

父母素养很重要

——蜀汉名臣家庭教育启示 /169

第八章

自我觉醒最有效

——孙吴名臣家庭教育启示 / 197

第九章

谁说女子不如男

——三国时期女性家庭教育启示 / 227

后记

第一章

都说贵不过三代

——曹魏皇族家庭教育启示

从洛阳“小霸王”，到“治世之能臣，乱世之枭雄”，曹操是怎么成长起来的？身为太尉、巨富的父亲曹嵩究竟对于曹操的成功有没有助力呢？一辈子生了二十多个儿子，名垂千古的很多，怎么会一代不如一代呢？曹氏，曾经统治中国北方的霸主，怎么会成为三国中最先灭亡的呢？这一切究竟与曹氏的家庭教育有没有关系呢？

1 曹操：孩子更需要家庭温暖

曹操，三国时期，最负盛名的政治家、军事家、文学家、书法家，正是在他的努力下，曹氏家族建立了三国中最强的魏国，成为中国北方的掌控者。

曹操虽出身于官宦家庭，其父亲也曾高居三公之位，但曹氏在整个官僚体系并不是什么特别突出的高门大族。曹操的祖父是大宦官曹腾，曹氏家族的兴起全靠祖父曹腾的经营，虽然祖父凭借对皇帝的忠诚、对贤才的不计前嫌的举荐，最终被封侯，但毕竟是宦官起家，经常被士大夫所不齿。这也是曹操一直不被主流士族所接纳的原因，年少时的好友袁绍就曾骂曹操是“阉宦之后”。

曹操，可谓是三国时期最难说得清的枭雄。易中天在《品三国》中评价曹操性格复杂多变，在一生中有着好几张脸面，着实让人看不清楚，说曹操狡诈，但狡诈之余又真诚可爱；说曹操礼贤下士，但求贤之同时又妒贤嫉能……

曹操为什么会这么复杂多变呢？

复杂多变，源于父亲的不喜

幼时的曹操，作为官宦子弟，和洛阳城内的一大帮权贵子弟混迹，他们最大的愿望是成为游侠，行侠仗义、任性而为。这一时期的曹操，真实而真诚。他的放荡不羁，给父亲曹嵩惹了不少的麻烦，曹嵩因此不喜欢这个儿子。

父亲曹嵩不喜欢也就罢了，叔叔也不喜欢。不喜欢也就罢了，关键叔叔还经常喜欢到曹嵩面前打曹操的小报告。或许叔叔是想让曹操“改邪归正”，但曹操并不领情。

别说曹操了，任谁都不喜欢有这么个喜欢到父亲面前说自己坏话的叔叔。年轻气盛的曹操，到了叛逆期，正是离经叛道的时候，根本容不得叔叔老是打小报告。

怎么办？胆大的曹操，连别人的新娘都敢抢，斗一斗叔叔还不是小意思？他想了个绝妙的主意，在叔叔面前装出中风的样子，叔叔一看侄儿危在旦夕，赶忙去找曹嵩汇报。曹嵩一听也急了，赶紧跑来救助自己的儿子，到了现场，却发现曹操好好地站在那里。曹嵩很奇怪，就问曹操怎么回事，曹操很淡定地说自己根本没病，一定是自己的叔叔不喜欢自己，所以才在父亲面前搬弄是非。

结果，曹嵩竟然信了，从此再也不相信曹操叔叔关于曹操的任何小报告了。我觉得挺不可思议的，曹嵩对孩子挺不负责任的，没有做任何的调查，就那么相信了曹操的说辞。也许他不是信了，而是对曹操已经丧失了希望，不想再去管自己这个令他头疼的儿子了。

不管怎么说，这件事情对于曹操的影响应是非常巨大的，也许在他设下计谋的时候，他根本也没有想到会成功，事实的成功，让他尝到了谎言的作用。谎言说多了，狡诈的性格也就难免定型。

从此以后，曹操可谓是“天高任鸟飞”，再也没有谁的小报告能够对他起作用，他也越发胆大妄为。当时的曹操，要在现代，或许也是个不良少年，亲朋无奈，邻里厌恶，老师头疼。

曹操这样的情况，在我们当下的很多家庭上演，很多父母过于信任自己的孩子，从不对孩子的言语进行甄别，反而被孩子的“花言巧语”迷惑，对孩子偏听偏信，不加管教也就罢了，经常还“助纣为虐”，不断地把孩子推向“悬崖”。真等到孩子出了问题，才知道追悔莫及，他们早已经“无能为力”。

“无能为力”时，很多父母不是想尽办法帮助孩子“改邪归正”，反而有点“自暴自弃”，要么放任孩子不管，要么想着与孩子断绝关系。

对于曹操，曹嵩未尝不抱着这样的想法？

冷漠无情源于父亲的信任太少

很多人说曹操冷漠无情，纵观曹操一生，冷漠无情确实很多。

曹操年少时梦想是成为行侠仗义的游侠。行侠仗义的游侠，定是正直真诚的人，有此志向的曹操他怎么会变得冷漠无情的？这一切与父亲曹嵩的不信任、不支持有莫大关系。

年少时，叛逆很正常。作为父亲，不喜欢也正常。没有谁喜欢整天有人上门投诉儿子的过错。不喜欢不能放弃，谁都有年少轻狂时，只要孩子能浪子回头，父亲就该支持。可惜，曹操浪子回头举起匡扶汉室的大旗，起兵抗董时，曹嵩不仅不支持，还带着次子曹德搬到徐州琅琊避难去了。

父亲曹嵩不是普通人，是富可敌国的大贵族。曹嵩在当大司农、大鸿胪（九卿的高位，仅次于三公）曾经花费万金向汉灵帝买了太尉这样一个官职（仅次于大将军），由此达到了自己政治生涯的最高峰。为了一个太尉虚名，曹嵩愿意花费万金，却不愿意为了儿子的事业花费一分一厘。

曹操没办法，只能变卖家财，招募义兵。好在他这个人运气不错，遇到陈留的卫兹以家财资助，才能招募到五千余名士兵。后来又得到了好友陈留太守张邈的支持，得以首倡讨伐董卓的义举。

曹嵩为人特别吝啬，不放心不相信儿子的事业也正常，但这么多金，支持一点，恐怕也不影响自己养老生活的质量。可惜这位父亲，对儿子根本不信任，即便儿子当上了兖州牧是一个不大不小诸侯时，他也没有丝毫投奔儿子的意思。

初平四年（公元 193 年），兖州的曹操与徐州的陶谦发生争斗，两个人打了快一年没分出结果，却让曹嵩害怕了，在初平五年（公元 194 年），他终于打算要带着次子曹德与妻妾，离开刀兵之地前往曹操的大本营兖州避难。

上天与他开了个大玩笑，行踪泄密了，儿子的援兵没有等到，却被陶谦的兵士杀害了。一辈子不相信自己的儿子，临了，终于想起了，上天却不让他如愿，葬送了性命。

父亲死了，曹操愤而起兵攻打陶谦，一路上杀戮无数，可让徐州人民遭了罪，由此可见曹操的无情。俗话说，冤有头债有主，陶谦和他的部将才是杀父仇人，与徐州人民何干？

对家人的温情，源于“自我补偿”

曹操，这个人，虽无情惯了，但也有不少对家人温情的举动。例如对夫人丁氏的温情，即便丁氏怨恨曹操好色把长子曹昂害了而一怒之下回了娘家，曹操也没有过多责怪她，反而一次次地劝说丁氏回家。例如曹操临死前的遗言，让儿子曹丕把自己的妾室和婢女都放出王宫，让她们不必在王宫孤独终老。

曹操内心对于亲情的温暖非常的渴望，他从父亲曹嵩身上很少能感受到温暖。对于曹操的成才，曹嵩付出很少。相比于曹嵩的不信任、不支持，太尉桥玄却对曹操一见“赏识”，直言：“天下将乱，非命世之才不能济也，能安之者，其在君乎！”桥玄不仅言语上赏识，还愿意把妻子托付，更极力扶持曹操，助力曹操成长。

桥玄的信任、支持，让曹操体会到了温暖，铭记在心永生难忘。曹操，曾多次拜谒桥玄的坟墓，说了很多温情的话。

亲情的欠缺，让曹操对温暖异常渴望，父亲给不了，等到他为人夫、为人父后，想到自己，做出一些温情举动，不光是疼爱妻妾、孩子，更是“自我补偿”，或者说是“自我满足”。

温暖，是对孩子最好的感化

不只是曹操，当下很多问题孩子，年少时就闹得家里邻里鸡飞狗跳，最终走上“歪路”。总结孩子走上歧路的原因，都说是父母失职，究竟父母失职在哪里，却很少有人去探寻。我认为缺失家庭温暖是重要诱因。

湖南邵东弑师的龙某，就是缺失家庭温暖的典型案例。龙某，虽父母双全，却没有享受过家庭温暖，只能说衣食无忧。正因为缺失温暖，他才会沉迷于玄幻世界里，寻找一点可怜的温暖慰藉。

为什么很多孩子会在考试失败后自杀呢？在他们的生活里，考试和分数成了唯一。他们想感受温暖，就必须用分数和成绩去换取，否则，就是叹息声和咒骂声。

人这一辈子，不管是谁，不管多么富裕和有权势，都会遭遇挫折。一个温暖的孩子，能扛得住挫折，因为温暖可以给予他无穷的力量。

而温暖，必须由家庭给予。

温暖，可以是一句关爱的话语，也可以是一个关心的举动，更可以是一个简单的微笑。温暖，无关于金钱和权势，是一种发自内心的爱意散发。

要能给予孩子温暖，父母自己首先要做一个温暖的人。

什么样的人才是温暖的人呢？

一是要有阳光乐观的心态。一个温暖的人，她的脸上必会挂着阳光般的笑容，也必定会有着乐观的心态，遇事不钻牛角尖，始终有着一股韧劲和阳光总在风雨后的信念。

二是要富有爱心。一个温暖的人，一定是富有爱心的，有对小动物的喜爱之情，有对路旁乞讨者的悲悯之心，有对一段爱或情的尊重，始终相信，这个世界是善良的。

三是要懂得体谅与包容。一个温暖的人，一定是懂得站在他人的角度换位思考，也一定是懂得体谅他人的难处的。

四是要有自己的坚持。一个温暖的人，还应该拥有自己的坚持，只要是对的事情，就要勇敢地去追求。

五是要适时安慰。一个温暖的人，还应该懂得安慰他人，给予他人鼓励与希望，哪怕只是一包纸巾擦拭别人的泪，那也是温暖的举动。

六是铭记他人的好。一个温暖的人，应该学会时刻带着虔诚的心铭记别人对我们的好，我们要牢记没有人理所当然对你好，别人帮你对你好那是情义不是义务。

2 曹昂：父亲失责造成的典型悲剧

曹昂是谁？知道的人不多。他仅在《三国演义》这部长篇历史小说中出现了一次，就是在第十六回。十六回中，他因为掩护父亲曹操逃跑和堂弟曹安民死在了宛城。

曹昂是曹操的嫡长子。他既是个幸运的人物，没有经历太多的兄弟萧墙；又是个悲剧的人物，死于父亲的好色。

曹昂，字子修，生母是曹操的妾室刘夫人，可悲的是生母刘氏早亡，曹昂很小就经历了丧母之痛；可喜的是他被曹操正妻丁夫人收养，一跃成为曹操的嫡长子、曹氏继承人。

母亲的早亡，让他体会到了人情冷暖，成熟得很早，很小就显露出聪慧的天赋。曹操此人，不高，又黑，基因却不错，生了许多儿子，名垂千古的很多，从曹丕、曹植再到曹冲，都赫赫有名。

曹昂，聪明且性情谦和，为曹操所喜爱，二十岁即举孝廉。曹丕登基称帝后在朝臣面前常说："孝廉长兄，自然应当继承这个位置。"

曹昂的聪慧成才，让曹操深为满意，经常带在身边培养，可以说是常年征战在外。

虽为养母，却是个好妈妈

曹昂，虽然是被过继给养母丁夫人，但丁夫人对他一直宽严有度，将他培养成文武双全。

在战乱年代，父亲作为一家之主，是很少能够介入到孩子的成长中去的，尤其是一些大家族，妻妾成群，儿子众多。就拿曹操来说，有史料记载可以查询的儿子，就有二十四个。在一个庞大的家族中，决定一个孩子能否成才，能否引起父亲乃至于家族重视，最终倾全力培养的关键是母亲。

相比于刘备嫡长子刘禅的母亲甘夫人来说，丁夫人无疑是非常合格的。她在养子曹昂身上付出了一生的心血，把孩子培养成一个有德之才，被举孝廉。

有的人可能不知道举孝廉是个什么情况，孝廉是“孝顺亲长、廉能正直”的意思。只有在孝和廉方面突出的人，才能被举荐。曹昂，是孝廉的典范，对待父亲能把心都掏出来，这也就是他后来为什么能够有“毫不犹豫把自己的战马给自己的父亲曹操，自己下马步战为父亲断后”行为的根源。

丁夫人是个奇女子，是真正把曹昂这个养子当作儿子养育。得知曹昂死讯时，与曹操闹翻，大骂：“你害死了我的儿子，从此我没什么可留恋的!”骂完了，丁夫人也不就此罢休，反而一怒之下回娘家去了，即便是曹操亲自到丁夫人娘家道歉乞求，仍然不肯归来。从此，她和曹操恩断义绝，再无来往。

这样爱子至深的母亲，不仅三国期间少有，即使中华五千年历史里也不多见。

有个好母亲，是曹昂的幸运；但有个坏父亲，就是曹昂的悲剧。

虽为父亲，却害死儿子

好色，是曹操一辈子的污点，害己更害人。他的好几个儿子也继承了他的这种基因，譬如曹丕，竟然与父亲曹操争女人——袁绍二儿媳甄宓；譬如曹植，竟然恋上了自己的嫂子——曹丕的夫人甄宓。

曹操的好色几乎是死不悔改的，每到一地，都要网罗当地的美女。

曹昂为何惨死？就是曹操在打败张绣占领宛城后，看上了张绣叔叔张济的遗孀邹夫人。两人通奸，被张绣发现，曹操意图除掉张绣的计划泄露，张绣先发制人，先后杀死曹昂、曹安民，逼得曹操仓皇逃窜，要不是部将于禁等人稳住阵脚，后果更加不堪设想。

常在河边走，怎能不湿脚。好色的曹操，几乎是肆无忌惮的，从邹夫人，再到甄宓（虽然没有得逞，但却早已有了这个心思），再到大乔小乔。

也许好色是曹操没有能够统一江山的致命因素。

对于儿子的死，曹操是后悔的，悲痛的。弥留之际，他念念不忘的是因为儿子曹昂与自己闹翻的正妻丁夫人，就是对自己造成儿子死亡的自责。

危机面前，曹操丢失了父亲的责任

原本曹昂是可以不死的，真正面对危机时，曹操丢掉了父亲的责任。人都说：虎毒不食子。也许，真正生死存亡之际，老虎为了生存，也会食子。

封建社会，是个为了生存可以把妻儿当财物交换的年代。后有追兵，生死存亡之际，面对孝子曹昂献上来的马匹，曹操肯定是有过犹豫的。也许，我们不能责怪曹操，死亡面前，每个人都有求生的欲望，每一个人的选择都不能简单用对错来衡量。

回过来说，作为父亲，曹操是不是可以带着儿子一起逃命，而不是任由儿子为了自己的逃生拼命。说不定，集合两个人的力量，也可以逃生呢？

作为父亲，面对困境，不管多危险，都不该自己放弃父亲的责任，那与禽兽何异？

让儿子历练有错？

有人说，如果曹操不把曹昂带在身边征战，曹昂身死的悲剧就不会发生。

应该说，曹昂的悲剧不在于父亲把他带在身边培养，让曹昂从养尊处优的贵公子生活中脱离出来，到军队里、战场上历练，反而能够促动他快速成长。曹昂的悲剧，在于父亲好色到了毫无底线，或者说胆大包天到极致，竟为了一个女人，竟然置安危、霸业于不顾。

君子不立于危墙，曹操太过于自负，才酿成了悲剧。

但不能因为悲剧，就否定曹操的一项教子好办法：把自己的儿子带在军营里“吃苦耐劳”。同样是儿子，曹操的儿子曹丕为什么能够远超刘备的儿子刘禅许多，就因为曹家的儿子很多都上过战场历练。

从曹昂的经历来看，当下缺乏的就是曹操这种不“姑息”儿子的魄力。孩子，最需要的是经历、挫折、磨难与成长，而不是天天“家里蹲”的“养尊处优”。

父亲和母亲，同样重要

从曹昂的悲剧不难发现，曹昂虽有个好母亲，德行教育都很到位，却因为有个不怎么好的父亲而失败。

家庭教育中，父母的作用，是相当的，都非常重要，缺一不可。如果有一方不能正确在孩子的成长过程中担负起自己的责任，都会对孩子的成长产生重大影响。

父亲也好，母亲也好，都不要也不能把教育子女的责任推脱给对方，单纯地依靠一方介入孩子的教育生活，都是不妥当的。最好的方式，就是双方共同参与到孩子的成长过程中来，共同努力，共同经历，共同成长，才能确保孩子的成长是健康而安全的。

3 曹丕：最像父母的孩子往往最悲剧

曹丕，是魏武帝曹操与武宣卞皇后生的长子。等到长子曹昂在宛城战死，丁夫人与曹操闹翻，卞氏被曹操扶正，曹丕也摇身一变成了嫡长子，从法理上拥有了曹魏的继承权。

问题是嫡长子曹昂的去世，让曹操在继承人的选择上摇摆不定。相比于众子，曹操内心更偏爱幼子曹冲。曹冲早夭后，他又偏爱四子曹植。曹植才华横溢，谢灵运说他“曹植的文采天下若有一石，曹子建就占据八斗”，“才高八斗”的说法由此而来。

虽然曹丕在继承人争夺战里战胜了曹植，在曹操死后继承了父亲的一切权利，但曹丕并不幸福。曹丕这一生只活到四十岁，总结其人生，可以用曹操的影子来定义。

为什么这么说？因为曹丕继承了曹操几乎所有负面的性格。

好色

曹操的好色，在《三国演义》里都是很有名的，几乎到了一个地方，最先做的事情就是收集美女，而这一点早已经被心腹手下所掌握。曹操一辈子找了无数的女人，光儿子就生了二十多个。

曹丕的好色，远超于父亲。《后汉书·孔融传》中说："曹操攻屠邺城，袁氏妇子，多见侵略（侵犯），而操子丕私纳袁熙妻甄氏。"这个甄氏是袁绍的儿媳妇，是出了名的多才多艺的美人。曹氏父子久闻其名，早就对她垂涎。《世说》记载："曹公之屠邺也，令疾召甄，左右曰：'五官中郎将（指曹丕）已将去。'公曰：'今年破贼，正为奴（指甄氏）。'"曹操父子两人争风吃醋，他对儿子先下手为强的做法十分不满。

父亲去世后，曹丕立刻接受了父亲的所有姬妾，一个也不肯放过，被其母卞氏骂为"不如猪狗"。

多疑

曹操这个人，一辈子最大的缺点是多疑。曹丕完整地继承了父亲的多疑，还有过之而无不及。

曹操仅仅是因为觉得华佗给头部开刀的医疗方案天方夜谭，就猜疑华佗是敌人派来的奸细想暗害自己，杀死了这个最让人惋惜的东汉末年最负盛名的神医。

而曹丕呢？仅仅因为一些流言，就把自己曾经最爱的从父亲手中夺来的女人甄宓残忍地刺死在邺城。所谓流言，不过是翻翻嫁给曹丕前的旧账以及与兄弟曹植的绯闻。

无情

《三国演义》描写曹操曾说“宁可天下人负我，不可我负天下人”，被大家熟知。曹操当时说的是“宁人负我，毋我负人”，虽不像小说里那么达到极致，但仍可以看出曹操的无情。

因为一个莫须有的罪名，曹操杀死了父亲曹嵩的好友吕伯奢。等到曹操因好色与张绣的婶婶邹氏私通被张绣击败逃命时，面对儿子曹昂的挺身而出，曹操依然是那么的无情。

曹丕的无情也是很有名的，在争夺继承人战争中，他先是害死了对自己有威胁的同父同母弟弟勇武的任城王曹彰，后来当了皇帝后，还准备除掉自己的同父同母弟弟东阿侯曹植，苦于母亲卞氏以死相逼，又怕影响不好这才作罢。曹丕虽然没有杀死东阿侯曹植，但派兵长期软禁曹植，让曹植失掉了自由。

曹丕异变到如此，父亲曹操是“祸根”。曹操一生传授给子女的，都是负能量的力量，如权术、阴谋，而非友爱、团结。曹氏的兄弟姊妹之间只讲权术，只耍阴谋，互相残杀，毫不手软，终曹魏一朝，皇帝对于皇族的掌控是非常严苛的，这也是司马氏篡权后，曹氏无力回天的主要因素。所以根本不用异姓来杀害他们。他们不讲亲情，自相残杀把曹氏败亡了。

曹操在曹丕的成长过程中，都犯下了哪些不可饶恕的过错呢？

一是把儿女当“筹码”，离间父子情。为了达到目的，曹操很多时候是不择手段的，甚至直接拿儿女来做政治斗争的“筹码”，只要自己用得顺手，完全不为子女的前途着想。公元 213 年秋天，他一次就把三个女儿送给汉献帝做贵嫔（高级小老婆）。不久，他谋杀皇子二人及其母伏皇后，就逼着汉献帝立曹节为皇后，自己当上了皇帝的老丈人。

应该说长兄曹昂的死，对曹操儿女的冲击非常巨大。看到长兄用自己的性命为父亲的好色买单，弟弟们汲取到的绝不是感动，反而是冷漠和无情，一定会极度缺乏安全感，这里面定然包括曹丕。

安全感缺失，心理就容易扭曲。对父亲也会逐渐失去应有的尊重，甚至会把父亲当成眼中钉、肉中刺。抢在父亲面前搜罗美女，等到父亲去世后接收父亲所有的妻妾，就是最好的证明。

亲情，曹丕在父亲的影响下，早就觉得一文不值。

像曹操这样把儿女拿来当“筹码”的，在当下中国，虽不常见，却并非没有。山东一父亲因为留美博士女儿拿不出钱给儿子买房，竟丧心病狂地杀死女儿女婿，不就是如“曹操”一样的无情父母吗？

二是拿儿子“赛马”，离间兄弟情。长兄曹昂战死后，多疑无情的曹操在众多儿子中进行“世子”选拔，美其名曰挑选最合格的继承人，目的就是通过兄弟之间的搏杀来选择出最无情的人。这与狼群首领的选拔无异？

本身就自私无情的曹氏儿子们，在继承人战争中不得不把可能还尚存的亲情抛弃，为夺得“大宝”不择手段。曹丕先是害死了同父同母弟曹彰，还想杀死同父同母弟曹植。

在当下，这样的情况有没有呢？有，很多父母偏爱自己喜欢的孩子，喜欢把财产或者好的东西优先赠予他们，导致这个孩子与其他孩子之间关系紧张，互相妒忌，甚至出现争斗。父母老了，却没有人肯为父母养老送终。

三是选不好老师，扭曲做人之德。看到曹丕是未来的“主宰”，很多人聚拢在他身边，最有名的就是曹操五大谋士之一的贾诩。贾诩这个人呢，聪明，善于自保，自私自利，为了自己的利益，毫无任何底线。

这个人做谋士，是极好的，但做老师就不行了。曹丕从贾诩身上学到了隐忍、伪装。曹丕非常善于伪装，在父亲面前总是摆出谦卑恭顺的模样，很得父亲喜欢，最终被选为世子。

除了贾诩，还有更善于隐忍和伪装的司马懿等曹氏谋臣，这些人中，就没有几个道德君子。近朱者赤，近墨者黑。如果给孩子选的都是负能量的老师，孩子就会充满负能量。

所以给孩子选老师，还是要选正直、有公德的有学之士。这些人无论从言行上，还是处事上都能成为孩子的榜样。

曹丕成长到无父子情、无亲情、无夫妻情的地步，曹操固然有不可推卸的责任，其生母卞氏也脱不了干系。生母卞氏，原是有名的歌妓，因为长相出众，被时任济南相（官名）的曹操看上，纳为妾室。嫁入曹家后，卞氏就善于隐忍，不仅与曹操正妻丁夫人相处颇为和谐，而且在谋臣将士中口碑很好。等到丁夫人因曹昂之死与曹操恩断义绝后，就被曹操扶为正妻。

歌妓出身的卞氏，要在正妻丁夫人与曹操的众多姬妾中生存，还能最终夺得正妻的地位，手段必然是非凡的，这样的母亲必然不会成为曹丕成长过程中的正能量来源，只能给儿子的成长带去负面力量。

曹丕是可怜的，他不过是父亲曹操、母亲卞氏的影子。曹操因为多疑、无情而心中郁结，逐步形成了头痛之病，而曹丕也因为多疑、无情而心中郁结，最终在位仅七年就在四十岁的壮年去世。

别总奢望孩子像自己，别总说孩子像自己是好事。培养孩子，不是为了让孩子成为自己的影子。孩子是一个独立的人，我们可以通过改正自己的缺点，给予孩子榜样的力量，引领孩子走上一条属于自己的成长之路。

别总想着孩子要像你，真的要像你，绝不会继承你的优点，只会让你的缺点在他的身上无限发酵，最终有过之而无不及。

4 曹彰：孩子最渴望尊重和自由

曹彰，字子文，魏武帝曹操与武宣卞皇后所生第二子，魏文帝曹丕之弟，曹植之兄，曹魏将领。

曹彰，这个人可以说是曹操的诸多儿子里辨识度最高的，有人说他是曹操儿子中的偏才，武力值很高，却不善文章，与曹操一点也不像。曹操曾经有一次把所有的儿子喊来一个个问未来的志向，曹彰很明确地告诉父亲自己的志向是“好为将”。

曹彰一听到军事、武学方面的内容就特别来劲，谁要是让他写文章什么的，他就萎靡不振。曹彰，估计是曹操儿子中为数不多的没有被曹操当作继承候选人考虑的。虽然曹彰没有被父亲列入候选人名单，但曹彰一定是曹操培养出的最成功的儿子。

为什么这么说？

兴趣，得到了父亲的认可

曹彰从小就善于射箭、驾车，臂力过人，徒手能与猛兽格斗，不怕危险困难。曹彰年少时，仅跟随父亲曹操上了几次战场，就确定志向了，想成为沙场宿将，笑傲草原，为国出力。

一开始，曹操是不赞同曹彰想法的，曾经批评他说："你不向往读书学习圣贤之道，却好骑马击剑，这都是只能对付一个人的，哪值得珍贵！"曹操常常督促曹彰学习《诗经》、《尚书》。曹彰并不喜欢，他对身边的人说："大丈夫应当效卫青、霍去病那样的大将军，率领十万之众在沙漠上驰骋，驱逐戎狄，建功立业，哪能作博士呢？"

曹操从什么时候开始转变对曹彰的培养方式呢？曹操询问众儿子的志向时，曹彰回答："好为将。"曹操追问："作将军干什么呢？"曹彰回答说："披坚甲，握利器，面临危难不顾自己，身先士卒，有功必赏，有罪必罚。"听到曹彰这样说，曹操大笑。

从曹彰身上，曹操看到了自己年轻时候的身影。曹操年少时曾有过游侠梦，他没有实现这个梦想，或许能在儿子身上看到。从那以后，曹操并不强迫曹彰习文，反而肯定曹彰习武的想法。因为曹操的肯定，曹彰是曹操诸子之中唯一一个习武的。

俗话说：兴趣是最好的老师。曹彰，对习武一直非常有兴趣，父亲的支持，让他在武艺上越发的精进。

据说：曹彰能左右开弓，剑术于百步之内，断人的胡须和头发。当时乐浪郡献来一只猛虎，纹理斑彩，用铁笼关住。力士们都不敢看。曹彰抓住虎尾，缠在自己胳膊上，猛虎贴着耳朵不敢出声，大家都佩服他的神勇。后来南越国献一白象给武帝，曹彰用手捏住它的鼻子，象乖乖地伏在地上不敢动。文帝曹丕曾铸一口万斤大钟，悬在文华殿，想换一处摆放，但力士一百人也挪不动，可是曹彰却轻而易举地做到了。

曹彰不仅武力值非常高，谋略也不差。

梦想，激发了学习欲望

兴趣以需要为基础。孩子若对某件事物或某项活动感兴趣，他就会热心于接触、观察这件事物，积极从事这项活动，并注意探索其奥妙。但兴趣易变，尤其是孩子，往往禁不起挫折的折磨。

梦想，是个很神奇的东西，比兴趣更高级一点。梦想，是对未来的一种期望，指在现实想未来的事或是可以达到但必须努力才可以达到的境况。梦想就是一种让你感到坚持就是幸福的东西，甚至可以视为一种信仰。

曹彰对于为将，因为父亲的认同，从最初的兴趣，逐步进化为梦想，曹彰一生都在为做一个出色的将领努力，他深知一个出色的将领，并不是说武力值高就可以的，单纯的武艺好，那只是莽将。那个年代，早已经过了一将定天下的岁月。作为将领，武艺高可以提升部队士气，但并非决定性因素，懂得作战谋略才能打胜仗。

学文是曹彰的短板，他没有气馁，反而克服了自己对于学文的恐惧，非常有毅力地学习阴阳家学说和谶纬术数，诵读《六经》等典籍数千言。功夫不负有心人，注重自我修炼的曹彰在军事上很有心得。据说曹操计划攻打孙权及刘备时，还曾经询问曹彰行军作战的诀窍。

看到儿子在为将上成绩突出，父亲曹操不仅口头认可，行动上也予以认可。曹彰，是曹操诸子中唯一掌握兵权的。建安二十三年四月，代北乌桓无（能）臣氏等造反，曹操任命曹彰为北中郎将，行使骁骑将军的职责。

让曹彰领兵打仗，曹操有过犹豫，出于对儿子的信任，即便明白“纸上得来终觉浅”的道理，还是坚定地给儿子“实践”机会。《三国志·魏书》记载，曹彰临出发前，曹操曾特别告诫：“在家里我们是父子，接受了命令就是君臣了，一举一动都要按王法行事，你要引为警诫呀！”

带兵打仗的梦想终于要实现了，曹彰很激动，但他没有被激动和紧张冲昏了头脑。或许，曹彰就是天生的将才。曹彰北征进入涿郡境内，叛变的乌丸族几千骑兵攻到，当时曹彰的兵马尚未集结，只有步兵一千人，战马几万匹。曹彰并没有被武勇冲昏了头脑，而是接受了谋士田豫的计策，坚守阵地的要冲。等到敌人溃败逃散，曹彰追击，亲自与敌人搏战，箭射敌骑，应声而倒的前后连成一串。打了半天，曹彰的铠甲中了几箭，气势更加雄壮，乘胜追击，直到桑干河，距离代郡有二百多里。

此时，军中长史和众将都认为部队远道而来，人马疲累，又有曹操的命令不许过代郡，不许深入敌境，违令轻敌。怎么办？曹彰谋略过人，他对大家说："我们率领大军出征，目的是为了获取胜利，现在敌人还没跑远，追上去就能击溃他们。为什么要墨守成规听从事先的约定呢？要知道，将在外军令有所不受，如果我服从命令却放跑敌人，绝不是良将所为。"

说完后，曹彰便上马，命令部队："落后者斩！"曹彰带领部队一天一夜追上了敌人，出击大获全胜，斩首俘虏了几千人。当时鲜卑族首领轲比能率领几万人马观望双方强弱，看到曹彰奋力冲杀，所向披靡，便请求臣服。曹彰一战而平定北方。

胜利后，曹彰超过常例几倍犒赏将士，全军没有不高兴的。曹彰实现了儿时的梦想，也完成了对父亲的承诺。曹操对于儿子曹彰非常满意，不，应该说非常得意，在一次家族聚会上，亲切地称呼曹彰为"黄须儿"。据说这样亲切的称呼还让受宠的曹植大为不满，与谋士醉酒消愁咒骂过曹彰。

《三国志·魏书》还记载：建安二十三年九月，曹操在汉中与刘备鏖战。刘备栖军于山头之上，命义子刘封下山挑战。曹操便骂："你这个卖草鞋的小子，竟然派你的假子领兵来抵抗我，啊！看我叫我（亲生）的黄须儿来。"于是下令召曹彰助战。曹彰得到消息后，昼夜兼程，可惜刚到长安，父亲曹操就已经从汉中回来了。

见到曹彰后，曹操没有撤销曹彰的兵权，反而命令他行越骑将军，驻守长安，震慑北方异族。

自由，是对孩子最大的尊重

曹彰，是曹操二十多个儿子里，对整个汉民族贡献最直接的人。他凭借武勇和谋略平定了曹魏的北方战乱，让北方边境人民不再提心吊胆，是不折不扣的民族英雄，也完成了他儿时欲效仿卫青、霍去病的梦想。

曹彰，为什么能成才？源于父亲曹操，对于他兴趣的不扼杀，对于他梦想的支持与认可。曹操对于曹彰梦想最大的支持，就是在曹彰未来的发展上给予了他选择的自由。现在很多父母在孩子的成长过程中，总是喜欢不断地干预孩子的成长方向，美其名说是不让孩子吃亏。每年六月高考结束后，全国各地都有关于孩子与父母因为志愿谈不妥而闹纠纷的案例，有不少孩子选择离家出走，甚至想不开轻生。

我们总是坚定地认为，吃过的盐比孩子走过的路还多，一切都是从“为了孩子好”的目的出发，永远不会伤害孩子，孩子以后长大了经历了就会明白我们的苦心。真的是这样么？我认为，我们只是我们，我们不是孩子，我们其实并不真正知道孩子心中究竟在想什么，即便我们曾坚定地认为我们自己的孩子我们绝对了解。我曾经不止一次听到刚刚上小学高年级的孩子父母与我诉苦，他们告诉我说他们已经不知道孩子在想什么了。

我们为什么要知道孩子在想什么呢？如果孩子愿意和我们说，他们自然会和我们说；如果孩子不愿意和我们说，我们逼着他们，他们就会说么？这样做只能让亲子关系更紧张。别干预孩子的梦想和未来，我们永远无法陪伴孩子度过一辈子。他们成年后就会离开我们，去经历他们的世界，去完成他们的梦想，去追寻他们的精彩。

我前段时间看了一篇文章，作者提了一个比较新颖的观点：做父母也是有时效的。做父母，就是逐步引导孩子适应离开自己独立生活。未来是孩子的，只有他知道他自己究竟需要什么。我们给予他们的，只是我们认为对的，不见得适合孩子。

我们要做的就是在孩子品行和独立技能的培养上，其他的要让孩子自由地选择，这才是对孩子的尊重。孩子不是我们的宠物，更不是我们的奴隶，我们永远无法照顾孩子一辈子，别让孩子长大后因为怨恨我们为他们做了许多他们不喜欢的决定而自暴自弃甚至啃老。那不是爱孩子，是害孩子。

当孩子拥有了自己的梦想，或者说对某个事物发生了兴趣，我们应该尊重和支持他们的选择。值得警惕的是，如果孩子的兴趣总是在变，我们要适当干预，让孩子明白，做什么事情，光靠兴趣是不行的，还得坚持，只有坚持，才能把兴趣变成梦想，才能把梦想变成现实。

5 曹植：溺爱的伤害无法估量

曹植，字子建，三国时期曹魏诗人、文学家，建安文学的代表人物，南朝宋文学家谢灵运曾有“天下才有一石，曹子建独占八斗”的评价。

提起曹植，很多人都会不由自主地认为“他是一个悲剧人物”。曹植和曹丕的争斗千古闻名，尤其是曹丕要求曹植在七步内作诗的故事深入人心。

南朝刘义庆的《世说新语·文学》记载着魏文帝曹丕妒忌同父同母弟曹植才学的故事。曹丕命曹植在七步之内作出一首诗，否则将被处死，而且对诗有严格要求：诗的主题必须为兄弟之情，但是全诗又不可包含兄弟二字，曹植在不到七步之内便吟出：“煮豆持作羹，漉豉以为汁。萁在釜下燃，豆在釜中泣。本自同根生，相煎何太急？”

《三国演义》选用了这个故事，把曹丕和曹植兄弟的悲凉演绎得淋漓尽致。可官方历史《三国志》里却没有任何记载，很难说清楚真相是什么。不管故事真假，曹丕以及儿子曹叡对于曹植的防范和监控非常严厉。曹植抑郁而终，享年四十一岁。

富有文才的曹植，年少时受到父亲曹操的宠爱，一直被父亲列为继承人。可惜他骄傲自负、放任自己、不拘礼法。这样一个人，曹操是不会把江山托付的。没有必要纠结曹魏江山交给曹植是否比曹丕延续得更久，毕竟历史不可假设。我们更应该关心这样一个少年天才究竟是怎么一步步蜕变成一个骄傲自负、放任自己、不拘礼法的人。

这一切，与父亲曹操的引导有莫大的关系。

对孩子，评判标准不能单一

对于孩子，曹操的评判标准并不公平。诸子之中，曹操最喜欢的并非是曹植，反而是曹冲。曹冲年幼聪慧，简直到了妖孽的地步，与南方的周不疑号称两大神童。据历史记载，曹冲不幸夭折后，曹操痛哭流涕，并让曹丕杀死了曹冲的好友周不疑。为什么杀死周不疑，理由很雷人，竟然是生怕儿子掌控驾驭不了周不疑这个神童、天才。

曹冲死后，文采出众的曹植成了曹操的最爱。

据记载：曹植十多岁就能诵读《诗经》、《论语》及诗词歌赋十几万字，非常擅长写文章。曹操看到他的文章，曾说："你请人代笔写的吧？"曹植跪拜回答说："话说出来是言论，落笔写下来成文章了，您只要当面考我，我怎么会请人代写呢？"当时邺地铜雀台新建成，曹操带领所有的儿子登上铜雀台，让他们各自做一篇赋文。曹植提笔立刻就完成，曹操看完非常惊异，没想到曹植竟有这样的才能。

曹植性情坦率自然，不讲究庄重的仪容，车马服饰，也不追求华艳、富丽，很合曹操的口味。曹操开始把爱心转移到曹植身上。

曹植文才显露出来之前，曹操对于曹植的关注是很少的，更谈不上什么培养。古代的权贵之家，子嗣众多，孩子的启蒙主要来自于母亲，要想出头，必须要有一定的才能显露，才能获得父亲的赞赏，进而得到父亲的关注和培养。曹植，就是这样的情况，他不同于曹丕，曹昂死后，曹丕成了嫡长子，是约定俗成的继承人选。

古代的孩子，尤其是世家子，往往成熟很早，他们必须要用自己的本事来获取父亲和家族的认可，否则就会被边缘化。这种竞争在某种程度上有利于孩子的成长，因为竞争会让孩子感觉到压力倒逼他成长。但这种竞争弊大于利，会让同一个家族内，甚至是同父同母的兄弟反目成仇。

曹操的二十五个儿子，各有千秋，都不是庸才。曹昂也好，曹丕也好，曹彰也好，曹植也好，很难分出个高低，单纯依靠一个评判标准，比如文采，对其他孩子是非常不公平的。

曹植沾了文采好的光，深受同样文采好的曹操的赏识。

当曹植受到了曹操的赏识，曹操究竟会怎么样培养他呢？

溺爱，会让缺点“疯长”

没有一个人是完美的，即便是最严苛追求完美的人也做不到。每一个人都有缺点，即便是最有素养的人也有缺点。只要人还存活在这个世界上，并有生存下去的欲望，就会滋生缺点。

曹植因为他的文采开始受宠，父亲从各个方面让资源向他倾斜。不管是爵位，还是权利，总之能够让曹植拥有的都可以拥有。

父亲的宠爱，或者说是溺爱，让曹植开始“膨胀”，很多缺点滋长起来：

因为文采好所以骄傲自负，造成了曹植政治上的不成熟，在很多事情的处理上不懂得进退，如果曹植生活在普通家庭会好一点，作为曹魏的继承人，骄傲自负导致不够谦虚，难以听得进意见。曹植娶了崔琰兄长的女儿，按理说崔琰应该帮助曹植坐上继承人的宝座，可当曹操就继承人选征求崔琰意见时，崔琰竟毫不犹豫地推荐曹丕。据说崔琰也认为曹植太过于自负，听不进意见，并不是一个合格的皇帝候选人。

因为性情坦率所以自然难以约束自己和约束家人，这个打击是致命的。《三国志·魏书》记载：建安二十四年，曹仁为关羽所围，太祖以植为南中郎将，行征虏将军，欲遣救仁，呼有所敕戒，植醉不能受命，于是悔而罢之。曹植酗酒到了让曹操后悔自己的决定而收回成命。都说皇帝是“言出法至”，曹操虽不是皇帝胜似皇帝，让他否决自己的意见可见曹植让他悔恨到何种地步。光酗酒也就罢了，曹植喝醉了还比较任性。建安二十二年，他在曹操外出期间，借着酒兴私自坐着王室的车马，擅开王宫大门司马门，在只有帝王举行典礼才能行走的禁道上纵情驰骋，一直游乐到金门，早把曹操的法令忘到九霄云外去了。至于约束家人更谈不上了，曹植这个人不讲究庄重的仪容，车马服饰，不追求华艳、富丽，但他的夫人崔氏生性奢侈，尤其是衣着华丽。《魏晋世语》记载，因为崔氏的衣装过于华美，被曹操登台看到后，认为她违反了穿着华丽的禁令，回家后崔氏就被赐死了。

曹植有缺点很正常，问题是曹操没有尽到父亲的责任，帮助曹植一步一步改正缺点。

缺点无错，“矫正”了就好

曹植有缺点是必然的，任谁从一个家族内默默无闻的孩子变成家族宠儿、受到父亲的宠爱都会不由自主地滋生缺点。就像一个普通人，在村子里原本没人注意，甚至是受到他人的歧视，突然因为某一项没有人发现的技能被某个电视台发现了，他一定会非常紧张和不适应，如果没有人帮助他，必然会让他在镁光灯下迷失。

曹植变得骄傲自负、不能自制，其实很正常，如果父亲曹操能正确干预，通过各种方式引导曹植改掉缺点，曹植绝不会成为悲剧人物。

问题是，曹操有做过正确而必要的干预吗？

没有，曹植的文采好，作为父亲，应该告诫孩子“山外有山，人外有人”。可曹操没有，反而不断地用肯定和赞誉来迷惑曹植。甚至因为曹植文采好，曹操还不断地在家族内部和朝臣之中营造曹植是未来接班人的气氛。

曹植性情坦率，是优点，但优点往往容易“转变”为缺点，比如曹植好酒，常常与丁仪、丁廙等幕僚酗酒。我相信曹操是知道，但他没有制止，等到曹植因为“酗酒私自坐着王室的车马，擅开王宫大门司马门，在只有帝王举行典礼才能行走的禁道上纵情驰骋”时，也只是处死了掌管王室车马的公车令，虽然心里对曹植失望，却没有惩戒他。

也许曹操是想用处死掌管王室车马的公车令这样间接的方法来警告曹植，事与愿违，曹植并没有体会到父亲的良苦用心。在教育孩子的过程中，尤其是在面对孩子犯错的时候，作为父母，应该坚持使用惩戒的方式来让孩子警醒。当然，最好是和孩子一起制定家规，将一些不该犯的错误明确地告诉孩子，并约定好惩戒方式，让孩子懂得“犯错就必须付出一定的代价”。

这些举措曹操有吗？没有，他只是通过确定继承人的方式，来告诉曹植。这能让曹植懂得改正缺点吗？不能，这只能增加曹丕和曹植兄弟之间的仇恨。

就拿曹植的妻子崔氏来说，不过是穿了华丽的衣服，即便犯错，曹操也应该尊重曹植，让曹植来规劝妻子，万万不该下令处死儿媳。曹植自己是个不追求奢侈的人，为什么他的妻子会追求奢侈呢，只因为曹植是个率性而为的人，他没有意识到自己妻子追求奢侈的事情是错误的，所以他才没有纠正自己妻子的行为。曹操杀儿媳，未免不是又一次间接地提醒曹植注意纠正缺点。要孩子纠正缺点，父母不能含糊，必须明白无误的告知孩子，让孩子知道错在哪里。别和孩子玩谋略、心机，他不懂也不想懂。

没有人帮助曹植“矫正”自己，终曹植一生，他的缺点还是他的缺点，唯一的问题是有些缺点因为哥哥曹丕和侄子曹叡的监控不能实施罢了。

孩子犯错是正常的，每个人都会犯错，作为父母，必须及时趁早帮助他们纠正自己的错误，并在纠错的同时“矫正”自己的缺点，给孩子做好“行为”上的榜样。

正确地爱孩子，很重要

现在很多家庭都是独生子女，即便生了二胎，很多父母过于宠爱孩子，恨不得把心挖出来给孩子吃下去。

因为宠爱，所以溺爱。因为溺爱，所以丢失原则。很多父母，对于孩子信任到无原则，只要是孩子说的，从不去调查真假，就武断相信。相信孩子没错，但盲目信任，对孩子的成长反而是巨大伤害。

现在很多人不知道如何正确爱孩子，总是无比信任孩子，总是满足孩子所有要求。爱孩子可以，但我们要把对孩子的爱隐藏一部分，有节制地对孩子表达爱，在孩子受伤、害怕、受挫折、需要鼓励等比较脆弱、孤独的时候多表达爱，而在孩子无理取闹、撒泼耍赖的时候少表露甚至不表露出爱。

究竟如何爱孩子才是正确的呢？

有回报的爱，让孩子学会感恩。“关心他人”是每个人都具备的本能，但如果长期处在被关心的环境中，这种本能就会弱化。尤其是形成了习惯，被关心的人理所当然地享受着他人的优待，而关心他的人会像陷入泥潭一样不得不继续牺牲下去。谁也不希望自己的孩子成为白眼狼，一个不孝顺的人也很难在社会上立足。正因为如此，我们要早点学会拒绝孩子的无理要求，并要求孩子给予力所能及的感情回报。

有限度的爱，让孩子学会劳动。现在因为学业繁重，许多父母成了“后勤部长”，家务全包不说，还要帮着孩子择校、打听考试信息、跟老师处好关系……别提有多累了。孩子只要学习好就行了。可是，学习好就能应对人生的各种问题吗？只会学习的人跟寄生虫有何区别？鄙视劳动、轻视实践，绝对不应该是今天的父母应该具有的观念。“纸上得来终觉浅”，一个脱离生活实际的人，很难自己独立生活，也很难与他人相处融洽，更难在工作中做出什么成绩来。只有从小就让孩子“自己来做”，他才会走出依赖，走上独立。

有原则的爱，让孩子学会担当。现在不少父母总是认为：“我的孩子就是最好的”，“我的孩子没有错”。基于这样的想法，很多父母无原则护犊，不论孩子犯什么样的错误都姑息包庇。今天，我们反对打孩子，但更反对姑息孩子的错误，混淆孩子的是非观。爱不代表不惩罚，正因为爱孩子，才要让孩子明确是非，敢于为自己的错误负责。

有保留的爱，让孩子学会面对。挫折，是人生道路上的常客。保护孩子只能保护一时，而如何让他们变得坚强，学会应对困境，才能让他们受用一世。对孩子所遇到的困难，我们要反应得“慢半拍”，要鼓励孩子依靠自己的力量解决问题。甚至，偶尔我们还可以“没有困难制造一些困难”，让孩子的生活中充满了难题，也充满了挑战。这样，他才能成长为处变不惊、应付自如、独当一面的勇士。

6 曹冲：让孩子经历和尝试更重要

曹冲，是很多孩子熟知的三国人物。有些教材还选用了《曹冲称象》的故事。曹冲，是三国时期特别有名的神童，曾有人给三国时期的神童做了一个排名，曹冲是当之无愧的“魁首”。

曹冲，字仓舒，魏武帝曹操与妾室环夫人所生的儿子，从小就聪明仁爱，与众不同，深受曹操喜爱。曹操曾几次对群臣夸耀他，有让他继嗣之意。

建安十三年（公元 208 年），曹冲十三岁得了重病，曹操亲自为他向天请求保全生命。曹冲死时，曹操极为哀痛。曹丕宽解安慰曹操，曹操说：“这是我的不幸，却是你们的幸运啊。”说完就流下眼泪，并为曹冲聘了甄氏已经死去的女儿作为冥婚，与他合葬，追赠给他骑都尉的官印绶带，命宛侯曹据的儿子曹琮做曹冲的后代。

关于曹冲，很多人都抱着“如果他不死，曹魏很难被司马懿家族篡夺”的想法。历史不能倒转，更不存在假设。讨论曹冲不死曹魏江山如何并无意义，研究曹冲成就天才神童背后的东西才更有意义。

不可否认，曹冲天生聪慧不假，如果只是单纯的聪慧，那也只是小聪明，很难引起曹操注意，更不可能在曹操心里留下可以“为君”的念头。

曹冲的成长之路究竟是怎么样的呢？

仁厚，源自于母亲教诲

关于曹冲母亲环夫人究竟是如何教育曹冲的，没有太多史料。环夫人育有曹冲、曹据、曹宇三子。有趣的是，《三国志·魏书》中关于曹冲、曹据、曹宇的记载中，都出现了“仁厚”一词。

毋庸置疑，曹冲也好，曹据和曹宇也罢，他们的仁厚均来自于母亲环夫人的教诲。官宦地主家庭，因为子嗣众多，往往孩子的启蒙是由母亲完成的。由此可见，环夫人是非常仁厚的。

环夫人对于三个儿子的教育都非常成功。《三国志·魏书》记载，司马师逼走曹叡养子曹魏第三代皇帝曹芳后，有意立曹据为皇帝。至于曹宇，魏明帝曹叡非常赏识，曾在临终前托孤。

环夫人是徐州彭城人，家境不显赫，连姓氏都没有留下，因为曹操曾经赠予她一个环，大家都称呼她环夫人。环夫人可能经历比较坎坷，与社会下层人物的接触比较多，比较知道百姓疾苦，对于社会下层人物也比较同情，在教育三个儿子的过程中都渗透了仁厚思想，教育孩子们对待社会下层人物要宽仁。

曹冲就是这样做的。当时，曹操为了统一全国，东征西战，讨伐不臣。曹操一向信奉法家思想，采用严刑峻法来约束人民。一次，曹操的马鞍在仓库被老鼠咬了，这本是很正常的一件事情，但在当时就是很大的罪。守卫仓库的官吏们认为这下必死无疑，商议着要把自己绑了去自首，但还是很害怕免不了死罪。宽仁的曹冲知道了这件事，就让他们先等几天。

曹冲想了一个办法，拿刀弄破自己的衣服，看起来像是被老鼠咬破的，又假装很失意，脸上显现出发愁的样子。就这样，曹冲在曹操面前晃悠，很快就被曹操看见了，曹操就问他怎么了。曹冲说："父亲，世俗的人认为衣服被老鼠咬破，对衣服的主人不吉利，现在我的衣服也被咬了，我害怕不吉利所以发愁。"

曹操听了哈哈大笑，对曹冲说："仓舒，这是胡说，不要担心。"听到父亲这么说，曹冲心里放了心，就让守卫仓库的官吏们去向曹操禀报马鞍被咬的事。

曹操本准备处罚守卫仓库的官吏们，但想到儿子曹冲的衣服，就笑着对官吏们说："我儿子的衣服就放在身边都被咬了，何况是挂在柱子上的马鞍呢？算了，你们下去吧，我就不追究你们的罪过了！"

从这个典故里，不难看出曹冲的宽仁。要知道，当时的世家大族公子，根本不把奴仆、下人、百姓当一回事儿，动不动就肆意虐待、打骂。曹冲的哥哥曹彰就是典型代表人物，唐朝人李亢撰写的《独异志》记载了曹彰"爱妾换马"的故事。

曹彰这个人非常爱马，一次偶然看到一匹骏马，十分喜爱，非常想买，但马的主人非常珍爱，不愿意售卖，曹彰就提出："我有美妾可以交换，随你挑选。"马的主人就在曹彰的美妾中挑选了一人，曹彰没有任何的犹豫，立刻与马主人进行了交换。

从曹彰用美妾换马的故事里，不难看出当时的贵公子连妻妾都可以拿来交换，更别提仆役、百姓了。

曹冲不仅宽仁，还对下层人民的生活特别熟悉和了解，交际能力和洞察人心的本领都比较强。

他又是怎么养成的呢？

历练，有助于孩子成长

曹冲智救仓库官吏的故事，还有很多地方值得我们仔细研究。

首先，曹冲是从何处得知马鞍在仓库被老鼠咬坏这件事情的呢？定然是有人告诉他的，谁告诉他的，定然是家里的仆役。这说明，曹冲与仆役们关系不错。曹冲虽是曹操的儿子，但母亲环夫人作为妾室，地位并不高，即便吃穿不愁，不见得过得如意，甚至有可能还会受人欺负，尤其是一些奴仆仗着跟随主人的权势而狐假虎威的事情并不稀奇。

母亲地位不高，注定了曹冲一开始在家族中，尤其是在父亲心目中地位不高。地位不高，与仆役们的接触就会比较多。曹冲本性仁厚，让他很容易与仆役们成为朋友。通过仆役们，曹冲了解到生活的艰辛与不易，也容易让他对底层的人产生同情，这也是曹冲为什么会愿意帮助仆役或者低级官吏这些底层人物的重要因素。

其次，曹冲知道了仓库小吏们的委屈后，不是冲动地跑到父亲面前去，或是通过撒娇，或是通过直言等方式，直接去请求父亲赦免仓库小吏。如果曹冲那么做了，曹操会怎么想呢？他一定会愤怒，认为曹冲干预国家大事。这不但不会让曹操感到高兴而到处称道，反而会让他厌恶曹冲。

曹冲采用了迂回的策略，设计了一个“自己衣服被老鼠咬坏觉得不吉利而忧愁”的故事，让曹操发挥父亲的光辉来安慰自己，等到小吏们汇报马鞍被老鼠咬坏时，曹操就会不由自主地想起儿子曹冲的忧愁，自然而然地就对守仓小吏产生同情，考虑到他们的艰辛与不易。

曹冲非常了解人的各种心理，知道如何劝说父亲才能得到最大效果。小小年纪的他，从何习得，无它，就是从生活这座大学堂里习得的。仆役们也分三六九等，也有江湖，曹冲与他们相交，会看到人性的善恶，了解江湖的险恶，知晓什么样的事情该怎么去处理才最好。

这样对人性的把握，并不是靠教就学得会的，必须亲身经历，才可能总结而出。曹冲辨察的能力很强，只要他发现或者遇到与“仓库马鞍案”一样的事情，他都会暗中分辨事理而帮助那些可怜的仆役、小吏和百姓，让本应犯罪被杀的他们得到宽宥。

曹冲，作为一个豪门公子尚且如此。现在的孩子却被父母全方位的保护，出去玩耍一旦出现与其他孩子产生冲突，还没来得及摸索与他人相处的方式方法，就被在一旁看守的父母家人冲上前去袒护，最终被培养成“任性而为”的“熊孩子”。

经常有朋友向我诉苦，说自己的孩子根本不懂得生活的疾苦，更不知道自己赚钱不易，花起钱来大手大脚，一不如意，就大发脾气，直到满足才有所收敛。我们对待孩子，千万不能让他们“衣来伸手，饭来张口”，应该要狠下心来为他们创造机会，让他们能够融入社会，感受社会的冷暖，这样他们才会在社会事实的刺激下快速成长。

最后，曹冲还善于交朋友。荆州有个神童周不疑，是荆州别驾刘先的外甥，很受刘备的宠爱，曾经为他遍寻名师而不得。刘备曾聘请名士刘巴来教授周不疑，却被刘巴拒绝。因为刘巴认为自己没有资格来做周不疑的老师。荆州被曹操占领后，周不疑与刘备失散，不得已投降了曹操。这样一个计谋超群的投降神童，和曹冲关系莫逆，周不疑还因此受到了曹操的重视和喜爱。连周不疑这样一个降将，曹冲都能折节下交，成为好友，由此可见曹冲的交际能力多么强。

动手，方能让孩子融会贯通

发生在曹冲身上最有名的故事就是《曹冲称象》。

曹冲才五六岁时，南方的孙权曾进贡了一只很大的大象给曹操。曹操想知道大象究竟有多重，就询问谋臣将士，可大家都拿不出什么办法来称量大象的体重。想不出办法也正常，当时科学技术没现在发达，也没有足够大的秤能称量出大象的重量。就在大家一筹莫展时，曹冲站出来表示自己有办法。他告诉曹操：只要把大象放进船里，记录水痕到达的地方，然后称出同样重量的物体放到船里，就能知道大象的重量了。曹操虽不信，仍按照儿子的办法进行称量，果然称出了大象的体重。

曹操非常震惊，觉得这个儿子天赋异禀。很多人说曹冲是天生聪慧，我并不这么认为。曹冲称象使用的是“等量替换法”，即用许多石头代替大象，在船舷上刻画记号，让大象与石头产生等量的效果，再一次一次称出石头的重量，使“大”转化为“小”，分而治之。能够想到这样的办法，绝不是娘胎里带出来的，定然是曹冲从生活中学来的。

劳动人民的智慧是无穷的，曹冲称象的方法定不是他首创，可能他在生活中自己见到过，并亲自动手操作和实践过，加上他天生聪慧，有很强的举一反三的能力，联想到可以使用“等量替换法”来称量大象。

曹冲向曹操进言前，一定事先动手做过试验，并总结出了称象注意点。没有一定的把握，曹冲不会直接去向曹操进言的，他和曹操虽是父子，可曹操是大汉丞相，对家人的约束一向严厉。

除了曹冲称象这个故事，我们还可以从《顾影自怜》这个典故中一窥究竟。

有一年，南方的官员进献了一只山鸡给曹操，曹操想要让山鸡鸣舞，想尽了一切办法，却怎么也办不到。还是曹冲有办法，他知道山鸡有个特性：山鸡爱其毛羽，看到水里的倒影就会起舞。他建议曹操放置一面大的镜子在山鸡面前，山鸡看到大镜，竟然真的开始翩翩起舞，不知道停止，最后竟跳到累死。

曹冲从何得知“山鸡看见水里的倒影就会起舞”？除了生活别无他法。知道山鸡特性后，曹冲如何能想到用镜子替代水面？就是因为曹冲动手实践后发现镜子的原理与水面倒影的原理其实是一致的，这才能举一反三，想出放置镜子让山鸡起舞的办法。

天才的成功，是1%的智慧加上99%的努力铸就的。曹冲的神童之名，并非是娘胎里自带的。即便他聪慧无比，如果没有丰富的生活经历，如果没有很强的动手操作能力，他也只能“纸上谈兵”，很难有真才实学，也很难在聪明程度都很高的曹氏子嗣中脱颖而出。

现在很多父母，教育孩子，习惯言语教育，而忽视行动尝试。经常有朋友说孩子的书包、房间乱七八糟，为此他们很着急，时常吩咐孩子甚至用棍棒打骂威逼孩子整理收拾，效果并不理想。究其原因是他们忽略了孩子本身并没有习得整理收拾的技能。与其天天唠叨，不如手把手地教会孩子如何收拾整理，并督促和给予孩子自己动手整理收拾的机会。

说一万句，都不如让孩子亲自动手做一分钟。教育孩子，应该少说一些，多让孩子经历一些、做一些。

7 曹叡：母亲再好，也抵消不了父亲的“恶”

曹叡，曹丕的儿子，曹操的孙子，曹魏的第二代皇帝，对于这位君王，很多人并不熟悉。他与曹操、曹丕，并称魏氏“三祖”，能诗文，善乐府。

曹叡，可以说是曹魏最有可能一统中华的皇帝。他在位期间，诸葛亮病逝五丈原，孙权也到了晚年昏聩时期，天时、地利、人和都已经有了，可惜，这位年少时就聪慧异常、深得祖父曹操赞赏的皇位继承人，却没有能够抓住绝佳机会一统中国，甚至还成了葬送曹魏江山的“罪魁祸首”，被他所托孤的司马懿及其后代篡位。

历史对于这位帝王的评价，可谓是优劣各半。曹叡继位初期，确实是一位不可多得好皇帝，却不成想在攘外安内后，大肆营造宫殿和网罗美女，骄奢淫逸，大大损害了曹魏的实力。

曹叡究竟经历了什么，让他变成了这样？

自幼仁孝，母亲是榜样

曹叡的仁孝是出了名的。野史《魏末传》记载，曹叡曾经跟从曹丕狩猎，见到母子俩鹿。曹丕射杀了鹿母，命令曹叡射杀子鹿，曹叡不从，并且说：“您已经杀掉了母鹿，我实在不忍心再杀掉它的孩子。”说完哭泣不已。曹丕于是放下了弓箭，因为此事对曹叡的仁孝深感惊奇，立其为太子的心意才最终确定。

曹叡的仁孝还体现在治国上，他下令删简死刑条款，减少死罪；除死刑外，可以用财赎罪；减鞭杖之刑，以免屈打成招。

曹叡还比较能够容忍大臣们直言进谏，能做到这一点并不容易。善于听取大臣谏言的，最有名的当属唐太宗李世民。曹叡虽不能与李世民相比，但他继承皇位时才二十二岁，正是年轻气盛的时候，在这样一个年龄，能够容忍不同的意见，是非常不容易的。

曹叡的仁孝，主要来自于其母甄宓的榜样作用。甄宓出身高贵，先嫁给袁绍次子袁熙，后嫁给曹操次子曹丕，其实人生并不幸福，可谓经历曲折。苦难的经历并没有磨去甄宓的善良和孝顺。

邺城之战后，甄宓不得已嫁给曹丕。一个敌将（袁熙）的女人想融入大汉王朝最有权势的家族——曹氏，并不是一件容易的事情。甄宓就是用孝顺赢得了婆婆卞夫人的认可。

《三国志》记载：建安十六年（公元 211 年）七月，曹操西征，随行的卞夫人途中生病留在孟津，曹丕留守邺城。当时卞夫人身体虚弱，又担心曹操的安危，睡觉也不踏实，经常流泪。甄氏要去孟津照顾婆婆，曹丕不想让她去，就让下人骗她说卞夫人病好了，甄氏不信，说：“夫人在家，老毛病常犯，现在怎么好的这么快？你一定是安慰我！”所以更加担心。之后得卞夫人回信，说身体已经恢复，甄氏才开心起来。建安十七年（公元 212 年）正月，大军回邺，甄氏去迎接，看到卞夫人悲喜交加，感动了周围的人。卞夫人见甄氏这么关心自己，也忍不住流泪，还说：“新媳妇怕我上次生病也会像以前那样反复难愈吗？我只是有点不舒服，小病而已，十几天就好了。你看看我的气色很好呢。”然后叹道：“真是孝顺的媳妇啊。”

有人说甄宓的孝顺是别有用心的。其实不然，在嫁给袁熙为妻后，甄宓就因为孝顺，坚持要照顾自己的婆婆袁绍的妻子刘夫人，没有跟随丈夫袁熙前往幽州，而留在了邺城。如果甄宓跟随丈夫去了幽州，可能也就不用经历曹丕强抢了。

甄宓还很善良。曹丕和弟弟曹植为了争抢继承人，两个人斗得可谓是死去活来，曹丕的妾室郭女王和谋士司马懿等人都劝说曹丕对曹植下黑手，唯有甄宓劝说曹丕顾念与曹植的兄弟之情，和睦相处。

甄宓在文学上也很有造诣，存世的有一首诗歌《塘上行》。母亲的孝顺、善良和多才，都给曹叡做了很好的榜样，也让曹叡养成了仁孝的性格，正是这样的性格，让曹叡继位以后，指挥曹真、司马懿等人成功防御了吴、蜀的多次攻伐，并且平定鲜卑，攻灭公孙渊，使得曹魏的实力达到了顶峰，真正拥有了一统天下的实力。

可惜的是，曹叡振兴曹魏江山后，并没有能够持续下去，反而因为成功而骄傲，人性中的缺陷开始占上方，最后变得骄奢淫逸，一点点葬送了曹魏江山。

为什么会这样？根源是曹叡从父亲曹丕身上吸纳了很多 “负能量”。

无情好色，得了父亲真传

母亲甄宓，一辈子都没有当上父亲曹丕的皇后。曹丕篡汉后，并没有封正妻甄宓为皇后，不到一年就派遣使者到邺城将甄宓赐死，葬在邺城，据传殡葬时披发覆面，以糠塞口。

母亲的惨死，让曹叡一直对父亲不满。可惜，曹叡没有吸取母亲惨死的教训，潜意识里反而继承了父亲的恶习。

虞氏是曹叡的原配夫人，跟着曹叡受过苦历过难，尤其是在曹叡被父亲猜疑时不离不弃。曹叡刚继位，虞氏就被废黜遣送回家去了。宠幸的毛氏被封为皇后，仅仅十年后，就被曹叡赐死了。等到郭氏被封为皇后，次年，曹叡就因病去世了。如果曹叡不是去世了，我相信郭氏也逃脱不了被废赐死的下场。

至于好色，曹叡更远超曹丕。正史记载魏明帝曹叡后宫多达数千人，但留下记载的仅是少数。好色的皇帝很难长寿，几乎都是短命皇帝，父亲曹丕篡汉仅七年就英年早逝，死时才四十岁；儿子曹叡同样没有长寿，继位仅十三年同样英年早逝，死时才三十六岁。

都说色字头上一把刀，纵欲过度，自然难以长寿。

骄奢淫逸，是缺乏安全感

曹叡继位初期，骄奢淫逸就开始慢慢地暴露出来，只不过没有后期那么厉害，尤其是等到诸葛亮死在五丈原后，边境再没有什么值得警惕的威胁，他的动作开始大了起来，大肆修筑宫殿，增设宫殿的配套设施（园林建设等等），广蓄宫女。

曹叡在曹丕在世的时候并非如此，很多经历曹丕一朝的朝臣对于这位新君都不了解。做皇子时的曹叡是极其低调的，根本不与任何朝臣来往，一心在王府里苦读“圣贤书”。

苦读“圣贤书”是曹叡的本意吗？

祖父曹操在世时，曹叡可是祖父的座上客，深得祖父喜欢，十五岁时，就被祖父封为武德侯，常常在祖父左右伺候听用。好景不长，祖父死了，父亲篡汉，曹叡虽被封为齐公，却在十六岁时因为母亲被杀而遭到父亲的厌弃降级为平原侯。后来，虽然被父亲提升为平原王，却一直不被父亲喜欢。

仅此也就罢了，曹叡还被父亲曹丕命令认与自己有杀母之仇的郭女王为母。心怀怨恨的曹叡当然不愿意，父亲得知后，准备立另一个嫔妃的儿子曹礼做继承人，不得已，曹叡只能违背本愿去侍奉郭女王。

曹丕在位七年，曹叡都没有被立为皇太子。

这七年是曹叡最缺乏安全感的时期，一个不小心，地位就可能不保，甚至还可能有生命危险。夜深人静时，曹叡想到冤死的母亲，想到无情的父亲，心中定然是悲惨和苦闷的。他根本寻不到任何人来倾诉，更不能表现出任何的不满，很可能府邸里就有父亲的眼线。

七年的隐忍，会给曹叡带来多大的负面影响呢？

自私，最终葬送了曹魏江山

缺乏安全感的人，往往很自私。

曹丕如此，据野史记载：曹丕曾经为了争夺继承人，接受了宠妾郭女王的建议，逼迫自己的妾室甄宓去勾引曹植，最终令曹植犯错丧失了继承人的资格。

曹叡更是如此，他这辈子，看似风光其实悲惨，后宫几千人，却仅仅有三子两女，这么少的子嗣，除了齐长公主，其余全部早夭。他到死都没有一个真正属于自己血脉的儿子能够继承皇位，不得已，只能收养曹氏宗族的曹询和曹芳为养子，可怜就这么两个养子，还只活了一个。

等到自己要死的时候，养子曹芳不过八岁，怎么斗得过老奸巨猾的司马懿，也难怪曹魏江山会葬送。历朝历代评价曹叡，都认为他在继承人的选择上存在重大失误。从一个皇朝的延续来看，曹叡应该选择皇族里年长的有才华的男子继承帝位，比如与他一起长大的很有才华的叔叔曹宇，这样曹魏江山就不会被司马氏篡夺。

为什么曹叡不愿意这么做？反而要立养子呢？说到底，还是自私在作祟，从曹叡的内心来看，他认为自己的皇位来得不易，很是艰难，隐忍多年，甚至要侍奉杀母凶手郭女王为母。

母亲再贤惠，也抵消不了父亲的“恶”

从小被祖父宠爱的曹叡，离父亲是很远的。早期给曹叡最大培育的，是他的母亲甄宓，一个贤惠的女人。这是个祖父喜欢、祖母夸赞、叔父暗恋的女人，教给了曹叡很多正面的品质，仁孝、容忍等等。

可惜，这么好的母亲，被父亲赐死了。曹丕别说教给曹叡正面的东西了，反而用不信任、逼迫等“负能量”手段，不断地把曹叡推向“悬崖”。

这样的案例虽然极端，在我们现在的家庭很难出现，但我们惊讶地发现，父亲虽然不怎么经常出现在孩子的世界里，却远比天天陪伴孩子的母亲来的更有影响力，或者说更能成为孩子潜移默化学习的榜样。

就拿曹叡来说，父亲曹丕绝不会成为他学习的榜样，反而会成为他夜深人静时候怨恨的对象，但连他都不曾意识到潜移默化中他竟继承了父亲很多坏的“品质”。

作为父亲，千万不能因为自己不常出现在孩子的生活学习中，就认为所有的问题都是孩子的母亲培养不当，或者是受到他人的不良影响。我们很多不经意的行为，很可能会深深地刻印在孩子的脑海里，成为孩子模仿的“榜样”。比如抽烟，有的父亲自己就是个烟鬼，也难怪孩子会成为烟鬼。

本章小结

1. 给予温暖

人这一辈子，不管是谁，不管多么富裕和有权势，都免不了遭遇挫折。温暖，能使孩子扛得住挫折，因为温暖可以给予他无穷的力量。而温暖，必须由家庭给予。温暖，可以是一句关爱的话语，也可以是一个关心的举动，更可以是一个简单的微笑。温暖，无关于金钱和权势，是一种发自内心的爱意散发。要能给予孩子温暖，父母自己首先要做一个温暖的人。

什么样的人才是温暖的人呢？一个温暖的父母必须有阳光乐观的心态、富有爱心、懂得体谅与包容、有自己的坚持、适时安慰和铭记他人的好。

2. 教育责任

常常有父亲说，教育子女是母亲的责任。家庭教育中，父母的责任是相当的，缺一不可。父亲也好，母亲也好，别把教育子女的责任推脱给对方，单纯地依靠一方介入孩子的教育生活，都是有缺陷的。如果有一方不能正确在孩子的成长过程中担负起自己的责任，都会对孩子的成长产生重大影响。最好的方式，就是双方共同参与到孩子的成长过程中来，共同努力，共同经历，共同成长，才能确保孩子的成长是健康而安全的。

3. 长得像谁

别总奢望孩子像父母，别总说孩子像父母是好事。培养孩子，不是为了让孩子成为谁的影子。别总想着孩子要像父母，真的要像父母，绝不会继承父母的优点，只会让父母的缺点在他的身上无限地发酵，最终也许有过之而无不及。孩子是独立的人，父母可以通过改正自己的缺点，给予孩子榜样的力量，引领孩子走上一条属于自己的成长之路。

4. 正确关爱

很多父母不知道如何正确爱孩子，总是无比信任孩子，总是全部满足孩子所有要求。爱孩子可以，但要把对孩子的爱隐藏一部分，有节制地对孩子表达爱，在孩子受伤、害怕、受挫折、需要鼓励等比较脆弱、孤独的时候多表达爱，而在孩子无理取闹、撒泼耍赖的时候少表露甚至不表露出爱。

什么样的爱才是正确的？有回报、有限度、有原则、有保留的爱才是真爱，才能促进孩子健康成长。

5. 父母时效

做父母是有时效的。父母不可能一辈子陪伴孩子，谁也不知道明天会发生什么，也许明天就要面临疾病、死亡。现实，就是这么残酷。如果父母不及早让孩子独立，真到父母想让孩子独立的时候，就为时已晚。做父母，要逐步引导孩子适应“离开自己”独立生活。未来是孩子的，只有他知道自己究竟需要什么。父母给予他们的，只是父母认为对的，不见得适合孩子。父母要做的就是在孩子品行和独立技能的培养上，其他的要让孩子自由选择，这也是对孩子的尊重。孩子不是父母的宠物，更不是父母的奴隶，父母永远无法照顾孩子一辈子，别让孩子长大后因为怨恨父母为他们做了许多他们不喜欢的决定而自暴自弃甚至啃老。替孩子做太多选择，不是爱孩子，而是害孩子。

第二章

别总拿家世说事

——孙吴皇族家庭教育启示

要说家世，孙坚出身最差，区区菜农之家。一个瓜农的儿子在瓜农父亲的培养下，完成了从农民到贵族的逆袭，成长为威震天下的大英雄，奠定了孙吴霸业的基础。孙氏也是东汉末年三国中坚持时间最长的皇族，孙氏皇族在教育子女过程中有哪些值得我们学习的地方呢？

1 孙坚：有一个好父亲比什么都重要

孙坚，东吴孙氏军事集团的缔造者，吴国武烈皇帝，字文台，吴郡富春（今浙江杭州富阳）人，春秋时期军事家孙武的后裔。

孙坚，这个人吧，文武双全，《三国演义》虽然对他有很多正面的描写，却并不能彰显出他的骁勇善战。

孙坚和董卓好像是上辈子的仇敌一般，汉灵帝中平三年（公元 186 年），汉灵帝派遣司空张温代理车骑将军，征讨边章、韩遂叛乱。张温上书请求派孙坚为军事参谋，屯驻长安（今陕西西安）。在征讨叛逆的过程中，孙坚以董卓所犯三罪劝说张温斩杀董卓，张温心中不忍，没有听从孙坚的意见。如果张温听从孙坚的意见，自然就没有了董卓乱政了。

等到董卓乱政，孙坚起义兵从长沙出发，屡次作战，屡次击破董卓的军队，与其他义兵逼迫董卓迁都长安。等董卓迁都后，孙坚率军进军洛阳，击败吕布。孙坚攻入汉都洛阳后，修整诸皇陵，方才引兵回鲁阳。

在讨伐董卓的关东群雄中，孙坚军队是唯一一支数次与董卓军队进行正面交锋且取得大胜的军队，在曹操兵败汴水、袁绍迟疑不进、酸枣联军瓦解、天下人驻足观望之际，他的孤军奋战却使藐视天下的董卓如芒在背、仓皇西窜。

孙坚，号称江东猛虎，他是怎么成长为一代名将的呢？

有个好父亲，比什么都棒

《富春孙氏宗谱》记载：孙钟为乌程侯孙坚之父，东吴大帝孙权之祖父，东汉后期，天下将乱，遂隐居于故乡富春江畔的阳平山，以种瓜为业。

孙钟幼年丧父，跟随母亲居住。据说孙钟是春秋时吴国军事家孙武之后，孙武的子孙因功得封富春为食邑，孙氏遂定居富春。孙武后裔在汉代一度移居北方，孙子远曾出任天水太守。孙子远的儿子孙厚重新由北方迁回富春。传至孙钟，虽家业已经破落，仍保留仕宦传统，大家风范。

孙钟，虽幼年丧父，其母非常伟大，在教育孙钟成人成才的过程中功劳巨大。在母亲的培养下，孙钟养成了事亲至孝、性好施与、作风朴实等优秀品质。

孙钟不仅自己对于母亲非常孝顺，还把这个优良传统传承了下去，从孙坚，到孙策，再到孙权，都是非常孝顺的人。家境破落后，孙钟生活并不优裕，虽以种瓜为业，却乐善好施，遇到贤达长者，赠送瓜果。南北朝时期宋朝刘义庆撰写的《幽冥录》还记载了一则孙钟因乐善好施而收获天界下凡司命（神话传说中掌管人生命的神）报答的故事。因孙钟热情招待下凡司命，司命为报答孙钟，帮助孙钟选择上好墓地而能获得后世子孙数代为帝王的命运。

孙钟不仅品格高雅，最让人佩服的是他在子女的教育方面非常成功。文献记载孙钟这个人非常重视家教，孙钟有三子，长子孙羌，次子孙坚，三子孙静，除长子早亡外，孙坚和孙静都成长为东汉末期的英雄人物。

孙钟不仅在孩子的品格教育上下功夫，他还很有前瞻性，敏锐地预见到天下即将大乱，在教育孩子上又做了三件事情：

第一件是要求每个孩子都要参与田间劳作。劳动，是最有助于孩子成长的重要方式。劳动，不仅仅可以锻炼孩子的动手能力，还可以磨炼孩子的意志力，不为挫折和困难所打倒。孙坚幼时的经历，在整个三国时期割据军阀中都是不多见的。

第二件是每个孩子都要习武。天下大乱之时，有一定的武力，方能自保。孙钟正是深知这一点，坚持让孩子们习武强身。看过《少林寺》的朋友，大概不会忘记少林寺是怎样培养武僧的，主要通过挑水砍柴等劳动来夯实基础。孙钟坚持让孩子参与农事，习起武来自然事半功倍。整个孙氏家族的武力值都比较高，孙坚被人称为江东猛虎，孙策被人称为江东小霸王，孙吴以武起家，可见孙钟的教育成效。

第三件是每个孩子都要学文。孙坚虽每次作战都身先士卒，却并不是只知道冲杀的莽夫，而是智谋极高的良将，这与父亲孙钟坚持要求他学文有关系。初平元年（190 年）冬天，董卓听说孙坚要起兵，就派东郡太守胡轸率领大军开赴鲁阳攻打孙坚。当时，孙坚正和部属饮酒谈笑，胡轸的先遣骑兵突然袭来。孙坚没有害怕，一方面继续饮酒谈笑自若，另一方面命令部队整顿阵容，不得妄动。等到敌人的骑兵越来越多，孙坚这才慢慢起身离开席位，率领将士有条不紊地进入城内。胡轸见孙坚兵马整齐、纪律严明、斗志旺盛，竟然不敢攻城，撤兵走了。后来部将就问孙坚当时为什么那么平静，孙坚告诉部将说："我之所以不立刻起来，是怕士兵们因为我的妄动而紧张逃跑引起哗变，如果真是那样，我们不要说入城了，恐怕早就成了胡轸骑兵的刀下亡魂。"孙坚不战而屈人之兵，显示了其善于用兵的胆略和才能。

孙坚也好，孙静也好，他们能在乱世成功，与好父亲孙钟有莫大关联。

要说孙钟是个好父亲，还在于他对于孙坚的成长敢于放手。

放手，才能让孩子成长得更好

孙氏家族在富阳的没落，对孙坚的发展助力不多。孙坚的扬名源于一次陪同父亲外出。

孙钟带年方十七岁的孙坚，乘船沿富春江去钱唐，途中遭遇海盗胡玉等人抢掠商人财物，在岸上分赃。遇到这样的事情，普通人的想法都是"事不关己高高挂起"，生怕一个不好就惹上灾祸。基于这样的想法，过往行人商旅，都是止步不前，过往船只，也不敢向前行驶。孙坚却对父亲孙钟说："这些强盗可以捉拿住，请父亲让我去干吧。"孙钟一向比较朴实，不太赞同儿子的想法，就说："这种事不是你能干得了的。"

孙坚没有听从父亲的话，反而拿起刀，大步奔向岸边，一面走，一面用手向东向西指挥着，好像正分派部署军士捕快对海盗进行包抄围捕似的。海盗们远远望见这情形，误以为是官兵来缉捕他们，一个个惊慌失措，纷纷扔掉财货，四散奔逃。看到海盗们逃窜，孙坚仍然不肯罢休，杀掉一名海盗才回到父亲身边。

《三国志·吴书》记载：因为这次的经历，使得孙坚在郡县里名声大振，郡府的官员征召他代理校尉一职。

这样的事情放在现在，叛逆两个字眼一定会在很多父母的脑海里第一时间浮现。父亲孙钟并不赞同孙坚的强出头，等到孙坚大破海盗，还追杀了一个海盗后回到父亲身边。孙钟只是大惊，要放在当下很多父母，定会把如孙坚这样的儿子大骂一通，甚至会禁锢在家不准出门。

孙钟怎么做的呢？

他一没有训斥儿子，而是在回到家后，召集所有的家族子嗣，要求他们以孙坚为榜样，奋发向前。孙坚虽然当时反抗了父亲的命令，擅自而为，但内心一定非常惶恐，他不见得怕海盗，但对于尊敬的父亲，心里面必然有些愧疚。父亲没有批评自己，反而鼓励和肯定，对孙坚的成长乃至成熟的帮助是非常巨大的。年轻处于叛逆的孩子，最不喜欢父母的唠叨，渴望获取父母的肯定和支持。孙钟做到了这一点。

他二没有干预儿子孙坚的未来发展，反而选择放手离开。儿子在那种危险的情况下，不听自己的话，孙钟一定是非常愤怒和担心的，但当儿子手刃歹徒回到自己的身边，孙钟大惊，为什么大惊？因为是孙钟突然发现儿子长大了，有自己的决断，如果自己再加以干预，反而不利于儿子成长。所以，孙钟把年轻的儿子送到工作的岗位，没有一丝犹豫就回到富春继续经营种瓜的事业去了。

十七岁，正是一个孩子最叛逆的时候，也是当下很多父母最为头疼的时期。孩子叛逆，并不是想反抗父母，反而是一种渴望成长和发出自己声音的宣扬。很多父母，对于孩子的成长，内心总有一种恐惧，生怕孩子走上歪路歧途，总想掌控孩子的成长，美其名要为孩子未来成长“把关”。

孙钟则不是，他看到儿子的成长，就明白自己能够教给儿子已经很少很少了，儿子真正需要的不是自己的把控，而是社会上的历练。

历练，比一切说教都有用

独立后的孙坚，并没有辜负父亲的肯定、支持和希望。

社会历练中，孙坚逐渐把从父亲身上学来的优点发扬开来，成长为一个勇敢善战、礼贤下士、讲究信用、乐善好施的英雄。

孙坚，勇敢善战，常置生死于度外。汉灵帝熹平元年（172 年），会稽郡人许昌作乱，聚众数万人。孙坚，时任会稽郡司马，招募精良勇敢的壮士千余人，会同州郡官兵，协力讨伐，击溃了这股势力。《三国志·吴书》记载：一次，孙坚乘胜追敌，单骑深入，失利，受伤堕马，卧于草中。当时，军众分散，不知他在什么地方。亏得他所乘战马跑回军营，咆哮嘶鸣。将士们随马找去，才在草中发现了孙坚。孙坚回营养了十几天，伤势略好，又奔赴疆场。

孙坚，礼贤下士，乐善好施，能够聚拢人心。孙坚曾先后就任盐渎县丞、盱眙县丞和下邳县丞，所到之处，甚有声望，官吏百姓也亲近顺服。愿意同他交往的人非常多，有乡里耆旧名人，也有任侠好事少年。孙坚对他们，都像对待子弟亲友一样，接待抚养，尽心尽力。因此，孙坚部下聚集了很多英雄人物，特别出名的有程普、黄盖、韩当、祖茂四大将。

孙坚，讲究信用，诚信待人，部下都能对他归心，而且誓死效忠。孙坚死后，部下的将领和兵士都被袁术抢夺，等到长子孙策崛起，孙坚原有将领和兵士都能够跟随旧主之子，非常忠义。孙坚部下四大将程普、黄盖、韩当、祖茂，除祖茂在跟随孙坚的战斗中战死外，其余三大将领都忠心地跟随孙策征战天下，打下了东吴基业。部下的忠义，源自于孙坚的诚信忠义。汉献帝中平四年（187 年），长沙人区星反叛，时任长沙太守的孙坚不仅整顿军备，平定了本郡的叛乱，还为天下百姓的安定跨越郡界平定了零陵和桂阳两郡起义的叛军，更接受了宜春县令的求救平定了叛乱。当时长沙郡主簿劝说孙坚不要跨越界限前去救援，孙坚不肯，他说“既然宜春县令想到向我求助，我就不能辜负他对我的期望，更何况不平定叛乱，百姓如何安定？”

孙坚，虽然结局悲惨，在征战刘表的过程中全身中箭而亡，但不能否认他是三国时期真正的大英雄的事实。

孙坚的成功，源于父亲孙钟的成功教育，也源于他在社会这个大染缸里磨炼成才。从孙坚成功的案例来看，对待孩子成长，不能忽视社会历练这个平台，只有让孩子在社会现实里磨炼，他才能将父母传授给他的优势内容融会贯通提升为自己的优点，才能在社会现实里改正自己的缺点，逐步让自己变得更为成熟，更能适应社会，更能发挥出自己的优势，更能成就一番事业。

2 孙策：缺什么也不能缺母爱

孙策，何许人也，猛虎孙坚长子，吴大帝孙权长兄。

刘备也好，孙坚也好，曹操也好，是东汉末期群雄争霸中的三个佼佼者，也是三国时期三大势力的开创者。

三个人中，孙坚无疑是悲剧的，中年早逝，这让年幼的孙策经历了人生中最大的痛苦。人生三大痛莫过于“幼年丧父，中年丧妻，老年丧子”，孙策就经历了“幼年丧父”。

相比于刘禅和曹昂，孙策非常艰苦。

刘禅虽然无才与平庸，甚至丢了江山社稷，但好歹父母双全，最终还继承了父亲的江山，享受了长达几十年的帝王奢侈。

曹昂虽然很年轻，就因为父亲的好色，而丢失生命，但相比于孙策的丧父，其实也是幸运的。

孙策，十七岁丧父，还未成年就必须扛起复兴孙氏的大任。孙策没有被困难打倒，正是在他的努力下，兄弟孙权才有“称霸江东，三分天下”的基础。

少年丧父的孙策究竟凭借什么来称霸江东的呢？

丧父是坏事，亦是好事

我相信，如果没有猛虎孙坚的突然离世，孙策的成长不会那么快。

孙坚在世时，孙策虽已经在孙坚军中征战，也是军中赫赫有名的军将，但有父亲在，和无父亲在是完全不一样的。有父亲在，孙策只需要管作战，其余都有父亲操心。

父亲去世，孙策成了家庭的顶梁柱，唯有此时，孙策才真正地理解到生活的艰辛与不易。为了生存和延续父亲的基业，孙策不得不先后投靠他人，其中以投靠袁术的时间最长。

在袁术手下混并不容易，也正是在袁术手下混迹的这段时间，真正让孙策感受到了创业的艰难；也正是这段时间交替出现的成功与失败，让孙策逐步的成长与成熟。

可以说，如果没有失去父亲庇护后的这段艰难创业经历，我相信孙策也难以成为曹操、刘备、孙坚三人长子中最厉害的人物，也难怪曹操说“猘儿，谓难与争锋。”

所以说，孙策的成功，悲于父亲去世，让他不得不在生活的大海里沉浮，也因为父亲的去世，让他无人可靠，只能在生活的酸甜苦辣中实现自我成长。

父亲缺位，母爱却足以弥补

孙坚者，枭雄也，和刘备、曹操一样，为了争霸天下，都活跃在战场上，哪里顾得上家中妻儿。

父亲缺位，恐怕已经成了枭雄者在孩子成长中的标配了。或许，正是因为父亲的缺位，对孙策来说，影响并不特别深远。

孙策最幸运的是，他有一个伟大的母亲——吴夫人。

史料中记载：吴夫人教育儿女很有办法，总是宽容、诱导，谆谆教诲，让儿女自己领悟，明辨是非。

在陪伴孩子成长的过程中，如果夫妻一方缺位，另一方只要能够全身心地参与到孩子的成长过程中，有方法地引导孩子成长，孩子成才也是很有希望的事情。

吴夫人对于儿子孙策成长的影响，并不仅仅局限于丈夫孙坚离世之前，孙坚离世后，她一样坚定地关注着孩子成长，对于孩子错误做法，她仍然会提出规劝。

《会稽典录》记载，有一次孙策因为自己的功曹魏腾违背自己的主张就想杀掉魏腾，群臣都劝阻不了，最后还是吴夫人出马，才劝阻住了自己的儿子。吴夫人劝阻孙策，既有晓之以理，又有惊醒之举。她先是劝告儿子“革命尚未成功，此时杀害功臣，不仅于事无补，而且会失心离德”，又作势要跳井说“她要先跳井自杀，以免看到孙策日后众叛亲离”。种种举动，都足见吴夫人的智慧与权谋。

当下，父亲普遍缺位于孩子的成长，这个现状下，母亲在孩子成长中的作用就特别明显，不妨学学吴夫人对待孩子的做法。

不在孩子面前说爱人的坏话

吴夫人与孙坚之间，谈不上爱情，倒有点胁迫的感觉。

史料记载，吴夫人才貌双全，被勇猛的孙坚听说，就上门求亲。吴夫人的亲戚们都不同意，普遍认为孙坚轻浮、狡诈，说得孙坚既羞愧又遗憾。深知孙坚厉害的吴夫人并没有拒绝，反而是用自己的“牺牲”换取了亲人的“安全”。

婚前，吴夫人就做了最坏打算：如果孙坚对自己不好，就是命不好！在此状态下，吴夫人与孙坚哪里有爱情与幸福可言，甚至说满腹怨言也在情理之中。

当下，很多男女追求爱情，或者说激情，这无可厚非，但爱情敌不过婚姻与时间侵蚀。于是乎，抱怨与谩骂充满了整个家庭，连孩子都受了影响，结果是婚姻破裂，家庭破裂，孩子也被推向了“歧途”。

想了想，再悲惨，能有吴夫人悲惨吗？

悲惨的她，完全可以自怨自艾，甚至在孩子面前大吐苦水，痛斥丈夫孙坚的不是。但她从没有在几个孩子，尤其是孙策面前说过父亲孙坚的坏话，在孩子面前塑造的都是父亲孙坚的英雄形象。

因为母亲的缘故，孙策内心对于父亲孙坚不仅仅是崇拜的，而且是感恩的。即便是在创业最艰苦的时候，孙策也不曾忘记父亲孙坚的血海深仇。最终，在自己的努力下，孙策终于杀死了仇人黄祖，为父亲报了大仇。

只有家庭幸福、和谐、美满了，孩子的成长才可能健康。吴夫人虽经历坎坷，自幼丧父，与二兄吴景、小妹三人相依为命，待长大成人，却不得不委身孙坚，刚有些好日子，丈夫又早逝，人生三大痛“幼年丧父、中年丧夫”两大难都经历了。苦难的她，并没有把这些苦难传递给儿子孙策，反而用自己有节制的爱、智慧与权谋，助推儿子成长为性格开朗、直率、大度、有幽默感的英雄。

放手，才是母亲正确的做法

孙坚战死，留下吴夫人与儿子孙策、孙权孤儿寡母，此时该怎么办？吴夫人心中是权衡过的，历史上丈夫死后，妻子挑起大梁的并非没有，刘邦的妻子吕雉就是典型代表，但这样好吗？

恐怕不好！吴夫人没有学吕雉，而是坚定的放手让儿子孙策去闯荡，自己则为了让儿子孙策无后顾之忧，几迁其家。吴夫人不仅明智，让儿子在生活这所大学里成长；而且自信，坚定地相信自己培养出来的儿子能够迅速成长，最终独当一面，成长为一个顶天立地的英雄豪杰。

对于孩子的成长来说，放手比控制来的更有效，与其老是帮助孩子完成，或者指导孩子完成，不如放手让孩子自我摸索，哪怕是撞得头破血流也是一种成长。我们要知道，我们说给孩子听的经验，即便孩子牢牢地记住了，那也仅仅是我们的经验，不属于他也不可能属于他，只有孩子在头破血流中汲取的经验才是真正属于孩子的，才可能真的为孩子所用。

当下，不少妈妈习惯“包办”，总是担忧孩子“没长大而犯错”。我们用我们的担忧阻隔孩子经历的机会，最终把孩子送上“长不大”的“歧途”。

我们不可能一辈子陪伴孩子，就像孙策的父亲孙坚一样，年仅三十七岁就在战乱中死去，突然之至。有人说，当下不会有这么突然的事情。其实不然，年前表哥出车祸而亡，直到表哥火化归天，我都不敢相信，但事实就是这么突然。对于表哥的一儿一女，父亲的离开不就是这么突然吗？昨天父亲还音容笑貌，今天就是冰冷尸体一具。

现实，就是这么残酷。如果我们不及早让孩子独立，真到我们想让孩子独立的时候，就为时已晚了。

作为母亲，不妨自己“懒”一点，多让孩子“勤劳”一点，才能培养出一个独立、自主、有生存能力的好孩子。

夫妻之间，不要互相指责

吴夫人的成功，值得我们很多人学习，我曾经特别想和大家分享一个观点：婚姻可能有错，孩子绝对没错。我们别用自己感情的成败，去惩罚自己的孩子，那不是爱孩子，不过是用孩子的“未来”来为自己的情感宣泄买单。

人这一生，可能只经历一段情感，也可能经历许多段情感，不管情感是否破裂，既然曾经爱过，有过甜言蜜语，等到分开了，就不要大肆指责，生活里，除了他或者她，还有许许多多值得我们珍惜和幸福的人和事。

别因为对另一半的指责，毁了孩子的生活与未来。

虽然吴夫人是成功的，但孙策与生俱来的基因传承自孙坚的秉性——急躁，吴夫人并没有真正的帮助孙策祛除，当然这也不能责怪吴夫人，有些东西直到死都是难以改变的。

孙策最终死于自己的急躁，这也表明了没有绝对成功的家庭教育，更没有完美无缺的家庭教育，对待孩子，我们不能过于追求完美，要允许孩子有专属于自己的个性特点。

3 孙权：缺乏安全感的孩子往往比较无情

孙权，东吴的开国皇帝，字仲谋，吴郡富春（今浙江富阳）人，生于下邳（今江苏徐州市邳州），他是孙坚的儿子，孙策的弟弟。

孙坚，活了三十六年；孙策，活了二十五年；孙权，却活了七十年。

从创业守江山来说，孙策选择孙权作为继承人，非常明智，尤其是在当时那种基业尚未稳固的情况下，有才能的孙权是最佳选择。孙权也没有辜负孙策信任，经过他的努力，东吴内忧平复，外患去除，最终在建业（今南京）建立了孙吴。

从寿命的角度来说，孙氏兄弟大多没有活过四十岁，而孙权却在继承孙策权位后活了五十二年，连皇帝宝座都坐了二十三年，在三国时期可算是在位时间比较长的帝王了。

从儿子和兄弟的角度来看，孙策选择孙权作为继承人，在某种程度上犯了非常大的错误。孙权继位后，对待孙策的儿子孙绍、孙子孙奉非常的寡情，终孙绍一生，仅被封为吴侯，后还因为孙权子嗣被封为吴侯，不得不改封上虞候。等到孙绍去世，孙奉继承上虞候的爵位，竟因为一个谣言，被孙权的孙子吴末帝孙皓给诛杀了。自此，孙策绝后。

我们说曹丕对待兄弟手足无情，但要和孙权比起来就有点小巫见大巫了。孙权不仅对孙绍无情，对待祖宗也无情。曹丕不仅追封父亲曹操为皇帝，连祖父曹嵩都追封为皇帝，等到曹丕儿子曹叡继位，还追封曹操的祖父曹腾为皇帝。孙权呢，仅仅只追封孙坚为皇帝，不谈孙钟，连孙策这个真正奠定东吴基业的哥哥，仅追封为长沙桓王。

至于兄弟，曹丕确实无情，可二十四个兄弟都封了王。孙权呢，三个弟弟孙翊、孙匡、孙朗，孙匡二十多岁就死了，孙翊二十岁被人杀害（曾被大臣推荐为孙策继承人，据说他的死与孙权有关），孙朗仅因为军事上的失败就被孙权改了姓氏还禁锢终身。此三人别说封王了，除孙匡承继父亲孙坚的乌程侯外，其他两人连候都没有封。

孙权，为什么如此无情呢？

无情，是因为缺乏安全感

汉献帝初平二年（公元 191 年），父亲孙坚战死，孙权不过九岁。父亲战死，孙权和母亲兄弟等人过上了颠沛流离的生活。这段生活，全靠母亲武烈皇后吴氏支撑家业。颠沛流离中，吴夫人一个女流之辈，在乱世之中挣扎，即便是心有余估计也力不足，孙权缺乏安全感也是非常自然的事情。尤其是长兄孙策在外拼搏，自己虽年幼，却是家中最年长的男子，必须要站出来帮助母亲维持家业。即便心中充满恐惧和缺乏爱的抚慰，恐怕也难以向母亲表达出口。而且母亲在对孙权和诸兄弟的教育上，一向严格。

兴平二年（公元 195 年），年仅十三岁的孙权就离开母亲的怀抱，跟随长兄孙策征战江东。在长兄身边虽然时刻充满危险，毕竟有哥哥孙策扶助。可好景没多久，建安五年（公元 200 年），年仅二十六岁的长兄孙策遇刺身亡，年仅十八岁的孙权被任命为继承人，承继孙策打下的孙吴基业。

此时，真的是内忧外患。孙权也并不像记载的那么英明神武，反而守着兄长的灵柩痛哭几日。想想也是，幼年时渴望有父亲关爱，可惜父亲早亡；年少时渴望有长兄关心，可惜长兄早亡。

孙权来到人世的十八年里，颠沛流离，没有过一天安生日子。从此以后，孙权必须依靠自己，托起孙策留下的孙吴基业。遭遇两次丧亲打击后，迷茫、失落和对前途的无望，充斥着孙权的头脑，即便是再聪慧的他，毕竟年幼，根本没有太多的经验。

此时，孙权的地位并不稳固，大臣们认可的孙策继承人并非是他，而是三弟孙翊，只不过大哥孙策认可自己。叔父孙静的长子孙暠反对自己，曾整顿兵甲，率领士兵攻打会稽郡，阴谋被虞翻识破得以平定。

孙策虽把权位传给了孙权，但对他并不放心，托孤给张昭时，曾嘱咐：“倘若孙权不足以担当重任，你自己担当好了。万一事情不能顺利，可以慢慢地归降曹操”。

年幼时缺乏父爱，权位上缺乏稳固，孙权极度缺乏安全感。安全感越缺乏，紧张情绪就会越发浓郁，对于他人总是充满怀疑，尤其是对自己有威胁的，孙权一定会防范的比较严，生怕有人来夺去他的一切。

孙权虽善于谋略，但自身武艺不高，战争经验也不足。孙权真正自己领兵作战的战役就是在赤壁之战后，攻击合肥与张辽作战，围攻一个多月不能取胜只能退兵。

孙氏其他族人都很骁勇善战，孙权的危机感十足。陆逊，虽才能卓越，因为是孙策的女婿，却一直被孙权防备，始终不能真正掌权，为东吴开疆辟土。

鲁肃，是孙权亲自提拔，曾经对他特别器重；但是在鲁肃晚年，却以“借荆州给刘备不得还”指责鲁肃失责，可见孙权无情。

《三国志·吴书》作者陈寿曾说孙权是性多嫌忌。

现在，很多父母忙于工作，照顾不到孩子，有的父母不得已托付给祖父母，甚至送到寄宿制学校。孩子，得不到父母关爱，时常感受不到安全。其实孩子，需要的不是金钱、玩具和美食，而是父母的陪伴和温暖。曾有一个孩子，为了父亲能够陪伴自己，询问父亲一小时能赚多少钱，然后拿出自己的零花钱买父亲一个小时的时间来陪伴自己。

现在很多父母，宁可沉迷于手机等电子产品、酒吧等娱乐场所，也不愿意陪伴孩子，总是觉得孩子是累赘。缺乏安全感的孩子，渐渐地就会疏离父母，变得不愿意与父母接触、沟通，甚至是极度的叛逆，严重的还可能仇恨父母。

任性，是重压下的一种发泄

孙权不仅无情，还比较任性。

任性在哪里呢？

孙策死后，内忧外患，孙权却任性地哭泣了好几天。顾命大臣孙昭实在是看不下去了，不得不出面劝说孙权停止哭泣，扶着孙权上马巡视，好让“众心知有所归”。

孙权喜欢打猎，还喜欢空手搏斗猛兽，张昭批评他：“万一哪天你被猛兽杀死了，不是让天下人耻笑吗？”孙权虽然不好意思，行为上却没有太大的悔改。

孙权喜欢喝酒，以灌醉陪他喝的人为乐。有一次，他和群臣宴会于武昌樊山的钓鱼台，群臣醉倒了不少。他吩咐手下人用冷水洒他们，让他们醒来，再喝。他下了一道命令：“今天要喝到醉倒在这钓鱼台之中，才能停止。”孙权当了吴王之后，大摆酒宴，招待群臣。到酒宴将要结束的时候，他亲自起身，向大臣们行酒。走到骑都尉虞翻面前，虞翻假装喝醉，伏在地上。等到孙权回到座位上，他又起身坐下。于是孙权大怒，手持利剑要杀他。

孙权还特别喜欢戏谑大臣，最出名的就是戏谑诸葛瑾，因为诸葛瑾脸长似驴，他就在一头驴的脖子下面悬挂“诸葛子瑜”的铭牌。

孙权婚姻上也比较任性。孙权的第一任夫人姓谢，是母亲吴氏主持的婚事，可惜早亡。第二任夫人姓徐，徐氏是吴郡豪族徐琨的女儿，同时也是孙权姑母的孙女，一来辈分不对，二来她是个寡妇，因貌美被孙权看中，大臣们极力反对，却被孙权拒绝。等到孙权娶了徐氏没多久，孙权又爱上了步夫人。

孙权为什么如此任性？任性，不过是重压下的一种发泄。

孙权，年幼丧父，长兄不在家，很早就需要辅佐母亲撑起整个家庭，再加上母亲对于孙权兄弟一直很严厉，寄希望于孙权兄弟能够成才，匡正门楣，光大祖宗基业。因此，孙权压力很大。

等到长兄早亡，孙权又需要支撑起整个东吴基业，压力就更大了。但时间不等人，给予孙权成长的时间太短了。在孙权最需要人辅佐时，母亲吴氏又去世了，此时孙权不过二十多岁。孙权对于母亲是非常孝顺和依赖的，这也就是孙权为什么能够容忍张昭对自己“指手画脚”，因为张昭不仅仅是孙策指定的顾命大臣，更是母亲吴氏指定的顾命大臣。

和孙权一样，当下很多孩子也时常处于重压之下。这种重压来自于何处？来自于父母“望子成龙，望女成凤”。作为父母，希望自己的孩子以后能够过上一个幸福、舒服、体面的生活无可厚非，可学业这种事情，根本不是逼迫出来的。有的孩子适合在学业上有所发展，有的孩子适合在音乐等方面有所发展。总之，三十百六十行，行行出状元。我们应该根据孩子的实际情况因材施教，切不可“拔苗助长”，让孩子在痛苦中“轮回”。

压力大，会让孩子不自觉地产生烦恼，烦恼之余就会滋生叛逆，叛逆多了自然就会任性，任性多了就会爆发亲子冲突。高考过后，就有不少孩子因为考试成绩不理想而轻生。

温暖，是每个孩子都需要的

孙权，真正缺的是爱，缺的是温暖的力量。

孙权，有七子三女，除去孙休、孙登、孙虑是生病去世外，其余七个孩子互相算计、杀害，最后竟然都不得好死。其中，孙权的大女儿孙鲁班就先后害死了同父同母的妹妹孙鲁育和同父异母的兄弟孙和。

孙权的子女为什么缺乏亲情？是因为孙权本身就是个缺乏温暖的人，对于自己的孩子，他不仅没有尽到父亲的责任，还挑起了三子孙和与四子孙霸的争斗。最终孙和被废，孙霸被赐死。

缺少温暖的不只孙权和他的孩子，当下许许多多的孩子。他们渴望温暖，他们需要的不是父母的唠叨和手把手的教导，而是父母能够安静下来听自己诉说或者给予一个拥抱、一个抚摸等等温暖的举动。

如何才能给予孩子温暖呢？

一是作为父母，不仅要给予孩子物质和生活上的必要满足，还需要给予孩子精神层面上的爱、接纳和关注。要在孩子生日、不开心的时候，多做一些温情举动，让孩子深刻地感受到父母的温暖。

二是作为父母，要尽可能的待在孩子身边，不能因为家庭条件差，或长期不在孩子身边，或忙于事业长期忽视孩子的心里诉求，这其实就是“冷暴力”，会让孩子变得自卑、无力、行为多动或焦躁不安。我们要多抽出时间陪陪孩子，陪孩子说话，陪孩子游戏，陪孩子娱乐，陪孩子学习，用陪伴引导孩子健康的精神世界。

4 孙登：家风是孩子正成长的能量源

孙登，字子高，孙权长子，孙吴第一任太子。可惜，这位太子，仅仅活了三十三岁，继承了祖父、伯叔们一贯的短寿。《建康实录》记载：孙权听说长子孙登去世的消息，非常的惊讶、悲痛、和惋惜，甚至不能控制住自己的眼泪，只要听到孙登的名字就会流泪，他还对群臣说“国家丧失了英明的太子，百姓有何福气可言啊！”

孙登二十一岁被封为太子，做了十二年太子，三十三岁去世，此时，孙权已经六十岁。有人说，孙权就是活的时间太长了，如果早一点把帝位传给孙登，那孙吴江山也不会那么快灭亡，说不定还可以在中兴以后，统一天下。

历史无法轮回，谁也说不清如果孙登能活到继位或者孙权早亡孙登提前继位究竟会怎么样。但要说三国时期没有继承皇位的太子中最让人觉得可惜的，真的要属这位孙登太子不可。

先不说这位太子人格魅力有多强，就说说他死后的一件事情吧。当时，孙吴的豫章太守名叫谢景，曾经做过孙登的太子属官，听说孙登去世的消息，非常的悲伤，竟然放弃自己通过努力工作得到的太守官位去给孙登奔丧。奔丧结束后，谢景上表弹劾自己擅离职守，请求皇帝孙权治罪。孙权听说了，不但没有责罚，反而安慰他说：“你和太子的感情，比其他人都要深厚。我不追究你擅离职守的罪责，还是赶紧回到豫章坚守自己的岗位吧。”

孙登的早亡，是孙吴帝国最大的不幸。为什么这么说？

孙登，可以说是三国时期最为完美的具有领袖气质的继承人，他几乎继承了孙氏家族最优秀的基因，这在孙权乃至于孙氏家族的子嗣里都是让人觉得不可思议的。

他究竟继承了哪些孙氏家族的优秀基因呢？

孝顺的因子，代代相传

孙登的出身，和曹操的长子曹昂类似，但还不如曹昂，最起码我们还知道曹昂的生母是刘氏，可孙登呢，历史记载上只说“登所生庶贱”。啥意思，就是说孙登的母亲身份非常卑贱，极可能是孙权府中的婢女之类。

孙登的生母去哪了没人知道，史书记载“徐夫人少有母养之恩”。究竟是孙登生母早逝，由徐夫人抚养呢？还是孙登生母地位卑劣，而被过继给徐夫人做继子呢？很难搞清楚，唯一能够知道的是孙登是孙权第二任妻子徐夫人抚养长大的。

孙登，对于养母徐氏，非常孝顺。

历史上记载了两件事情：

第一件是徐夫人失宠被废后流放到了吴郡。当时，孙权正宠爱步夫人，孙登还没有被封为太子，因为孙登非常受孙权宠爱，是未来的接班人，步夫人就很巴结孙登，经常送礼物给他。孙登虽然碍于情面不好拒绝，但也只说几句感谢的话。一旦徐夫人从吴郡送衣服来给孙登，孙登一定会沐浴更衣，然后才穿上。这在尔虞我诈的后宫，是非常不容易的，步夫人受宠，人人巴结；徐夫人被废，人人鄙弃。孙登却非这样，他一辈子牢记徐夫人的养育之恩。

第二件是孙登将被册封为太子时，孙登却推辞说："本立而道生，欲立太子，宜先立后。"孙登推辞的话是什么意思呢？意思就是说你要立我为太子可以，但应该先立我的母亲为皇后。孙权也挺有意思，反问孙登："你的母亲在哪里啊？"孙权的意思是你的生母早就去世多年了。孙登却回答："我的母亲在吴郡。"孙权被孙登的回答噎住了，根本不知道怎么回答。

有人说：孙登孝顺徐夫人，是因为徐夫人有养育之恩。孙登并非如此功利，他对于孙权同样非常孝顺。

嘉禾元年（公元 232 年），孙登的弟弟孙虑病死，年仅二十岁，孙权伤心得吃不下饭。远在武昌镇守的太子孙登听说后，昼夜兼程赶到建业，当面劝说父亲孙权："二弟孙虑一病不起，这是命中注定。现在北方还没有统一，天下的人都在仰首期盼，陛下现在吃得太少，我私下非常担忧。"

孙权听从儿子孙登的劝告，收住眼泪，饭量也增加了。孙登在建业尽心服侍父亲孙权十多天，孙权打算让他回到武昌镇守。孙登却说："父亲啊，我长时间在外为国家效力，一直不能侍奉父亲您，我作为儿子，心里一直非常愧疚，这次就让我再多待一段时间侍奉您吧。再说，陆逊忠诚勤勉，武昌的事都能处理得井井有条。所以，父亲不用担心。"

孙权可能因为二子孙虑的病逝，也思念孙登，就同意了。

孙登为何如此孝顺？有人说孙权的母亲就是孝顺的榜样，这才让孙登潜移默化习得了孝顺。我查了下历史记载，孙权的母亲吴夫人去世的记载虽然不确定，有人说是公元 202 年，也有人说公元 207 年，但孙登公元 209 年才出生，也就是说孙登出生前祖母吴氏早已经去世了。榜样作用，恐怕无法作用在孙登身上。

我觉得孙登孝顺的原因，应该归结于孙氏家风中本就有孝这一源泉。从曾祖父孙钟，到祖父孙坚，再到伯父孙策，最后到父亲孙权，都是非常孝顺的人。

什么是家风？家风是一个家族代代相传沿袭下来的体现家族成员精神风貌、道德品质、审美格调和整体气质的家族文化风格。家风的形成，往往是一个家族链上某一个人物出类拔萃深孚众望而为家族其他成员所宗仰追慕，其懿行嘉言便成为家风之源，再经过家族子孙代代接力式的恪守祖训，流风余韵，代代不绝，最后形成一个家族鲜明的道德风貌和审美风范。

曾祖孙钟就是孙氏家风中孝字的源泉人物。孙登孝顺应该还有个重要原因，他的养母徐夫人，身份特殊，她其实也是孙氏后人，她的祖母是孙登祖父孙坚的妹妹，一样受到孙氏家风的熏陶。

孙权七子三女中，除却孙登孝顺，还有孙虑、孙和也是恭孝之人。

礼贤下士，远胜于父亲

孙权，礼贤下士，但不一定能听从忠言谏语。

孙登，也礼贤下士，却能从善如流。

《三国志·吴书·孙登传》记载：下属来拜见孙登的时候，按照规定要穿正式的官服，见面要下跪。每当这个时候，孙登都会非常客气地说："快快起来，把那些繁文缛节免了吧，以后你们就像平常在家一样，穿便服就可以了。"不仅如此，孙登从不轻易做决定，总是先征询名士建议，再认真综合思考，做什么事情都是小心谨慎。因为他是太子，有自己的专车，经常邀请诸葛恪、张休、顾谭等一起上车，路上一起商量国家大事，反复斟酌。如果意犹未尽，孙登就邀请大家在自己的太子府中秉烛夜谈，抵足而眠。

孙登，礼贤下士，可以说孙权起了榜样，可孙登为何能够超越父亲孙权呢？还是孙氏家风在起作用，礼贤下士这一好品质的起源应该说在孙坚身上。孙坚为何能从微末崛起，关键是他笼络了一批贤人猛将，奠定了孙氏的底子。从孙策，到孙权，都秉承了孙坚的遗风，一个比一个更胜，总体来说，孙权优于孙策，孙策优于孙坚。孙权子孙中，除却孙登，尚有孙和也有礼贤下士之风。

教育孩子，父母做好榜样确实是非常重要的，但不能光是父母做好榜样，而其他人任性而为，比如祖父母、外祖父母或者其他近亲。孩子的成长，受的影响是多方面的。一个家庭要有正的风气，这也就是我们所说的正能量作用。

我经常教育女儿不随地乱扔纸屑，要用口袋装起来，或者放入垃圾桶。可女儿总是做不到，我仔细观察，发现有一位亲戚特别喜欢随地乱扔，这对孩子的影响非常大。

宽仁爱民，世之罕见

孙登，是三国时期最有“为君”气质的继承人。

为什么这么说？因为此人对待百姓、仆役非常的宽仁。

孙权特别爱好打猎，孙登却很少去打猎。即便是打猎，即便可以走近道，他也不愿意，经常远远的绕开良田，生怕践踏到庄稼，等到了可以休息的地方，他总会选择空闲的地方，绝不烦扰百姓。此为其一。

其二，有一天，孙登丢失了盛水的金马盂，经过调查，他发现是手下人偷窃的。他不忍心给予偷窃的人处罚，只是把这个人批评了一顿，就让他永远回家，还吩咐身边的人以后不要提这件事情。

孟子曾说：“民为贵，君为轻，社稷次之。”然而别说帝王了，很多贵族、官宦和地主根本就不把百姓、仆役当人看，肆意妄为。孙登，可以说历代太子中的“另类”。

不仅如此，孙登还很有克制力和判断力。有一次，孙登骑马外出，有一颗弹丸从他身边飞过，情形非常惊险，手下的人也很愤怒，就去寻找射弹丸的人。有一个人拿着弹弓，身上带有弹丸，大家都认为他干的。审讯他，他却不承认，手下的人想揍他，孙登不允许，也不盲目判断，反而派人找到飞过的弹丸，和被抓住那人身上的弹丸作比较。结果确实不一样，孙登就把那人释放了。

等到孙登生病快要死时，他想到的不是死亡的恐惧，反而忧虑国家存亡。他给父亲孙权写了一封绝命信，信中有对百姓苦难的忧虑、有对父亲施政不当的劝谏、有对贤臣名将的举荐。

孙登的去世，不仅是孙氏家族的不幸，更是东吴百姓的不幸。孙登，不仅继承了孙氏家族所有的优良因子，还在此基础上，成长为一个全面超越孙氏家族其他族人的人物。

孙登为何能够成长为一个异常伟大的人物？归根结底，还是家风的作用。

好家风，比什么说教都有用

关于家风，中共中央总书记、国家主席、中央军委主席习近平这样教诲我们："家风是家族子孙代代恪守家训、家规而长期形成的具有鲜明家族特征的家庭文化，是一个家族最宝贵的财产，是每个家族成员自豪感的源泉，是每个家庭成员'三观'的基石。家风是融化在我们血液中的气质，是沉淀在我们骨髓里的品格，是我们立世做人的风范，是我们工作生活的格调；家风是民风社风的根基，是社会和谐的基础。"

"家风"看起来很抽象，实际上很具体，体现在日常生活中的方方面面。家风应该是全家人共同创建，也应该是全家人共同遵守。只有这样，才能真正形成相对稳定的家庭习俗、风尚、风气。

如何才能培养出良好的家风呢？

一是父母强化自身修养，做好榜样作用。家风是家庭全体成员共同制定、共同遵循的行为规范。但真正让家风得到落实的，还是父母。有什么样的父母，就有什么样的家风。要把孩子培养成为什么样的人，父母必须先成为这样的人。这不仅是以身作则的问题，而是父母的人格决定家风的方向，自然也决定孩子发展的方向。

二是统合家庭集体的力量教育和影响孩子。家风的养成，不能单纯依靠父母。家庭中的所有人，包括祖父母、外祖父母，都要统一思想、行动一致，每一个人都不能放任自己，更不能迁就孩子。教育孩子不是一个人的舞台，而需要是一个教育的整体，这个教育的整体，实际上就是家风。

5 孙皓：母亲素养关乎孩子未来

孙氏家族也确实有意思，有最长寿的皇帝，有最可惜的太子，还有最荒淫无道的暴君。关键是这个荒淫暴君，根本不是正常继位的，反而是被大臣们“民选”出来的。怎么回事呢？

永安七年（公元264年），吴景帝孙休去世，群臣尊皇后朱氏为太后。当时，太子年仅十五岁，蜀国刚刚灭亡，吴国已经被半包围，再加上国内不平，交阯（郡治在今越南北宁市）发生叛乱；权臣丞相濮阳兴和左将军张布害怕年幼的太子登基后一不能掌控局势，二可能会被佞臣迷惑，就想立一个较年长的君主。

左典军万彧以前担当乌程令的时候，与孙皓关系很好，便推荐孙皓，说孙皓才识明断，很有当年长沙桓王的风采，又勤学好问，遵守法度，是明君的人选。

就这样，孙皓得以继位，做了孙吴的皇帝，一手葬送了孙吴江山。

孙皓究竟是谁？

孙皓在孙氏子孙中很有来历，他的父亲就是孙权的三子，那个被废最终被杀的太子孙和，此人也是孙吴最让人可惜的太子孙登在临死前向父亲孙权推荐的太子人选。

说起来，孙和要不是被废，坐稳了孙吴江山，说不定也就没有后续的一系列变化了。历史不可轮回，孙和终究被废被杀了，但历史就是这么神奇，仿佛与孙皓开了一个玩笑，我估计打死他都不会想到，因为万彧的推荐，他竟然风水轮流转，就那么幸运地坐上了皇帝宝座。

刚刚坐上宝座的吴末帝孙皓，确实没有让群臣失望。《江表传》记载：孙皓刚刚继位，就大赦天下抚恤百姓，又打开官仓发放粮食接济贫穷的百姓，还大肆裁撤皇宫中的宫女让她们回家婚配，更放生皇宫中的多余的珍禽异兽让它们回归山林。因为这些举动，他被群臣和百姓盛赞为明主。

可惜，明主做了都没有两年，本性就开始暴露，沉溺酒色，专于杀戮，变得昏庸暴虐，成了名臭千古的暴君。

为什么孙皓的转变会如此巨大呢？

这与他儿时的悲惨经历有关，也与亲生母亲何氏有很大的关系。

儿时大起大落，心理脆弱敏感

孙皓命途多舛，儿时经历异常坎坷，大起大落的厉害。

赤乌五年（公元 242 年），孙皓的父亲孙和被祖父孙权立为太子。这一年，孙和的次妃何氏生下了长子孙皓，祖父孙权非常喜欢这个孩子，为他起名叫“彭祖”。

刚生下来的孙皓可以说享受到一段祖父宠爱、父亲关爱、母亲关怀的日子，可惜好景不长。赤乌十三年（公元 250 年），父亲孙和遭到祖父孙权的废黜，被流放故鄣（今浙江省安吉县），这一年，孙皓八岁。

太元二年（公元 252 年），祖父孙权也许是出于对于父亲孙和的愧疚，封父亲为南阳王，迁至长沙（治今湖南省长沙县）居住。这一年，孙皓十岁，父亲虽然被废了，没有了继承权，但又起复为王，荣华富贵依旧可以有。

好景不足一年，父亲孙和就因为诸葛恪的缘故，被当时的权臣孙峻先是流放到新都，后又被逼自杀。父亲孙和的正妻张氏殉情自杀，仅余次妻何氏。何氏因为丈夫孙和还有四个年幼的儿子没有长大，就苟活下来，艰难抚养孙皓和同父异母的三兄弟长大。这一年，孙皓十一岁。

孙皓，在人生成长的黄金期八到十一岁里经历了人一生最悲惨的两件事情——幼年丧父和家破。任谁在最弱小的时候经历接连两次大起大落，都会在心里留下很强的心理阴影，何况一个皇室贵胄、从不知挫折为何物的孙皓。

父亲的被杀在孙皓的心里埋下了很深的阴影，令他脆弱敏感，时刻感觉到缺少安全感。心理脆弱敏感的人，往往猜忌心特别重。孙皓就是这样的典型，刚刚继位两年，他就先后诛杀了拥戴自己的濮阳兴、张布、景皇帝的妻子朱太后以及景皇帝的四个儿子。

孙皓称帝的十六年里，他因为这样那样莫须有的罪名，先后诛杀了许多孙吴宗室子弟，如孙策的孙子孙奉，致使孙策一脉绝后；如叔父鲁王孙霸的两个儿子，如叔父齐王孙奋和他的五个儿子，如自己同父异母兄弟孙谦、孙俊。至于大臣就不谈了，不管是受他宠幸的，还是不受他宠幸的，只要他一不喜欢，就会立刻流放、诛杀、灭族。

即便孙皓明知道是不该杀的人，他也照杀不误，事后更没有后悔之意。由此可见，孙皓内心敏感到何种地步，也可以看出他对于自己帝位一直存着刻到骨子里的担忧。

现在，经常有一些父母为了考试尤其是中高考这样重要的考试，而向孩子隐瞒亲人去世的消息，这样的举动看似是为了孩子好，其实不然，这既是对孩子知情权的不尊重，也容易造成孩子自私自利的性格，更容易让孩子产生心理阴影。

贤明的父亲孙和惨死，尚有母亲何氏存活。何氏就是为了抚养孙皓等孩子而苟活下来的，那她怎么就没有把孙皓培养成人、成才呢？

母亲的素养，关乎孩子未来

孙皓的母亲何氏出身非常低微，她的父亲何遂只是孙吴骑兵营里的一名骑兵。何氏怎么会嫁给孙和的呢？说来也神奇，有一次，孙权到部队里去巡视，何氏因为是随军家属，就站在路旁围观。孙权一下就注意到了她，并任性的将她赐给三子孙和做妾。

何氏出身卑微，父亲是个大头兵，怎么就被孙权看上了，看上了就看上了，竟然没有纳为妃子，反而赐给了孙和为妾，估计是因为何氏生的非常漂亮。何氏也够争气的，嫁给孙和没多久，就给孙和生下了长子孙皓。

要是孙和人生顺利，也就没何氏什么事了，偏偏孙和出了事，正妻张氏殉情了，就剩下个何氏苟活抚养孙和的子嗣。

这个时候，何氏的素养就异常重要了。

何氏不同于孙和的正妻张氏，张氏是名门之后，祖父是奠定孙吴的股肱之臣张昭。何氏出身太过于低微，说文盲也不为过。毕竟她的父亲只是个普通的骑兵，读书在当时可不是普通老百姓能玩得起的。

何氏一门，没有出过哪怕一个出色的人才。等到孙皓登基，何氏被封为太后，何氏一门才开始兴盛，何氏的三个弟弟何洪、何蒋、何植都被封为侯，权倾一时，子弟横行无忌，骄奢淫逸，老百姓十分痛恨。其中何植深受孙皓宠信，享尽荣华富贵，官封司徒，位列人臣至极。这么一个深受孙皓恩情的人竟没有为孙皓死节，反而背叛了孙皓，主动投降晋军。

作为太后，面对何氏子弟的张狂，不仅没有制止，反而听之任之。何氏作为农家女子，没有接受过正规教育，等到因为偶然的机会一飞冲天变成皇室贵妇，荣享富贵，本性早已迷失，何谈教育子女呢？

心里敏感、缺乏安全感的孙皓，正需要母亲给予足够的温暖慰藉，好让他在温暖和正能量的滋养中慢慢磨去心里的阴影。可悲，母亲何氏不仅没有尽到母亲的义务，反而宠爱孙皓至极，导致孙皓恣情任意，想怎么干就怎么干，根本没有任何的顾忌。

从何处可以看出来呢？

任性而为，几乎不见母亲劝阻

孙皓好色成性，祖父孙权虽然好色，但远不如孙皓这般疯狂。《三国志·江表传》曾记载孙皓纳妃的荒唐事：为了满足自己的淫欲，孙皓下令，凡是二千石以上大臣的女儿，年龄在十五六岁左右的，他都要逐一过目，看中的，立马入宫;剩下的，才允许嫁人。孙皓这样胡搞几年后，后宫妃子竟多达几千人。孙吴亡国后，晋武帝司马炎曾经从孙皓的后宫一次性征召 5000 名美女充实后宫，可见孙皓荒唐到何等境界。

对于孙皓来说恐怕这还不算荒唐，更荒唐的是他为了取悦妃子，竟然让数十名妃子都佩戴皇后印玺。最荒唐的是，孙皓经常和妃子们在宫里的游泳池里开无遮大会。这也罢了，最最荒唐的是，只要有一丝看妃子或者宫女不顺眼，哪怕是最宠幸的妃子，立刻就会以最残忍的刑法杀死，并抛尸。

此时，何氏在哪里呢？她对于儿子的举动不闻不问，除了孙皓正妻滕氏要被废时，因为实在喜欢滕氏，才在儿子孙皓面前多说好话打消儿子的念头。看看，对于自己最喜欢的儿媳妇被废，何氏都不敢批评儿子，反而要用说好话的方式来打消儿子的念头，可见何氏在孙皓心目中的地位。

至于那些和孙皓一起被自己抚养长大的丈夫孙和的儿子们，就更不在何氏的眼睛里了。仅仅因为猜忌，孙皓就处死了共患难的弟弟孙谦和孙俊，此时何氏又没有阻止，或许根本阻止不了。

母亲真的太重要了。

做个好母亲，真的很重要

民国教育大师刘百川先生曾经提及，作为一个男子，寻找配偶不能光看女子的外貌和家世，还要特别关注女子的整体素养。

著名华人亲子教育专家陆惠萍曾经说过：“一个好母亲，幸福三代人！”

陆老师说如果一个女人找错了老公，一辈子就毁了；但如果一个男人找错了妻子的话，他会怎么样呢，他的三代都给毁了，因为他所有的后代都是由这个女人来培养教育的。一个女人是主要的家庭培养者，教育者。

当下，想找个各个方面都很优秀的女子并不容易，男女失衡，让男子寻找配偶都变成了一件比较困难的事情，更别说一个高素养的女子了。怎么办呢？所谓素养，只代表过去，代表原生家庭的熏陶，如果我们没有，我们可以从现在开始，夫妻双方互相扶持、互相学习，为了子女努力成为一对高素养的父母。

其实，不管一个女子的素养多么好，其本身都是第一次做母亲，根本没有什么经验可循，这需要母亲自身要有成为一个好母亲的责任感，能够有“学习、反思、总结、试验、再反思、再学习、再总结、再试验”的意识。

做一个好母亲并不难，只要你能够认识到做好母亲的益处，立刻能够行动起来，那离成功就只有一步之遥。

本章小结

1. 孩子成长

对于孩子的成长，放手比控制来得更有效。与其老是帮助孩子完成，或者指导孩子完成，不如放手让孩子自我摸索，哪怕是撞得头破血流也是成长。别总指望说教，父母说给孩子听的经验，即便孩子牢牢地记住了，那也仅仅是父母的经验，不属于他也不可能属于他，只有孩子在头破血流中汲取的经验才是真正属于孩子的，才可能真的为孩子所用。

不少母亲习惯“包办”，总是担忧孩子“没长大而犯错”。“包办”阻隔了孩子经历的机会，把孩子送上“长不大”的“歧途”。作为母亲，不妨自己“懒”一点，多让孩子“勤劳”一点，才能培养出一个独立、自主、有生存能力的好孩子。

2. 夫妻战争

经营婚姻不是一件容易的事情，磕磕碰碰难免，夫妻间发生一点争吵实属正常。争吵归争吵，千万别把孩子拉扯进来作为裁判。更不能用“你是爱爸爸多一点还是爱妈妈多一点”这样的选择题来难为孩子。即便婚姻失败了，那也说明婚姻有错。婚姻有错，孩子没错。父母不能用感情的失败，去惩罚自己的孩子，那不是爱孩子，不过是用孩子的“未来”来为自己的情感宣泄买单。

人这一生，可能只经历一段情感，也可能经历许多段情感，不管情感是否破裂，既然曾经爱过，有过甜言蜜语，等到分开了，就不要大肆指责，生活里，除了他或者她，还有许许多多值得我们珍惜和幸福的人和事。别指责另外一半，在一起生活就要珍惜缘分，不在一起生活也要想到曾经的情分。别因为对另一半的指责，毁了孩子的生活与未来。

3. 良好家风

家风是家族子孙代代恪守家训、家规而长期形成的具有鲜明家族特征的家庭文化，是一个家族最宝贵的财产，是每个家族成员自豪感的源泉，是每个家庭成员“三观”的基石。家风是融化在我们血液中的气质，是沉淀在我们骨髓里的品格，是我们立世做人的风范，是我们工作生活的格调，是民风社风的根基，是社会和谐的基础。

如何才能培养出良好的家风呢？

强化自身修养，起到榜样作用。真正让家风得到落实的，还是父母。有什么样的父母，就有什么样的家风。要把孩子培养成什么样的人，父母必须先成为这样的人。

统合家庭集体的力量教育和影响孩子。家风的养成，不能单纯依靠父母。家庭中的所有人，包括祖父母、外祖父母，都要统一思想、行动一致，每一个人都不能放任自己，更不能迁就孩子。

4. 母亲素养

作为男子，寻找配偶不能光看女子的外貌和家世，还要特别关注女子的整体素养。一个好母亲，幸福三代人！如果一个女人找错了老公，一辈子就毁了；如果一个男人找错了妻子的话，他会怎么样呢，他的三代都给毁了，因为他所有的后代都是由这个女人来培养教育的。一个女人是主要的家庭培养者、教育者。

所谓母亲素养，只代表过去，代表原生家庭的熏陶，代表一个女性过去的水准。人都是会成长的，只要从现在开始，夫妻双方互相扶持、互相学习，为了子女努力成为一对高素养的父母。

做个好母亲并不容易，素养只能代表起点高一些。第一次做母亲，没有经验可循，这需要母亲自身要有成为一个好母亲的责任感，能够有“学习、反思、总结、试验、再反思、再学习、再总结、再试验”的意识。做一个好母亲并不难，只要你能够认识到做好母亲的益处，立刻能够行动起来，那离成功就只有一步之遥。

第三章

草根逆袭挺不易

——蜀汉皇族家庭教育启示

刘备虽号称汉室宗室，却早已家道中落，沦落为穷苦人家孩子。都说穷人的孩子早当家，可刘备少时根本不努力读书，却贪玩和喜欢攀比。等到长大后，他虽心怀大志，经历却异常坎坷，好不容易攒下一份基业，却被“扶不起的阿斗”一朝败光，这究竟是怎么回事呢？

1 刘备：游学往往可以起到意想不到的效果

喜欢品读《三国演义》的朋友，都会对罗贯中笔下的刘备非常崇拜、敬佩。刘备，三国时期蜀汉开国国君，他也是东汉末期群雄中唯一一个能够存活到最后、继续和曹操争霸的枭雄——并且比曹操晚去世3年。

《三国演义》里说刘备是中山靖王刘胜之后，还安排刘备与汉献帝刘协认亲，最后被汉献帝刘协封为皇叔。刘备究竟是哪个汉室宗亲的后裔，说法不一，有说中山靖王刘胜之后，也有说是临邑侯刘复的后裔。其实不管是谁的后裔，都改变不了一点：那就是刘备及其刘氏家族已然不能享受到汉室宗亲的荣耀和权贵，只能蜗居在涿州的一个叫作楼桑村的地方苟活。

刘备家，勉强算小官僚家庭。他的祖父叫刘雄，举过孝廉，最高做过东郡范县的县令。他的父亲叫刘弘，也举过孝廉，在郡中做佐吏，可惜，很早就死了。祖父也好，父亲也好，都没有做过大官，县令一年的俸禄不过六百石，最多也不超过一千石。

刘备家虽然没有人做过大官，但《三国志·蜀书·先主传》中记载“父弘，世仕州郡”。刘备这个家族，世世代代在州郡里做点小官，算不上官宦世家，顶多算个小富之家，靠俸禄养活全家。

父亲刘弘早亡，就剩下刘备母子以织席贩履为业，生活非常艰苦。说到刘备，我就想起孙坚，孙坚和刘备出身都不好，刘备家是卖草鞋的，孙坚家是卖瓜的，起点差不多相同，但是人生却显然不同。

刘备可以说蹉跎半生，屡败屡战，先后投靠过至少十路诸侯，曾四次抛妻弃子，等到他不得已投靠荆州刘表后，他才真正意识到他麾下缺少的是文臣谋士，但在他辗转征战的过程中，他错过的顶级谋士很多。从田畴（幽州遇到），到陈群（豫州遇到），到陈登（徐州遇到），刘备为什么就抓不住呢？

我觉得刘备前半生的蹉跎，与他幼年时的成长经历有莫大关联。

刘备少年时期究竟是怎么度过的呢？

穷人家的孩子不一定早当家

都说穷人家的孩子早当家，显然，刘备就不是一个能早当家的人。

年幼丧父，家境贫苦，母亲为了生计，在尘世里挣扎，对于刘备的管教应该是比较少的。刘备，幼年没有上过蒙学。受过启蒙的孩子，往往知道了一些正常的世事人情，显然，刘备不是很清楚，胆子特别大，说出的话能把人吓死。

刘备家屋舍东南角篱上有一桑树，这棵桑树可不得了，《三国志》专门用文字介绍过这棵树，刘备所居住的村落也因为这颗桑树得名楼桑村。这颗桑树，高有五丈余，从远处看上去就好像车盖一样，来往的人都觉得这棵树长得不像凡间之物。

少年刘备，与同宗小孩在树下玩乐，指着桑树说："我将来一定会乘坐这样的羽葆盖车。"这句话可不能乱说，羽葆盖车不是谁能坐的，只有皇帝能坐，这话要是被人知道可是杀头的罪名。叔父刘子敬，正好听到了，吓了一跳，赶紧批评刘备说："你不要乱说话，让我们一家遭灭门之罪。"

少年刘备，不是让母亲省心的孩子，是一个喜欢调皮捣蛋、打打闹闹的"熊孩子"。刘备这样的情况，在当下并不少见。我前段时间就遇到一个孩子，父亲早亡，母亲不知去向，全靠奶奶抚养，典型的低保户，上个学本来就不容易，可孩子根本不知道学习，整天惹是生非，让本就为了生计奔波的奶奶不得不跟在她后面"收拾烂摊子"。

穷人家的孩子早当家，这句话不错，但不绝对。有时候，穷人家的孩子反而更容易自暴自弃、破罐子破摔，最终走上"歧途"。为什么会这样呢？主要还是因为父母或者亲人忙于生计，根本无暇顾及到孩子的教育。

刘备的母亲知道自己实在没有能力教育孩子。她狠下心来，做了一个决定。正是这个决定，奠定刘备后来争霸天下的基础。

游学，让刘备在社会冷暖中自我磨炼

刘母做出的决定就是让刘备去游学。

汉灵帝熹平四年（公元 175 年），刘备十五岁时，母亲让他外出行学。行学，就是游学。游学是一个“行万里路，读万卷书”的过程，最早源于孔子。"游学"指离开自己熟悉的环境，到另一个全新的环境里进行学习和游玩，既不是单纯的旅游也不是简单的学，而是在学习之中潜移默化的体验人生，在体验当中学习。

在古代，游学并不是平民百姓能玩得起的事情，往往贵族、官宦或者地主家庭的子弟才玩得起。刘备的母亲为了让刘备外出游学，缩衣节食，这才攒够盘缠。

刘备这人命还是不错的，同宗叔父刘元起非常赏识刘备，常常资助刘备，并让他和自己的儿子刘德然一起拜同郡的名儒卢植为师学习。为这事情，刘元起常被妻子埋怨，可刘元起并不理睬，反而说：“我们宗中有这样一个孩子，不是个平常人。”可能刘元起也听说过了刘备儿时的狂言，看好刘备的未来。

名师有了，刘备会好好学习吗？《三国志蜀书·先主传》说刘备不怎么爱读书，喜欢狗马、音乐、美衣服。读书这件事，还是要从小培养的，心玩野了的刘备，要他皈依儒门确实不容易。刘备不喜欢读书，更喜欢遛狗玩马，听些靡靡之音，还特别喜欢穿漂亮的衣服。

刘备不珍惜来之不易的学习机会，确实可惜。卢植这个老师，其实也没有能够教导刘备等人多久。卢植，是在九江太守任上因病辞职的。熹平四年（公元 175 年）蔡邕、李巡等人发起的校勘儒学经典书籍的建议得到朝廷批准，卢植就主动上书，毛遂自荐。

卢植真正教导刘备学习的时间，可能都不足一年的时间。这不足一年的学习，对于不爱学习的刘备来说，起到的作用是微乎其微的，真正对刘备人生或者说未来大业有帮助的，还是刘备在这次游学过程中经历到的或者说学习到的。

第一是认识了同在卢植身边求学的公孙瓒，并结为好友。因公孙瓒比刘备年长，刘备将公孙瓒视作兄长。后来，刘备在高唐县做县令的时候，被盗贼攻破了城池。按照制度律法，刘备可是犯了大罪。没办法，刘备只能去投靠公孙瓒，被表为别部司马，才得以继续有征战天下的资本。

第二是在游学中尤其是在社会冷暖中磨炼了自己的意志，锤炼了自己的能力。《三国志蜀书·先主传》说刘备不爱说话，能善待下人，喜怒不形于色。喜怒不形于色是非常不容易锤炼出来的本领，这项本领曾多次救过刘备的命，曹操与他喝酒谈话说“今天下英雄，唯使君与操耳。本初之徒，不足数也”时，刘备就凭借这一本领躲过了曹操的试探。刘备征战天下，可谓是屡战屡败，说四处逃窜也不为过，如此落魄艰难，他也从没有放弃过，这也与他少年时的游学有莫大关系，毕竟什么时候都没有少年游学时艰难？

第三是刘备在游学过程中，结交了不少英雄豪杰，甚至涿郡当地的豪杰争相依附于他。这里面包括张飞、关羽和简雍，这三人跟随刘备戎马一生，从未抛弃，蜀汉得以建立，此三人可谓功不可没。正是在与这些英雄豪杰的交往中，刘备把交际和笼络人心的本领锤炼到了一个很高的地步。中山县的大商人张世平、苏双等携带千金，贩马来到涿郡，见到刘备，竟被刘备的魅力所折服，给予了很多资助。靠张世平、苏双的资助，刘备有了起家的本钱，聚集了很多人，建立了自己的私人武装，并依靠这支私人武装镇压黄巾起义，得到了踏入官场的资格。刘备在担任平原相的时候，有个叫刘平的人愤愤不平，不愿服从刘备的治理，就花钱买通了一个刺客去刺杀刘备。刘备不知道这件事情，非常客气和尊重的接待了刺客，刺客非常感动，不忍心杀害刘备，就把事情真相告诉了刘备然后离开了。从这件事情可以佐证刘备交际和笼络人心的能力有多么强大。

游学对于刘备的成长是至关重要的，它直接推动了刘备人格的养成。当年孔子率领众弟子周游列国，虽有政治目的，但确实增进了弟子的学识，培养了弟子的品质，更开阔了眼界。

读万卷书，不如行万里路

我们应该为刘备母亲点赞，她是如此的有魄力，在自己家境非常贫苦的时候，能够忍受母子分离的痛苦，不溺爱孩子，让孩子外出游学，这在当下，是我们很多父母做不到的。

刘备的成功不可复制，因为他的成功是偶然与必然的结合。游学的作用不容忽视，作为父母，应该把游学列入孩子成长的重要途径。不过，我们不能走入误区，不是花大价钱去外国游历才叫游学。这种游学，陷阱很多，不是什么人都能玩得起的。

我认为：相对于熟悉的书本学习、课堂学习、家庭学习来说，游学就是换一种学习情境，让孩子利用假期走出家门、走出校门，融入社会，开阔视野，增长见识；或者说换一种学习方式，在游走中学习，寻找一种不同于在家、在校学习的新鲜感，从而产生新的学习动力，获得新的学习体验和成长；或者说寻找一个新的学习目标，为理想的实现寻找新的起点或突破口。

很多普通家庭经常进行的旅游，做一些修改和拓展，就可以变成有助于孩子人格养成和知识形成的游学途径。

怎么做才能把旅游变成游学呢？

一是游学必须是自主自助游，避免主体缺失的“被游”、“导游”。现在很多家庭选择的旅游，往往是商家或者机构包办叫“到此一游”可能更为妥帖，根本不能称为游学。我们应该摒弃这种方式，选择自主或自驾游。

二是游学前必须要让孩子参与做好准备工作。做哪些准备工作呢？要让孩子参与或者独自确定旅游地点，安排出行方式，预定住宿场所，规划景点游玩顺序，了解景区背后的故事。让孩子亲自参与、亲身经历，充分发挥孩子的主体性、主动性，才能锻炼到孩子的能力，磨炼到孩子的意志，让孩子获得全新的游学体验。

三是游学后必须要和孩子做好反思、总结和补充工作，让游学真正成为孩子经历丰盈和人格养成的重要方式。每一次游学，都会有成功和失败，成功的要总结，失败的要反思，只有不断的反思和总结，孩子才能获取进步。

四是游学要量力而行、量体裁衣，控制攀比心态。不要你国内游我就必须海外游，你北大清华名校游，我就哈佛耶鲁游，只要走出家门、迈出校门，充分发挥孩子游学的主动性、积极性，就会大有收获。

2 刘禅：别把孩子当成财产

读过《三国演义》小说的朋友，无不为刘备感到遗憾，蹉跎半生，才在军师诸葛亮的帮助下，三分天下。可惜先主刘备一辈子的努力，最后被蜀后主刘禅丢失。正因为此，民间才流传下“扶不起的阿斗”这样的说法。

这些年，为阿斗刘禅翻案的文章比比皆是。究竟刘禅是明君，还是昏君？历史过去太久，早已经很难考证全面。作为一个在历史学科上“不学无术”的小人物，要在历史烟云里追寻真相，太难。再者说，我也不想在历史烟云里寻找真相，那是历史学家的责任。

但是，刘禅这个历史个案本身孕育的家庭教育问题，特别值得我们思考和研究。

我们不可否认刘备是英雄，或者说是枭雄，能够聚拢人才和将士的心，但纵览《三国志》等诸多历史，此人实在很难被称为好父亲。刘备不是好父亲，在家庭教育上失位，是“老子英雄，儿子狗熊”的主要诱因。

所谓懦弱，不过是童年缺爱

刘禅，并非刘备的嫡长子，他的母亲是刘备的妾室甘氏。甘氏是刘备在当豫州牧时所娶，甘氏前面，刘备早已经娶了数名夫人，却都在刘备败逃中要么被杀，要么被俘。

刘禅的命运，虽比那些失踪或者惨死的哥哥来的幸运，但并不幸运多少，一出生，刘禅就没有过几天好日子，经常要跟着父亲东躲西藏。甚至有野史记载，刘禅刚出生没几年，在徐州当州牧的刘备就被曹操偷袭落荒而逃，刘禅跟随人群逃入西川时，竟被人贩子卖了。等到刘备占领益州后，在将军简雍的帮助下，他才得以回归。

《三国演义》最著名的“赵子龙长坂坡救阿斗”故事中，阿斗刘禅也差点夭折，好不容易被赵子龙从乱军中救得性命，又差点被刘备摔死用来收买大将赵云。

童年的种种不幸，让阿斗的懦弱不足为奇。别看阿斗身份尊贵，是刘备钦定的继承人，却时刻处在危机之中，没有享受过一天安定的日子。弱小的阿斗时刻缺乏安全感，性格自然就会内向、懦弱。

懦弱的人，往往缺乏主见，需要在亲人或者朋友中寻找依靠。缺乏安全感的阿斗，刘备在时，并不需要自己决定什么。等到刘备去世，安全感缺失会越发严重，他会习惯性的寻找依靠。刘备死后，诸葛亮当权，刘禅寻找到了一个忠心耿耿的有强大实力的依靠诸葛亮，等到所有的能够依靠的有学之士离世，也就不难想象他为什么会如此的信任和依靠一个宦官黄皓了。

刘禅的童年，既没有享受到母亲甘氏的温暖怀抱，因为母亲甘氏本身也是刘备打拼江山艰难创业过程中的牺牲品；更没有享受到父亲刘备对他的关爱与保护。

他不过是刘备的财产罢了

从“长坂坡赵子龙拼死救出阿斗，刘备为了收买人心，狠心砸儿子”等等举动来看，不管是夫人还是儿子，对于刘备这个枭雄来说，不过是财产的一部分罢了。

《三国演义》中曾有这样一个情节：张飞丢了徐州，让刘备失了妻儿老小，被关羽一顿痛骂。张飞羞愧之下，意欲自杀，却被刘备一把抱住，说了这样一句话：兄弟如手足，妻子如衣服。由此可见，在刘备心中，女人也罢，孩子也罢，有与没有并不重要。只要还有东山再起的实力，一切都可以重来，女人可以再娶，儿子可以再生。刘备的祖宗枭雄刘邦便是这样的典型，为了逃命，刘邦曾经亲自将一双儿女推下车去；被项羽用父亲威胁时，他竟说出了“分我一杯羹”的绝情话语。

父亲把自己当成可以随时抛弃的东西，并在逃亡的过程中一次次上演，在阿斗的心目中埋下了深深的阴霾。

民国教育大师刘百川在近一百年前的著作中，就曾明确提出很多父母把孩子当成财产，而在当下，这种思想同样弥漫，甚至有人说孩子生的越多，未来生活越能得到保障。“养儿防老”说法或许就是这样传承下来的。

所谓望子成龙，不过是个人野心

有人说，刘备并非无情，只不过时势所逼，为了心中重振汉室的宏大愿望，才会抛弃妻子，所谓忠孝两难全，有时候国家是要高于小家。

读《三国演义》的朋友，都会发现罗贯中是以刘备为撰写主线的，也把刘备建立的蜀汉当成正统。我们不去谈历史对错，我们只谈刘备个人野心，从其收留罗侯寇氏子取名，再到儿子刘禅，一个封，一个禅，合起来就是封禅，体现出刘备称霸天下的野心。

儿子刘禅也好，义子刘封也好，父亲刘备都没有灌注多少父爱，更多的只是彰显个人野心。所谓儿子，不过是父亲刘备用来彰显自己已经拥有继承人安抚部众的谋略。

关羽北伐失败时，刘封没有救援，后被孟达等人背叛丢失上庸。逃回益州的刘封，原以为会获得父亲的谅解，至死不肯投降魏国的他，最终换来的却是父亲的杀害。

父亲刘备，为了事业，牺牲个把儿子，根本不算什么事情。这与当下不少人追求财富的目的相同，很多人追求财富，嘴里却说是为了让孩子过上幸福美满的生活。其实并不然，他们追求财富，即便有留给孩子的心思，更多地还是追求自我享受。

所以，别说刘备望子成龙，没有刘禅，也有刘永，或者刘理。刘禅之所以能够当上蜀汉的皇帝，不过是因为他是还存活在世界上的年龄最大的儿子罢了。

好老师，终究不如好父亲

当下，很多父母特别迷信好老师，尤其是名师。有不少父母，甚至为了能让自己的孩子到某某名师班里上学，不惜花费重金。不可否认的是，有不少孩子，确实从名师那里获得了成长，但也有不少孩子越学越差。

好老师，终究不如好父亲，阿斗就是这样的典型个案。

刘禅的老师是谁？大名鼎鼎的诸葛亮，要按照现在的智商测定来看，我相信诸葛亮的智商在全世界都是名列前茅的。诸葛亮，名校毕业，名师教授，本身也是个在大汉智名远扬的名士。

对于诸葛亮这个老师，刘备是信任之至，不仅对诸葛亮教导儿子放心，而且在临终前叮嘱儿子要以父侍之。这样毫无保留的信任和推崇，当下没有一个父母能够做到。

即便是这样，又能怎样呢？阿斗成才了吗？

在诸葛亮眼里，阿斗并非庸才。他曾经用“朝廷年方十八，天资仁敏，爱德下士”这样的语句来夸赞他的好学生阿斗。由其可见，阿斗并非天资愚笨，反而各个方面都很突出。

一个天资不笨、名师辅导的阿斗，怎么就会在历史上承受了“扶不起阿斗”的骂名呢？根子还在刘备身上。

刘备或许是个大英雄，但绝不是好父亲。刘备一生，忙于事业，要么四处奔波逃命，要么到处网罗人才，要么沉迷美色。除了临终前，对儿子刘禅留下了“莫以恶小而为之，以善小而不为”的教诲遗言外，他还曾留下什么呢？

即便是临终，他为了蜀汉的长久不衰，对股肱之臣诸葛亮说出“如其不才，君可自取”的话语，即便真如许多人猜测的那样，是对诸葛亮的试探，仍然掩盖不了他骨子里自带的“儿子并不比自己的江山社稷重要多少”的认知。

做个好父亲，比什么都重要

刘备一生，蹉跎近五十年，才在乱世中谋得了一片江山。他给儿子刘禅留下许多忠义之士，文臣武将皆有。诸葛亮虽事必躬亲，但也给刘禅预存了不少有才之士。刘禅终其一生，都没有学会父亲刘备的用人之道，亦或说从始至终都没有从狗熊蜕变为英雄。这和当下流传的“富不过三代”极其吻合，刘备的蜀汉竟然真的没有传过三代。

作为父亲，赚钱很有必要，毕竟这是没有钱就生存不了的年代，但有钱也好，有权也罢，做一个好父亲，是我们无法忽略的重要问题。

谁也不希望自己努力了一辈子，攒下来的房子、车子，被不孝的孩子两三年就败光？古人言：授人以鱼不如授人以渔。与其给孩子留下无数的财富让他挥霍，不如教育孩子成为一个独立的、自主的人。

3 刘封：养父也是父亲，别成为孩子“噩梦”

刘封可能是三国历史中最憋屈的一个人。

哪里憋屈？他对义父刘备忠心耿耿，最后却被义父用莫须有的罪名逼迫着自杀了。

什么莫须有的罪名呢？不过是谋臣诸葛亮担心刘备死后，自己难以驾驭刘备这个义子，就劝说刘备借着刘封战败丢失土地的缘由除掉他。

刘备听信了诸葛亮的建议，逼迫义子刘封自杀，消弭了儿子刘禅继位最大的阻碍。

一开始，悲剧就已注定

刘封最终被杀并不奇怪，因为从刘备收养刘封为义子开始，刘封的命运就已经注定。

《三国演义》里写到刘备收罗侯寇氏之子寇封为义子时，关羽就表示出强烈的不满，埋怨刘备："你已经有儿子刘禅，再找个义子，万一以后两个人发生继承人之位争斗，不是闲着没事找事做吗？"

正史中，刘备收刘封为义子时，还没有诞下子嗣，关羽很有可能说过类似的话语，毕竟刘备还未年老体衰，正是三四十岁的壮年，完全有能力开枝散叶，真要等到刘备诞下儿子，极有可能发生关羽担心的事情。

有野史记载寇封是个器宇轩昂的英俊少年，颇有仁义之心，很得刘备喜爱。也不知道刘备出于什么样的考量，收下寇封为义子。这一举动恼怒了关羽，关羽一开始就不喜欢刘封，甚至很防备刘封。

要说关羽这个人，就是太骄傲，喜恶全摆在脸上，把对刘封的不喜欢，搞得人尽皆知，这也是为什么后来他深陷麦城"弹尽粮绝"时，刘封想救援却又被孟达劝说住的原因——即便你救了关羽，他也不可能感激你，又何必浪费兵力去救一个原本就对你不利的人呢。

刘封这个人，不仅长得帅，而且文武双全，在刘备攻取益州的过程中，战无不胜、攻无不克，颇得刘备军事谋臣将士的喜爱。

如果刘备没有子嗣，刘封如此优秀是极好的，问题是刘备后来子嗣有好几个，那下场就可想而知。也难怪孟达会劝说刘封投降曹魏保全性命了。

义子也是儿子，怎可不爱？

刘备这个人，真的很有意思，据历史记载，他逼迫刘封自杀后，曾一度非常伤心，为刘封哭泣了好几次。既然心疼刘封之死，何必赐死刘封呢？既然哀伤义子，身为皇帝，也可以荫封刘封的儿子刘林，可惜刘林终其一生不过是个牙门将。至于牙门将，也是他自己努力凭借军功获取。

刘备并非心中怀念文武双全的义子，有可能是拿义子与亲儿子比比，突然发现自己蹉跎大半辈子，竟没有培养出一个如义子刘封一般文武双全的儿子。

刘封的悲剧是刘备一手造成的。

如果刘备只是赏识刘封的才俊，完全没有必要收为义子，就像关羽所说，给自己添麻烦。既然你收刘封为义子，就该把刘封当成儿子看待。事实上，终刘封一生，他都是真心实意地把刘备当成父亲看待。想想也是，一个寒门子弟，因为一次偶然的机会，被贵为皇叔的刘备看上收为义子，颇有点鲤鱼跃龙门的感觉。刘封骁勇善战，为刘备蜀汉的建立贡献了不菲的功勋，不管谋士朋友多么劝说他背刘投曹，他都始终相信父亲刘备。

义无反顾回到成都的刘封，并没有收获父亲的谅解，反而被刘备责骂怨恨，最后更是被诸葛亮以莫须有的理由劝说刘备赐死了。

有人说，刘封可能是想与刘禅争夺继承人而被诸葛亮猜疑，我觉得刘封应该是有自知之明的，父亲刘备有亲生儿子，不可能有谋士将领支持他，更何况关羽一直不待见他，谋士将领们不可能不知道这一情况。刘封，根本不可能有这个奢望，顶多就是想出人投地谋得父亲的赞赏罢了。

刘备没有真心把刘封当成儿子看待。

既然已经执意收刘封为子，作为父亲，就应该出面摆平叔父关羽，至少也要让关羽不在表面上处处针对义子刘封，此为其一。其二，对待刘封，要公平公正，有功必赏，既然不列为继承人，就应该早与刘封明明白白说清楚，何必搞一些外放、明升暗降的把戏。这一点上，刘备不如曹操许多，曹操一辈子收了许多义子，也没听说逼死义子的情况，刘备就收了一个义子，结果还被自己逼着自杀了。

义子也是儿子，既然下定决心收了，就应该公平公正的关心和爱护他，更何况刘封从没有背弃父亲，刘备怎么可以因为莫须有的原因逼迫他自杀。

再说关羽之死，与刘封也无太大关系。真正害死关羽的除了他自己，还有刘备，刘备不是不知道关羽骄傲成性，即便能为帅，也只是武将的命，根本没有镇守一方的本领，却还把镇守荆州这么重要的任务交给他，即便是平定益州称王以后，也不考虑派遣有才之士去替换，说到底还是自私心太重，生怕别的人不如关羽对自己忠心。

亲生与非亲生，真的那么重要？

为什么刘备能够容忍义弟关羽和谋士诸葛亮在刘封的问题上兴风作

浪呢？关羽早已经说得很清楚原因：刘封是义子，并非刘备的血脉。如果是嫡子刘禅，诸葛亮和关羽根本不敢涉入其中。

中国人特别强调血脉之亲，有很多文章都会描写到失散的嫡亲父子、母子，即便不认识，都会有一种超越于自然的血脉联系，让父子或者母子产生一种似曾相识的感觉。

血亲情结，让古人对子嗣的血统特别关注，继承人必须是嫡长子，即正妻的大儿子，才有资格继承。

古代战乱频繁，一些人因为某些原因，怎么努力也没有儿子，就会从同宗亲属那里过继一个男孩作为自己的继承人，诸葛亮就曾过继了诸葛瑾的二儿子诸葛乔为继子。

这样的情况在现代也很常见，我们身边总有一些夫妻因为这样那样无奈的原因不得不收养孩子。

对于收养的孩子，很多夫妻都很难以正常心态对待，总是容易产生一种“就算对他再好，他也会回去寻找亲生父母”的想法。不可否认，人都渴望知道亲生父母是谁，但没有人是天生的狼心狗肺。只要真心对待孩子，孩子也一定会真心回馈养父母。

就拿刘封来说，刘备只不过是简单将他收为义子，刘封终其一生都没有背叛，反而兢兢业业地为养父卖命，只为求得刘备的赞赏。

要么不收养孩子，一旦收养，就该公平公正的爱护他们，努力给予他们宽严有度的爱，让他们能够快乐茁壮地成长，即便是自己又有了子嗣，也不应该亲疏有别，把养子推向“深渊”，最后还说他们“恩将仇报”。

没有孩子是天生的恶人，一个变恶的孩子背后，总有一个把他推向“恶”的父母。如果你是一个“养父”，那你千万别学刘备，好好学学乔布斯的养父保罗·乔布斯吧。

保罗·乔布斯为了乔布斯的发展付出了父亲应该付出的爱和努力，乔布斯也没有忘记自己的养父保罗，反而至死都不愿意与自己的亲生父母相认。

本章小结

1. 贫穷孩子

都说“穷不过三代”，因为穷则思变，而且穷人家的孩子也早当家。我们确实看到了不少穷苦人家的孩子早早就开始承担起家庭的重担，在学业等各方面都很优秀，但这并不代表所有穷苦人家的孩子都能早当家。穷人家的孩子，是被生活的苦楚逼迫得不得不早点独立起来，从而参与到整个家庭的运转过程中来。这并非他们自愿，纯粹是被生活所迫。有的孩子会从苦难的生活中汲取改变的动力，但也有一些孩子会在生活的苦难中颓废，进而自暴自弃、破罐子破摔，最终走上歧途。

当孩子误入歧途时，他们内心极度渴望父母来关注和规正他们，但被苦难所压迫的父母，为了生计，根本无暇顾及。价值观、判断力的不成熟，加上外界的诱惑，又缺乏父母的及时干预，自然就会掉入歧途漩涡中出不来。作为父母，家穷要思变，但思变之余也要抽出时间关注孩子，和孩子沟通交流，这样才能带着孩子一起努力早日共同脱离贫苦。

2. 外出游学

游学是一个离开自己熟悉的环境，到另一个全新的环境里进行学习和游玩的过程，既不是单纯的旅游也不是简单的学，而是在体验当中学习，在学习当中潜移默化地体验和感悟人生。

作为父母，应该把游学列入孩子成长的重要途径。需要特别注意的是：游学并不专指到国外游历，区别于熟悉的书本学习、课堂学习、家庭学习，游学就是让孩子走出家门、走出校门，融入社会，换一种学习方式，在游走中学习，寻找一种不同于在家、在校学习的新鲜感，从而产生新的学习动力，获得新的学习体验和成长，从而开阔视野、增长见识，为理想的实现寻找新的起点或突破口。

我们可以把我们每年都进行的旅游，做一些修改和拓展，变成有助于孩子人格养成和知识形成的游学途径。我们将旅游变更为自主自助游，让孩子成为游学的主人，参与或者独自确定旅游地点，安排出行方式，预定住宿场所，规划景点游玩顺序，了解景区背后的故事。游学结束后，我们必须要和孩子做好反思、总结和补充工作，让游学真正成为孩子经历丰盈和人格养成的重要方式。特别要警惕的是，不能把游学变成攀比，要量力而行、量体裁衣。

3. 家庭财富

不少父母坚定地认为自己应该给孩子留下足够的钱财、房产。尤其是很多父亲总认为自己的责任就是在外打拼，赚到足够的钱，给孩子提供富足的生活。他们过多地重视了外在的财富而忽略了作为父亲的责任。其实，房子也好，车子也好，攒起来很难，挥霍起来很容易，有些学坏的孩子几年内就把父亲奋斗几十年的财富败光。授人以鱼不如授人以渔。与其给孩子留下无数的财富让他挥霍一空，不如回归家庭，捡起属于父亲的责任，教育孩子成为一个独立的、自主的人。

4. 收养孩子

收养孩子，是一件大善事，既可以解决夫妻之间因为某些原因而没有孩子的苦恼，又可以拯救上帝送到人间的“宝贝”。一旦收养了孩子，要一心一意、全心全力地抚养孩子。公平公正地爱护他们，努力给予他们宽严有度的爱，让他们能够快乐茁壮地成长。即便是自己又有了子嗣，也不亲疏有别，更不搞区别对待，一如既往地爱孩子，让孩子感受到温暖。千万别把孩子推向“深渊”，最后还说他们“恩将仇报”。没有孩子是天生的恶人，一个变恶的孩子背后，总有一个把他推向“恶”的父母。

第四章

养子需要讲章法

——西晋皇族家庭教育启示

出身高贵、教养很好的司马懿为了儿时的梦想，委身曹氏几十年，一步一步拥有了雄霸天下的资本，却在长子和次子的教育上采取了截然不同的培养模式。虽然在子辈的努力下，司马氏成为皇族，可惜孙辈不争气，把司马懿隐忍了几十年才得到的江山给一步一步丢了。究竟是司马懿在长子和次子的身上采取了什么样截然不同的教育模式，才最终酿成大错呢？

1 司马懿：让孩子养成规则意识非常必要

司马懿，字仲达，河内郡温县孝敬里（今河南省焦作市温县）人。三国时期魏国杰出的政治家、军事家，西晋王朝的奠基人。

评价司马懿，说他是英雄的有，说他是小人的有，但谁也不能否认就是他，篡夺了曹操蹉跎一生才建立起来的曹魏，奠定了西晋皇朝的基础。

说司马懿是英雄也好，是小人也好，司马懿最终篡夺曹魏江山，并非必然，也有很多偶然因素。历史其实往往很难倒推，就像很多人认为，如果曹冲不死，取代曹丕继位，以曹冲的妖孽天赋，定然能够将司马懿玩得团团转——不过，这样的说法或者想法，只能是种谈笑。

司马懿的一生，并非一帆风顺，反而是挫折不断，从少年时与同郡周生等人结怨而被谋害，若不是好友胡昭救助早已命丧黄泉；到青年时不愿意接受曹操征辟而装病；再到被曹操用各种手段逼迫的不得不接受征召以求保全；再到入仕曹魏后出谋划策开始受到重用；再到被曹操忌讳而托庇于曹丕；再到曹叡死后曹爽擅权不得不装病蓄养实力反击……

一桩桩一件件，都让我们看到了司马懿人生轨迹的艰难与不易。任谁处在司马懿的位子上，经历这些磨难与挫折，能缓过劲来不被吓死都极其不易。司马懿能够成就大事，能够抗过压力和挫折，与父亲悉心教育有关。

懂规矩，让孩子建立规则意识

司马懿，出身于河内郡的名门望族司马氏，祖上世代为官，做的都是太守这样的大官，是典型的官宦家庭。司马懿的父亲，名叫司马防，字建公，做过洛阳令、京兆尹。

这位老人家性格耿直公正，即便是参加宴会这样的休闲活动，也时刻保持着威仪，让人挑不出一点毛病。司马防还酷爱读书，尤其是熟读《汉书》里多达几十万字的名臣列传和讽咏。

司马防最令人称道的是他教子的本事，他一共有八个儿子，分别是司马朗、司马懿、司马孚、司马馗、司马恂、司马进、司马通、司马敏，在当时都非常有名，因为每个人的字中都有一个“达”字，所以当时的人就称他们为“司马八达”。司马懿是司马防的次子，也是成就最大的一个。

司马防对儿子们非常严格，即使儿子弱冠成人后，也要求“不命曰进不敢进，不命曰坐不敢坐，不指有所问不敢言”。在家中，包括司马懿在内的几个儿子虽然已经成年，但司马防不召唤他们，儿子们便不敢随意去见父亲；见面时，如果没有父亲允许他们入座，便不敢坐下；司马防不向儿子们提问，他们也不能随便说话。

司马防从小就教育儿子们要懂规矩，要明白兄弟之间长幼是有秩序的，要懂得遵守礼仪法律，不能随便僭越人伦道理，做什么事情都应该衣冠整洁、正襟危坐。

可别小看了懂规矩这件事情，当下很多父母在这一方面很欠缺，对孩子放任不管，任由孩子随意破坏规则，逐渐让孩子养成了胆大妄为的性格。比如，一些孩子到游乐场玩，非常霸道，明明其他小朋友在玩，他非要跑过去把别人赶走，不准其他小朋友玩耍，站在边上的父母也不制止，反而骄傲地认为自己的孩子厉害，有“霸气”。我就遇到不少这样的孩子，从小就“霸道”，最后逐渐演变成与父母进行对抗，甚至发展到对父母动手。

不懂规矩的孩子，往往没有敬畏之心，没有敬畏之心的孩子，往往容易走上“歧途”。少年时，父亲让司马懿懂规矩、守规则，对于他的成长影响是非常积极的。

《晋书》记载：司马懿少有奇节，聪明多大略，博学洽闻，伏膺儒教。汉末大乱，常慨然有忧天下心。司马防是非常正统的汉室忠臣，受父亲影响，司马懿本身并不喜欢曹操，所以才会对曹操的征召百般推诿。秀才遇见兵，有些事情就由不得人了。

抵抗不了，司马懿只能接受曹操的征召；接受了曹操的征召，懂规矩、守规则的司马懿，既没有任性的反抗，也没有消极的回避，反而有意识地逐步改变自己的固有看法，慢慢地融入曹魏，虽然后来挫折不断，但总算不断地向权力高峰攀登。

司马懿对侍奉的曹魏贡献非常大。不管是在军事上，抑或是在人才选拔上，还是在民政上，他都提出了非常多的好建议，也切实可行地完成了一些事情，比如司马懿主导的屯田，司马懿在上邽发起屯田，在京兆、天水、安南兴起炼铁，穿成国渠，筑临晋陂，使得原本缺粮的雍州和凉州能够丰衣足食，还有余力供给关中缺粮的地区。

如果不是司马懿在规则中逐步适应，并发挥自己的聪明才智，曹魏怎么可能会让他身居高位呢？《三国演义》里记载徐庶“进了曹营不设一谋”，徐庶的下场是什么？（当然《三国演义》的记载并不属实）

青春期的孩子，往往胆大妄为，有一股天不怕地不怕的气势，总是觉得自己可以改变世界，但世界自有其规则的存在，不可能因为孩子的不喜欢、不适应就随之发生改变。世界的规则是很难发生改变的，即便要变也要经历很多非常重要的推动，经历漫长的时间。世界的规则难以变化，只有我们帮助和引导孩子做出改变，这样孩子才能适应规则，并在规则里有所发展，最终成为规则体系里的成功者，司马懿就是这样的典型人物。

当然司马懿能够成长为曹操都非常顾忌的人才，虽然有父亲儿时严格教育，但游学才是让他最终成为旷世之才的重要途径。

游学，能让孩子快速成长

司马懿少年时，一直在外游学，建安四年（公元 199 年）曹操控制河内郡后，才回到家乡，不久后成亲。

司马懿在游学的过程中，结识了一大批好朋友，如三国时期著名隐士胡昭，这位老人家和诸葛亮都是字孔明，活了八十九岁，经常受到朝廷的征召。胡昭“心地天真，行为高洁，越老越是坚定。玄远虚心，静穆朴素，有伯夷、四皓的节操”，能与这样的人为伍，说明少年司马懿才能和品德非常高。

在与胡昭等朋友们交流中，在游历中体察百姓疾苦、纵观天下大势的过程中，司马懿的思想、品德都受到了很大的影响，脑海中也逐渐有了很多切实可行的想法萌生。

读万卷书，不如行万里路。社会这个大熔炉，蕴含的知识非常丰富，如果孩子能够静下心认真体验、仔细钻研，一定会对自己的成长很有帮助。

在游历中，司马懿逐步将父亲和老师所教授的知识融会贯通，名声也日益彰显。等到司马懿游学结束回到河内郡家中时，他已经是海内闻名，被荀彧作为海内人才推荐给曹操。面对曹操的征召，司马懿并没有同意，反而开始装病，此时司马懿不过二十三岁，正是年轻气盛的时候，一般的年轻人都比较浮躁，要么是整天玩马遛狗无所事事，要么恃才傲物剧烈反抗，要么沾沾自喜接受征召，哪里有本事和毅力懂得装病躲避。

装病可不是件容易的事情，面对司马懿的装病，曹操不太相信，就派人晚上去司马懿家刺探消息，果然司马懿躺在床上一动不动，像真染上风痹一般。司马懿为了装得很像，想有任何行动，哪怕是看书，都要避开家里的奴仆，生怕被曹操得知，引来杀身之祸。

正是在游历过程中的经历，让司马懿逐渐养成了“忍常人之不能忍”的性格。司马懿一生中忍让过好多次，年轻时装病躲过征召，曹操猜忌时装孙子伺候曹丕，与曹爽争权时装病骗过曹爽。司马懿深刻地明白“伪装麻痹敌人”、“以退为进”等道理，这些都是他成大事的依靠。

除了游学，读书是司马懿成功的另一个依靠。

读书，应该成为终身的习惯

司马懿家是书香门第，典型的儒家门阀。父亲司马防熟读《汉书》几十万字。司马防爱读书，司马懿受其熏陶，同样爱好读书。

据说，在司马懿装病躲避曹操征召的时候，也不忘读书。有一次，因为书晒在外面，要下大雨了，司马懿甚至忘了自己装病的事情，急匆匆地到外面去收书，不小心被家里的仆役看到。妻子张春华知道了，狠下心来杀死了那个仆役，保全了司马懿的秘密。

司马懿在持续阅读中，既提升了知识储备，又增强了自身修养，还知晓了未来发展的方向。司马懿身上很多个性特点，与老子哲学非常对应。

《老子》里说“八善”，其中最重要的就是“居善地，心善渊，动善时”。“居善地”就是善于选择自己的地位，在什么时候，什么地位对你最合适。“心善渊”，心思要藏得深，不能轻易给别人看出来。“动善时”是说要善于把握行动时机。

司马懿在曹操时代非常清楚地知道自己合适的地位是什么。他两个表现很关键，一是曹操试图篡夺汉的政权时，反对的人很多。司马懿就很明白地跟曹操说，像你这样的才能，像你这样的功德，天下人敬佩你，顺从你，这是当然的。曹操非常开心。第二，司马懿在曹操手下做事时，特别尽责谨慎，把每件事都理得特别顺，像是非常可靠的僚属。

司马懿的表现并不能骗过曹操，曹操曾提醒过曹丕：这个人不是甘为臣下的人，将来恐怕要坏你的事。曹丕没有听曹操的，因为在曹丕和曹植争夺继承人时，司马懿坚定地站在了曹丕的身边，为曹丕夺位立下了汗马功劳。

司马懿深知在不同人的面前，要扮演不同的角色，找到自己最好的位置。他在不同的人面前有不同的身份。在曹操面前他是一个恭谨的、忠顺的、有能力的僚属。在曹丕面前他就是一个有智力的、能决断的、能提供最大帮助的谋臣。在曹操身边，司马懿渐渐坐得挺稳。到了曹丕身边，他的地位更稳，深得曹丕信任。

读书可以让一个人获取许多前辈积累和总结的经验，这比“行万里路”来得更为快速和有效。现在很多父母并意识不到阅读的作用，一是自己不读书，没有给孩子做好榜样作用；二是不愿意给孩子买书，反而总是等待老师吩咐布置，甚至还有父母嫌弃书贵，抱怨学校总是要求买这样那样的书；三是觉得阅读就是求学时的责任，孩子没有上学前从不要求或者说和孩子一起读书，这让孩子产生了功利的读书论。

读书应该成为终身习惯。只有保持一直阅读的人，才不会被这个世界抛弃，也会在阅读中变得明智。世界在变化，想要更好地生存，必须保持不断地阅读和学习。

一个懂得阅读和学习的人，在任何年代、任何时候，都能很好地生存下去。现在很多大人和孩子沉迷于电子游戏等电子产品，迷失了自己的本性。作为父母，应该少玩手机等电子产品，少外出应酬，多买一些书，多读一些书，让自己成为孩子的榜样。

只要相信阅读的力量，你就能看到一个不一样的自己，更能看到一个不一样的孩子。

2 司马师：太顺利对孩子也是伤害

要说司马懿和司马昭，知道的人很多。但知道司马师的人估计不多。司马师，字子元，司马懿与张春华的长子，司马昭的兄长，三国时期曹魏权臣，官至大将军，西晋奠基人之一。

有人说司马师这个人物是司马懿和司马昭之间的过渡人物，颇有点现在一些战乱国家临时政府的意味。其实不然，司马师对于司马氏的贡献是非常巨大的，是他在司马懿死后牢牢地控制住了军政大权，也是他废掉了曹魏第三代皇帝、曹叡的养子曹芳，为日后司马昭乃至司马炎的篡魏打下了基础。

司马师这个人其实挺悲剧，他是司马懿的嫡长子，司马懿死后，他继承了司马懿的权位，只要他能争点气，也就没司马昭什么事情了。可惜，他死得早，四十七岁就没了，这还不是最可悲的，最可悲的是他没有自己的儿子，连生五个女儿，实在生不了，不得已过继了司马昭的次子司马攸为嗣子。

司马师在继承人的选择上远远超过曹叡的见识，坚定地选择了弟弟司马昭继位，要是他狠一点，让嗣子司马攸继承权位，司马昭估计也会觉得很为难，篡位吧，那是自己的儿子，不篡位吧，又有点心不甘。可能司马师觉得嗣子是司马昭的亲儿子，不如让司马昭继位，也许司马昭死后会让司马攸继位。

如果司马师让司马攸继位，说不定大晋朝就不会被胡人灭了，司马攸是德智体美劳各个方面都远超哥哥司马炎的英主之才。可惜，司马师没有，他的嗣子司马攸也没有获得什么好下场，竟然硬生生地被自己的亲哥哥、晋武帝司马炎给逼的吐血而死，死时才三十六岁。

不只嗣子不幸，司马师表面风光，是曹魏最有权势的男人，其实内心苦得很，亲手毁了自己的爱情，亲手谋杀了自己最爱的女人；亲自毁了自己的友情，亲自诛灭了那些曾经朋友们的三族。

为什么会这样？只因为他年少时太过于顺利。

太顺了，容易骄傲自大

司马师生的幸福，父亲司马懿和母亲张春华是一对从结婚开始就非常恩爱的夫妻，共过患难，是知己知彼的亲密爱人。家庭的温暖，让司马师从小父宠母爱，没有受到过一丁点的委屈。

司马懿对长子司马师寄予厚望，从名字中就可以看出来。师，有官、长、首领的意思。司马懿给司马师取字子元，子元里的元意味着首、开端的意思。司马懿对这个儿子是“望子成龙”，希望儿子纵然做不到权倾朝野位极人臣，也得出人头地一番作为，不没家风不辱先人。

司马师没辜负父亲的优良基因，《晋书》说他“雅有风彩，沈毅多大略。少流美誉，与夏侯玄、何晏齐名”。司马师长相非常俊秀，翩翩佳公子一个，而且沉着坚强，非常有才华。这还不算，他少年时，就有非常好的名声，与当时的夏侯玄、何晏等人颇有点“京城四公子”的意味。

这个何晏可不简单，皮肤非常白皙，是当时的美男子，颇有点曹魏“都敏俊”的意味。宋代欧阳修有一首《望江南》，说“身似何郎全傅粉，心如韩寿爱偷香”，其中的何郎说的就是何晏。《世说新语》中有个故事，说因为何晏的肤色太过白皙，魏明帝曹叡总疑心他在脸上涂了很多粉，盛夏的时候就叫他到宫里来吃热汤饼，见他汗流如浆而肤色不改，才相信何晏这是自然白。

何晏不仅人长得帅，文采还非常的棒。何晏曾评价司马师、夏侯玄和他自己说：“唯深也，故能通天下之志，夏侯泰初是也；唯几也，故能成天下之务，司马子元是也；惟神也，不疾而速，不行而至，吾闻其语，未见其人”。这句话来自于《周易·系辞》，大意是说司马师、何晏、夏侯玄这三人相当有才干，可以堪比圣人了。

虽然是何晏年少时的狂妄之语，但有一点不容忽视，那就是司马师等人应该确实是有才的。司马师不仅仅是生的幸福，爱情和婚姻都很幸福。他十五岁时，迎娶了好友夏侯玄十二岁的妹妹夏侯徽。

司马师和夏侯徽婚后非常幸福，《晋书》记载：后雅有识度，帝每有所为，必豫筹划。夏侯徽是一个非常有见识的才女，司马师每次想要做什么，她都会预先帮助筹划，是典型的夫唱妇随。在他们婚后九年的时间里，夏侯徽连续生了五个女儿，由此可见恩爱。

司马师的一切都太顺了，一个人太顺利以后，难免会滋生骄傲之心，行为难免自大起来，尤其是他交的那些朋友一个个都是骄奢之人，比如何晏。说起何晏，这个人是东汉末年大将军何进的儿子，何进死后，曹操娶了他的母亲尹氏，收他做了养子，此人一向骄纵，曹丕为王太子的时候，吃穿用度都要和曹丕一样，因此曹丕非常讨厌他。

“人以类聚”，朋友如此骄纵，司马师也难以免俗。少年成名，风流倜傥，才华横溢，再加上父亲司马懿常年在外镇守，根本没有人能制约得住他。

骄傲过后，必然会有打击，遭受打击的司马师会变成怎样的人呢？

越是骄傲的人，往往心理承受力越差

父亲司马懿一生能“忍常人之不能忍”，儿子司马师却没有继承。司马师骄傲得太过于高调，自然而然就迎来了打击，但这个打击来得太大了，大到司马师根本难以承受。

太和四年（公元230年），魏明帝曹叡下了一道诏令：“世之质文，随教而变。兵乱以来，经学废绝，后生进取，不由典谟。岂训导未洽，将进用者不以德显乎？其郎吏学通一经，才任牧民，博士课试，擢其高第者，亟用；其浮华不务道本者，皆罢退之。”这就是曹叡主导的“浮华案”，司马师和他的好朋友们顿时懵了，这个时候司马师年仅二十三岁。

魏明帝曹叡从继位到去世，司马师都没有任何的官职在身，等到曹叡死后，司马师才被拜为散骑常侍。这个官职责就是入则规谏过失，备皇帝顾问，出则骑马散从。说好听点叫官，说不好听就是皇帝的仆役。

司马师真正官位权力上来，还是他跟随父亲在嘉平元年（公元 249 年）发动“高平陵事变”，杀死曹魏宗室曹爽以后，因功封为长平乡侯，加卫将军之职。而司马师的弟弟司马昭在景初三年（公元 239 年）就被封为新城乡侯了。

司马师作为司马懿的长子，司马氏的继承人，竟然比弟弟混的还要惨，心中的苦闷、愤恨和不满可想而知。太过顺利的人，往往骄傲自大，可心理承受能力往往很差，非常容易失衡，进而导致心理“变态”。

心理“变态”的人，往往容易产生极端情绪和极端行为。英俊潇洒的司马师，最后变得“阴冷、嗜杀”，恐怕也源于这样的心理“变态”。

司马师究竟是有多么“阴冷、嗜杀”呢？

青龙二年（公元 234 年），心理极度失衡和“变态”的司马师亲手谋杀了相爱九年夫唱妇随的妻子、五个女儿的母亲夏侯徽。这件事《晋书》里是这样记载的——“后知帝非魏之纯臣，而后既魏氏之甥，帝深忌之。青龙二年，遂以鸩崩”。至于夏侯玄、何晏等司马师少年时期的好友，后来也都与司马师反目成仇，最终被司马师杀死，更夷灭三族。

心理失衡的人，往往内心很矛盾，司马师杀死爱妻夏侯徽，先是娶了吴质的女儿没过多久就休了，后虽娶了羊徽瑜，他自己却没过多久就暴亡了。所以司马师的孩子除了与夏侯徽生的五个女儿外，再也没有任何子嗣出生。司马师在夏侯徽死后一定是非常愧疚的，基于对亡妻的惦念，才会在后来的婚姻上如此的“漫不经心”。

心理失衡的人，安全感是非常缺失的，对于危机的恐惧也是非常强烈的，根本经不得任何的惊吓。这也就是为什么司马师在征讨镇东将军毌丘俭和扬州刺史文钦叛乱时明明形势大好即将胜利时，却被文钦之子文鸯带兵袭营惊吓过度最终暴亡的原因。

司马师的人生悲剧，其实源于父亲司马懿和母亲张春华的失责。

挫折，能让孩子懂得谦逊

司马懿对长子希望太高，又肯定太多，再加上常年在外征战，根本没有太多的时间去管教儿子。母亲张春华就更加不行了，这位老太太本身就是个很任性的女人，曾经为了与司马懿的其他女人争风吃醋，竟拉着司马师和司马昭两兄弟陪着她绝食，可是把司马懿吓了一大跳，不得不亲自跑去和张春华道歉。

作为父母，如果孩子实在没有机会经历挫折，也应该主动地有意识地给孩子设置“挫折”，让孩子在“挫折”经历中明白“天外有天，人外有人”的道理，千万不能让他养成“老子天下第一”的想法。

这个社会有其规则存在，任何人哪怕是权势再大、金钱再多，都应该去遵守，否则总有“碰得头破血流”的时候。我们别总指望社会去帮我们完成设置挫折让孩子经历的任务，一旦等到社会来“出手”，孩子很可能会因为“挫折过于巨大”而无法承受最终心理失衡，或是自暴自弃，或是任性变态，那样的后果是不堪设想的。

面对孩子的“优秀”，适当的肯定和鼓励是必要的，但毫无原则的夸赞、宣扬和“神话”，只会让孩子骄傲自大到极限，与其这样，不如人为的设置“挫折”，这样可以让孩子在有梯度的“挫折历练”中锤炼心智，最终成长为一个有真才实学又非常谦逊的人才。

3 司马昭：体验教育让孩子成长更顺利

司马昭之心，路人皆知。这句话至今为人所熟知，中国外交部部长王毅在谈及“美国在韩部署‘萨德’反导系统问题”时就引用了这句话。

这句话究竟是谁说的？知道的人恐怕不多，这句话其实是曹魏第四位皇帝曹髦所说，他说完就带领忠于曹魏的几百名甲士和宦仆从皇宫出发前往讨伐司马昭。出师未捷身先死，他还未找到司马昭，就被司马昭的爪牙成济杀死。真真可怜了这位尚有勇敢之心的曹魏皇帝。

司马昭究竟是何许人？

司马昭，字子上，河内温县（今河南温县）人，三国时期曹魏权臣，西晋皇朝的奠基人之一。他是司马懿与张春华的次子，司马师的弟弟，西晋开国皇帝晋武帝司马炎的父亲。

司马昭，作为司马懿的次子，在司马氏继承人已经确定的基础上，本来是没他什么事的，所以在他的培养上，司马懿的培养方式完全与司马师不一样。不仅是司马昭，在任何一个世家大族，对于嫡长子和非嫡长子的培养都是不一样的，往往非嫡长子的未来历程都要比嫡长子辛苦一些，因为他们无法继承家族的权位，顶多只能在家族的帮助下通过自己的努力去建功立业，获取属于自己的未来人生。

就拿司马师来说，即便他不做任何的努力，在继承人地位确立的情况下，他只要等到司马懿死后，就可以完全继承司马懿的爵位，甚至是权位，但司马昭不行，他必须要通过自己的努力去开创属于自己的事业。

可惜，司马师活的时间太短了，还没有子嗣，就这样，司马昭的人生发展了巨大的变化，继位成了司马氏的主人，也开始接手父兄与曹氏家族的争斗。

正是因为司马懿在教育司马昭上的方式与司马师不同，这才让司马昭能够在哥哥司马师死后更为剧烈的斗争中成长起来，并做得越来越好，先后灭掉了蜀汉和孙吴，最终统一了全国。

司马懿究竟是如何教育司马昭的呢？

体验教育，让孩子学会独立

俗话说：勤妈带出懒闺女。现在很多年轻人，尤其是女孩子不会做家务，导致很多年轻夫妻婚后会为了家务的事情不断发生争吵，最终在争吵中磨光了所有的感情，愤恨离婚。

为什么会出现这样的情况呢？是因为很多父母过于溺爱孩子，总觉得孩子在自己身边，能不让孩子做的坚决不让孩子做，这才是对孩子的爱。

小时候不学着做家务，长大了就更不愿意做家务，他们会习以为常地认为做家务是对自己的一种伤害，久而久之就变得懒惰异常。

真正的好父母，要善于放手，让孩子在尝试中学会独立。司马懿对于司马昭的培养就是这样的。司马懿虽常年在外征战，却一直把次子司马昭带在身边，总是让儿子通过完成行军打仗中的基本工作来锤炼儿子。马谡失街亭战中，司马懿到达街亭，扎下营盘后，立刻派司马昭带人去侦查情况。司马昭回来汇报说街亭已有西蜀守军，司马懿大惊，说诸葛亮神人也。司马昭却不同意，因为他到实地探查了，发现了西蜀守军的问题所在。

没有调查就没有发言权，正因为司马昭到实地探查了，他才有驳斥父亲的勇气，当然他在驳斥父亲的时候，必定会明白：做什么事情不能想当然，更不能光听别人说，一定要做好调查工作，然后才能做出分析定下策略。听到司马昭的反驳，父亲并没有发怒，反而是和儿子共同分析西蜀守军舍水上山的目的，一起设计完善了包围山头的战斗策略。

别说在古代，就是在现代，侦查都不是一件容易和安全的事情，时刻充满了未知和危险，司马懿能有胆魄让儿子去尝试有风险的任务，可见其良苦用心。等到儿子得到了第一手资料后，他并没有就此结束，反而让儿子参与分析和制定战略，手把手教授儿子如何更好地进行战争。

对于次子司马昭的教育，司马懿秉承体验教育的精髓，让儿子从小事做起，小事有扩散效应，一件事进步了，事事都会进步。这样做还有内部感觉效应，人的思维模式不是靠逻辑而是靠直觉，像游泳，遇到漩涡，很难进行理性判断，只能靠直觉。知识未必能转化成能力，重要的是实践训练，得有感觉。

在父亲司马懿的教育下，司马昭成长得非常快，魏明帝景初三年（公元 239 年），二十八岁的他就被封为新城乡侯。即便是哥哥司马师没有早亡，他没有继承哥哥的权位，凭借自己的军功，他也能步步高升，开创出属于自己的事业。

等到继承哥哥的权位，不管是在对内平叛，还是对外征讨，他都取得了非常不错的战斗成果，说是三国后期最为杰出的军事家并不为过。

光让儿子独立就行吗？司马懿在司马昭成长的过程中可不止如此哦。

心理磨炼，让孩子学会沉着、冷静

成大事者，遇事情不能慌乱，必须要沉着、冷静。司马昭的哥哥司马师为什么早亡，而且被吓死，就是因为心理素质不行。司马昭则不同，他的心理素质非常高。战争中，危险无处不在，战争的走向也不可预知，某个偶然的因素就可能导致军队陷入困境，每当这个时候，司马昭都能沉着、冷静，不慌不忙，尤其是在应对敌军偷袭营寨的时候。

人生不可能一帆风顺。司马昭的哥哥司马师继承父亲权位后，为了巩固自己的权势，打消国内的反对声，曾经发起过一次东西两线伐吴的战役，这就是非常著名的东关战役。司马昭是被朝廷任命为持节都督东西各路部队，担任总帅，在这场战役中他经历了人生的第一次惨败。

虽然他不是战役失败的主导者，因为是监军必须承担失败的后果。失败没有让司马昭沉沦，反而成为了他磨炼心志的“垫脚石”。

司马昭如此强的心理素养是怎么练就的呢？这与司马懿的培养有关。

魏齐王曹芳嘉平元年（公元 249 年），父亲司马懿发现曹爽他们出城祭陵，司马懿决定举事扳倒曹爽，举事头天傍晚把两个儿子司马师与司马昭叫到密室当中，三人认真地商议，结束后，叫两个儿子回去休息，养精蓄锐，准备来日大战。

天黑后，父亲司马懿派遣亲信监视两个儿子，想看看大事来临前两个儿子夜里的表现，结果是：大儿子呼呼大睡，睡得舒服；小儿子辗转反侧睡不着。其实司马昭挺倒霉的，哥哥司马师早就知道父亲的计划，是参与者之一，很早以前就招募了三千死士做好准备，司马昭却是和父兄商议对策时才得知的。

诛杀曹爽并不是件容易的事情，当时司马懿为了避让曹爽的风头，在家装病。这次谋划，是“只准成功不准失败”的生死之举，容不得司马昭不震惊、不踌躇、不害怕。司马昭虽然心里不平静，晚上睡不着，但第二天举事的时候，却能振奋精神、安定心情，率领忠于司马氏的军队牢牢地掌控住皇帝和太后的宫殿，为父亲的成功举事做出了巨大的贡献。

古代有个笑话，说的是醉汉驱虎的故事：一只老虎误入一个村子，村里的人害怕极了，一个个关紧了门窗，不敢发出任何声音。醉汉回来的时候，被老虎看见了，非常高兴，准备过去吃他。醉汉看不清，以为是牛在挡路，就大声呵斥："快走！"老虎龇牙咧嘴准备吃他，他却出手开始打老虎，把老虎吓走了。等他事后醒来，得知自己踹走的是老虎，竟然吓昏了。

人不缺打老虎的力量，缺打老虎的胆量。遇到老虎，还没有开始打，心就胆怯了，这就是心理素质不到位，没有"临大事而不乱，临利害之际不失故常"的处事态度。

胆量，不是天生就有的，司马懿知道，所以他才刺探儿子的表现，看看两个儿子的胆量究竟如何。胆量，需要在大事中磨炼，只有经历风雨，孩子才能成长。

培养孩子的胆量，可以使用焦点法：不要太在乎孩子的个人表现，多想正面信息。其实利用焦点法训练的情况很多，比如长跑教练会教导运动员说：把赛道分几段，设定几个小目标，比如赛道旁的邮局、车站，不要想别人是否超过你，只想着以最快的速度完成小目标。一个巨大的任务会让你感觉沉重，把它分成几个容易实现的小目标，自己就轻松许多。

现在，很多孩子心理素质奇差，面对考试失利，往往难以承受，痛哭流涕就不说了，有些孩子甚至难以承受到用自杀逃避。孩子承受能力这么差，一方面是因为父母过于看重分数，让孩子感受到了无穷的压力，在压力下心态失衡；另一方面是因为父母从没有在培养孩子强大心理素质方面做过努力。

儒学教育，让孩子养成仁义之心

司马氏家族是典型的儒学世家，司马昭的祖父司马防一生痴迷儒学思想。司马昭的父亲司马懿与儒学大师胡昭更是幼年好友。司马昭在家风和书籍的双重影响下，也被儒家思想所影响，成长为一个具有仁义之心的英雄。

虽然司马昭曾在政治斗争中大开杀戒，但不能说司马昭残忍，因为政治本来就是你死我活的斗争。

齐王芳正始元年（公元 240 年），年仅 29 岁的司马昭被任命为洛阳典农中郎将。当时正值魏明帝大兴奢侈之风，司马昭却能免除苛捐杂税，不误农时，百姓大为喜悦。

魏高贵乡公甘露二年（公元 257 年）五月初一，镇东将军诸葛诞起兵造反，司马昭领兵平叛。凡是叛军中士卒饥饿有病的，司马昭都能供给粮食医药。有人提议将俘虏的孙吴的军队活埋，司马昭不肯，反而将被俘的军士们全部放了回去。

司马昭掌权后，爱护百姓、减轻刑罚，洞悉百姓热爱和平、期望统一之心，以招抚之策解决了少数民族“钉子户”问题，让北方八百万异族兄弟归顺，灭蜀后也能善待后主刘禅。

最可贵的是，哥哥司马师想诛杀自己的大舅哥夏侯玄时，司马昭非常反对，不只一次地劝说哥哥不要那样做，可惜哥哥司马师没有听从。

司马昭为什么能够拥有仁义之心？全靠父亲司马懿耳提面命和榜样示范。父亲司马懿在游历天下，了解百姓疾苦后，就逐渐养成了仁义之心，而司马昭在跟随父亲征战天下的过程中潜移默化地养成了仁义之心。

教育孩子，知识学习很重要，生活技能很重要，仁爱之心同样很重要，善良的孩子长大后才能善良地对待他人。看似吃亏，却对孩子未来发展和生活有极大的益处。

千万不能忽视对孩子善良之心的培养，要让孩子善良，一方面自己要做一个善良的人；另一方面要在孩子表现出无礼、粗俗和伤害他人行为时予以制止甚至惩戒，在孩子表现出善良的时候予以肯定和鼓励。

4 司马炎：母亲强势容易让孩子产生恋母情结

知道司马炎的人不多，罗贯中的《三国演义》中提到司马炎这个人物的章节非常的少，几乎是在最后结尾的那个章节才提及这个人物。司马炎就是那个最终灭掉孙吴、统一全国的人。

司马炎，字安世，晋朝开国皇帝，司马懿之孙，司马昭嫡长子，谥号武皇帝，庙号世祖，史称晋武帝。

司马炎这个人很奇怪，他是中国历史上为数不多的怕老婆的皇帝。

司马炎怕老婆怕到什么地步呢？

第一件事情是皇太子司马衷年长之后，脑子不好使的迹象越来越明显，这可急坏了司马炎，总不能把国家交给一个智力水平不高的儿子吧，司马炎准备另立皇位继承人，便私下告诉皇后杨艳。可杨艳不同意，她说："设立嫡子依年长而不依才能，怎么可以改换呢？"后来，杨艳要死的时候，竟然为了保住自己儿子的地位，强行要求司马炎娶自己的堂妹杨芷为皇后。在她泪水和将死的双重压迫下，司马炎竟然同意了。

第二件事情是商议太子婚事，涉及太子该娶谁的问题。司马炎想为太子迎娶卫瓘的女儿，可杨艳不同意，她接受了贾充妻子郭氏的贿赂，在没有看到贾南风的情况下，把贾充家丑陋无比、阴险狡诈的贾南风说成了有美德，又密令太子太傅荀觊进言相劝，司马炎竟然同意了。

第三件事情是司马炎从全国选取五千名美女充实后宫，选拔美女的总负责人竟然是杨艳。杨艳本身就是个嫉妒的女人，她仅选取那些面色白净、身材修长的女子，至于那些端庄秀丽、品德良好的姑娘却一概被退回。当时卞藩的女儿长得很美，司马炎非常喜欢，就用扇子掩着脸对杨艳说："卞氏女很好。"杨艳拒绝了，还说了一番"卞藩三代都是皇后的亲属，他的女儿不能委屈地居于卑位"的言辞，司马炎竟然也同意了。

不管是家事、国事，还是私事，只要涉及到皇后杨艳，司马炎没有不妥协的，所以很多人说晋朝江山就是亡在杨艳这个女人身上的。

其实，司马炎也是个可怜人，他自幼不被祖父和父亲喜欢，真正给予他关心和爱护只有母亲王元姬。可以说，这个女人对于司马炎的影响是非常大的，也是这个女人一直给予司马炎强而有力的支持。

从几件事情里面可以一窥究竟：

一是司马炎在位初期，非常地注重节俭。太医司马程据曾为了讨好皇帝，特意献上一件用野鸡头上的毛织成的毛衣，司马炎命令把这件衣服在殿前烧掉，并宣示全国，从今以后不许再贡献用特殊技法制作的奇装异服。

此时的司马炎为什么这么注重节俭呢？

一切源于他的母亲，王元姬一向俭朴，等做了太后，仍不忘旧业，身体力行，亲自在宫中带头纺纱织布，为宫中的后妃们做出表率。她的房间里没有一件豪华的摆设，器物、服饰朴素而无纹彩，穿洗过的衣服，吃饭从不讲究美味。可惜，王元姬在司马炎继位后，仅活了三年就去世了。自那以后，司马炎就开始日益奢侈起来，最后还纵容大臣和外戚炫富。

二是母亲王元姬要求司马炎对待兄弟司马攸要宽容大度。虽然司马炎后来气死了自己的弟弟司马攸，但那时距离母亲去世已经十六年，可见在这十六年里，司马炎一直在克制自己对于弟弟的恨意。

从这两件事都可以看出母亲在司马炎心中的地位。强势的母亲，容易让孩子，尤其是男孩产生很强烈的恋母情结，在配偶的选择上也会乐意于寻找比较强势的女性。

而且司马炎的个性比较优柔寡断，在很多事情上都没有自己的主见，比如他发现太子妃贾南风非常善妒，经常伤害太子司马衷宠幸的女子，还曾经杀害因太子宠幸而怀孕的妃子。司马炎非常生气，准备废黜掉贾南风，将她囚禁到金镛城里，却在皇后杨芷等人的劝说下大事化小、小事化了，不予追究了。

这样的男孩往往在找了妻子后，非常依赖妻子，如果母亲健在，与妻子发生争执，对他来说，将是个头痛欲裂的事情，他不知道处理婆媳之间的冲突，甚至绝大多数可能情况下会选择偏帮母亲，最终酿出不可收拾的苦果。

所以，在教育孩子的过程中，作为母亲，千万不能以强势的身份出现在孩子的生活中，更不能用“你不能这样做，这样做是错的，必须听我的”等方式来强迫孩子，这样不仅锻炼不出自强自立的孩子，反而容易让孩子逐渐养成优柔寡断的性格。

缺乏生活经验，往往不知道生活疾苦

司马炎作为司马昭的长子，是司马昭在二十五岁时与夫人王元姬生下的。

司马炎从出生到被立为世子，虽先后做过给事中、奉车都尉、中垒将军、中护军、中抚军，但这些官职要么是侍奉皇帝的、要么是禁军系统的，与百姓的接触很少，对百姓的疾苦和战争的险恶并不了解。

祖父司马懿儿时游历天下，深知百姓疾苦；父亲司马昭跟随祖父司马懿在军中历练，对战争非常擅长，也做过地方官，接触过农事，对百姓的疾苦非常了解。司马炎就不行了，他几乎接触不到百姓，很难真正知道百姓疾苦。当然，对于百姓的疾苦，父亲司马昭和母亲王元姬一定会对司马炎耳提面命。母亲王元姬虽家世显赫，祖父是汉末至三国曹魏时期重臣王朗，父亲是曹魏太常王肃，但一向谦虚谨慎、颇有远见、提倡节俭、身体力行。

在他们言语教导下，司马炎一定程度上心存仁政，知道关心百姓疾苦也很正常。司马炎继位初期，能厉行节俭，虚心纳谏，用人唯贤，进行了一系列改革，社会经济得到了较快的恢复和发展，民和俗静，家给人足，牛马遍野，余粮委田，出现了社会民生富庶、人民安居乐业、四海平一、天下康宁的升平景象。

问题是司马炎这种对百姓疾苦的了解是建立在其父母的说教下的，并非他亲身经历，自然对百姓的疾苦就没有太直观的体会。时间久了，在朝中奸佞小人的巧言奉承下，久而久之他就会懈怠，进而忘记一贯坚持的艰苦朴素的作风，最终陷入荒淫和奢侈中。

当下，和司马炎一样的情况很多，尤其是一些普通家庭，父母为了生计非常的辛苦，孩子却好像体谅不到一样，一会儿要买这个，一会儿要买那个。可你要问起他们家的情况，他们又知道父母不容易，真正询问他们怎么知道父母不容易的，孩子们会很明确地告诉你：“这是爸爸妈妈告诉我的。”

可孩子们真的知道父母哪里不容易吗？孩子们不知道，他们只不过是听父母说，从没有亲身经历过父母的辛苦与不易。啰唆的说教，虽然能够对孩子起一定的影响，但也只能让孩子建立一种似是而非的心理概念，并不能在孩子的潜意识里建立正确的认知。

司马炎的少年时期没有像父亲那样了解百姓的苦难与经历战争的残

酷是有原因的。司马昭一开始并不准备立司马炎为继承人，等到魏元帝咸熙二年（公元 265 年）司马炎被封为晋王太子后，司马昭才准备好好培养这个继承人，可没过几个月就中风猝死了。

教育孩子，应该一视同仁

司马昭为什么不愿意立嫡长子司马炎为继承人呢？

只因为他还有一个比司马炎更优秀的儿子，那就是司马攸，司马昭的次子，被过继给了无子的司马师做了嗣子。

司马攸，年幼聪慧，不仅深受父亲司马昭喜欢，而且深受祖父司马懿喜欢。嘉平二年（公元 251 年），太尉王凌图谋叛变被告发，司马懿领兵讨伐，年仅四岁的司马攸随同出征，战后获封长乐亭侯。

司马攸在祖父和父亲的培养下非常优秀：在家里，他异常孝顺，养父司马师死的时候，他非常悲痛，为养父守孝；对待养母也非常孝顺，在当时以孝出名，等到司马昭死的时候，他同样非常悲伤，超过了礼仪的规定，数天水米未进，左右劝他进食都不接受，母亲王元姬不得不亲自前往劝慰，又常常强逼司马攸吃喝。

在工作上，他曾历任步兵校尉、卫将军等军职，在管理士兵方面很有威严与恩惠，等到司马炎建立晋朝后，他负责总统军事，安抚国内外，很得人心。他虽居高位但仍然很谦虚，总是以诚信对待人和事，每次朝会时，他都悉心陈说，认真进谏。

司马攸还非常有仁心，当时宗室的一切衣食开销都由皇室负责，司马攸则上表称靠封国的租赋足以生活，多次表示不需要皇室的财政支援，都不能获得批准；司马攸虽然一直留在洛阳，并没到封国，但封国的士卒官员都用以所收租赋来给予他们酬金，每有疾病和死葬他都会赐钱抚恤；当有天灾令农产失收时，司马攸都会对封国内的百姓加以赈济和赊贷，也会减轻租赋，让他们在丰收之年补交所欠的钱粮，这都令封国百姓对他十分信赖。

总之一句话，司马攸就是德智体美劳全面发展的“五好学生”。

司马攸天赋好，父亲司马昭在他的培养上其实下的功夫最深，因为父亲一直把他当成继承人来培养。可司马炎的优势非常巨大，一是他身有异象，所谓异象，其实和刘备一样，就是手垂下来竟然超过膝盖，古人非常相信这些异象；二是他是嫡长子，大臣们根据古制都偏向他；三是他年龄有优势，比司马攸足足大十三岁；四是他手下聚集了一帮子文武大臣，替他出谋划策。

等到司马昭迫于各种压力，不得不立司马炎为继承人时，再想加把劲重点培养司马炎时，竟中风死了。

司马昭和曹操很相似，都是在继承人的选择上出现了犹豫。不管喜欢或者偏爱哪个孩子，作为父母，都不应该在教育孩子成长这件重要事情上出现偏爱。手心手背都是肉，哪一个都是自己的儿子，何必因为爱的程度分个三六九等呢？

很多时候，孩子对立的根源在于父母的爱分配不均。孩子是非常敏感的，他能够很敏锐地发现父母究竟更喜欢谁。现在很多大孩都反对父母生二胎，为什么反对？因为他们怕二胎把父母对自己的爱给夺走。

司马炎非常怨恨亲兄弟司马攸，这从后来母亲临终前的遗愿可见一斑。晋武帝（司马炎）泰始四年（公元 268 年），王元姬病重，她临终时，流着泪对司马炎说：“桃符（司马攸）性情急躁，而你这做哥哥的又不慈爱。我的病如果好不了，我很担心你容不下他，因此嘱咐你，你不要忘记我说的话。”

果不其然，后来司马炎在佞臣的诱惑下，气死了弟弟齐王司马攸。可怜司马攸年仅三十六岁就死了，民国著名历史学家蔡东藩曾在《两晋演义》里说：“齐王攸忧死而晋无贤王。”

5 司马衷：做好自己才有追求公平的凭借

司马衷是谁？一般人不大知道，这个人在历史上很有名。关于他，有一个历史典故。有一年闹灾荒，老百姓没饭吃，到处都有饿死的人。有人把情况报告给司马衷，但司马衷却对报告人说："没有饭吃，他们为什么不吃肉粥呢？"

司马衷究竟谁？

司马衷是司马昭的孙子，晋武帝司马炎的儿子，第三个大一统皇朝西晋的第二位皇帝晋惠帝。按理说，司马衷是绝没有可能当上皇帝的，但人生就是这么不公平。

人从出生开始就不公平

明末杰出思想家、哲学家王夫之这样评价晋惠帝司马衷："惠帝之愚，古今无匹，国因以亡。"

还有一些历史名人用"痴呆"来形容晋惠帝司马衷，说司马衷蠢笨有可能，"痴呆"就有些过了。

或许说司马衷命好更为贴切。

一是他爸爸命好。爷爷司马昭开始并不想立父亲司马炎为世子（当时司马昭只是晋王），但抗不住司马炎是嫡长子，大臣们都很支持，司马昭不得已而立司马炎为继承人。

二是他自己命好。母亲是晋武帝司马炎的皇后杨艳，他并非嫡长子，还有个哥哥司马轨，哥哥不到两岁就夭折了，这样一来，他就成了嫡长子，皇位第一继承人。

如果司马衷出生在农民家庭，如此"愚笨"，未来会怎样？

每一个人从出生开始就是不公平的，同样的生命，投到了帝王之家，即便是蠢笨如"痴呆"，哪怕"大字不识"，也能做个亲王侯爷，享受荣华富贵；投到了百姓之家，如此蠢笨，别说享受荣华富贵了，老婆都不一定能娶到，甚至能不能顺利地活下去都是个大问题。

这样的不公平，不分古今，也不分以前和现在。所以，中国人常说"命由天定"。

处处都是不公平，何止教育

一个人，不仅出生时不公平，成长的过程中同样存在不公平。司马衷从出生到当上皇帝就是这种不公平的典型代表。

司马衷从小接受最好的教育，由名师教导。老师再好，教学设施再先进，也弥补不了司马衷资质不行。司马衷，要活在当下，几乎门门不及格，别说上重点大学了，初中没上完就被劝退了。

谁敢劝退这位学生呢？教到这样的学生，老师虽头痛，还得为自己当了太子师而光荣。一对一辅导，学生学不好，责任在教师？这就是教育的不公平。司马衷学得好不好并不影响结果，他照样上最好的学校，有最好的老师。

司马衷学习差，父亲不可能不知道，精明的他忧心国家未来，想考查一下司马衷的真实水平，就出了一张试卷考他。能想到出卷考考孩子的真实水平，司马炎作为父亲还算明智，这在当下中国都不多见。问题是，司马炎不当堂考儿子，而是让儿子把试卷拿回去自己做，限定三天时间后交卷，这样的考查与开卷何异？

司马衷是蠢笨，但他老婆贾南风厉害，聪慧异常。这又是人生的一大不公平，有的人自己不行，因为家世好，娶的老婆却很聪明。

聪明的老婆帮助司马衷渡过了难关。

据说，司马炎能把帝位交给司马衷，想把帝位传给司马衷聪慧的儿子——愍怀太子司马遹。这又是一大不公平，父亲不行，儿子行，父亲也能沾光，这样的传闻在历史上不是孤案，据说雍正得以继位是因为康熙觉得雍正的儿子乾隆有做帝王的潜质。

因为人一出生命运的不公，未来发展路线也会充满着不公平，出生在豪富之家和出生在中产以下阶层必然会有截然不同的区别，别说智商和努力相等，就像司马衷这样天生缺陷之人都有如此巨大的区别，更何况其他情况呢？

人生看起来不公，其实很公平

一定会有很多人对晋惠帝司马衷羡慕嫉妒，甚至是恨。不用恨，也不用羡慕嫉妒，从司马衷的内心来说，他可能更羡慕嫉妒其他人。

我们常说命运不公。其实命运从来都是看起来不公平，但内里却很公平。

司马衷蠢笨至极，按道理说是绝没有做皇帝的可能，但他命好，做了皇帝。这个皇帝并不好做，别说臣子搞不定了，他连皇后贾南风都搞不定。

司马衷登基后，贾南风就开始专权。老婆专权了多年，亲戚兄弟又开始来夺天下，先是叔祖，再是兄弟，司马衷连善终都没有，四十八岁突然暴病而亡，据说是被堂兄司马越毒杀。

佛家说：善恶因果，皆有报应。

司马衷出身高贵，是不公平；资质平庸甚至愚笨却能登上帝位，是不公平；但他终其一生沉迷于高贵的身份里，忽视了自己的努力，最终用生命作为代价。由此可见，命运又是公平的，他用后半辈子的颠沛流离，甚至是不堪，偿还了前半辈子的命运眷顾。

人生其实是公平的，上天最多只能给你出身的高贵，其他什么也给不了你。

家庭教育同样不公平

司马衷脑子蠢笨，究竟是天生如此，还是后天形成，没有人知道。但历史记载，其父司马炎并不蠢笨，母亲晋元皇后杨艳更不笨，反而聪慧极了。

据记载，晋元皇后杨艳自小聪明贤惠，善于书法，天生丽质，娴熟女工，一生都被皇帝司马炎宠爱，连死都是死在丈夫司马炎的怀里。

父母都聪明，孩子怎么会这么笨呢？即便是基因变异，如果父母能够给予孩子好的启蒙，司马衷也不会走到如此惨烈的结局。

在孩子的成长过程中，不仅有出身的不公，父母能否培养孩子成为一个完整的人，也是造成孩子人生不公平的重要因素。

在某些家庭教育群里聊天的时候，不少父母总是抱着这样的观点：我要尽自己最大的所能，去给孩子一个尽可能公平的环境，比如吃穿不愁，比如能上名校就尽可能上名校。

却没有几个人能去思考我们究竟有没有把孩子培养成一个完整的人？

恐怕这才是决定一个孩子未来能否获取最终公平的最重要因素。一个能够独立的、吃苦耐劳的、有自我学习能力的、有不屈精神等良好品质的孩子，即便出生在贫苦之家，他也能够凭借自己的双手去收获安定、幸福的生活。

仔细想想，作为父母，只养不教不就是最大的不公平吗？连孩子都不教育好，我们还有必要指望其他的公平？即便家世背景显赫，孩子没有好的家庭教育，又拿什么来和其他同学比拼呢？

作为父母，与其呼唤虚幻的公平，不如回归家庭，引领孩子成为一个有生存能力、学习能力等能力完整的人。

就拿司马衷来说，这一辈子父母都没有好好教育过他，连父亲司马炎出卷测试儿子的真实水平，都是假模假样，也难怪被媳妇贾南风抓住漏洞，更别说母亲杨艳。

杨艳对于儿子司马衷能否成才并不关心，当司马炎因为儿子司马衷没有才能与她商议换储君（帝位继承人）时，她表示反对，只因为她想让儿子当皇帝；当司马炎不想让儿子司马衷娶媳妇贾南风时，她也表示反对，只因为杨艳认为媳妇贾南风有美德，还让太子太傅荀顗劝说皇帝司马炎，最终儿子娶了贾南风。

做好自己就是对孩子最大的公平

我们多数父母都“望子成龙，望女成凤”，但不是上了大学，上了名牌大学，就意味着孩子有了“高贵”的资本？上大学也不是唯一出路，更不是高人一等的资本。

三百六十行，行行出状元，只要孩子肯于吃苦，乐于钻研，做一行，爱一行，精一行，收入和日子一样会很好。要让孩子肯于吃苦、乐于钻研，需要父母回归家庭，在孩子上下苦功。

靖江有一位世界大厨，名叫孙滔，八个月大时，因为高烧用错药，导致听力严重受损。残疾的他能够成功，得益于父母。父母把孙滔视为正常孩子，严格要求，不仅帮助孙滔练就了“读唇语”的本领，戴上助听器，通过看对方口型就能准确分辨讲话内容；而且培养了孙滔吃苦耐劳、做什么事情都能认真、专注的意志力。

相比于孙滔，有这样一位80后女性，婚后，半个月才洗一次短裤，一次要洗十六条内裤，泡衣服的水都已经发臭了。这样的孩子，即便是上了名牌大学，又能怎么样呢？

套用《中国教育报》家庭教育周刊主编杨咏梅老师一句话：父母才是孩子真正的“起跑线”。

别总想着公平，没有绝对公平，也永远追求不到自己心中的公平。与其追求虚无的公平，不如踏踏实实地做好自己，尽到为人父母的责任和义务，引领和陪伴孩子健康成长。

本章小结

1. 规则意识

青春期的孩子，往往胆大妄为，有一股天不怕地不怕的气势，总是觉得自己可以改变世界，但世界自有其规则的存在，不可能因为孩子的不喜欢、不适应就随之发生改变。世界的规则是很难发生改变的，即便要变也要经历很多非常重要的推动，经历漫长的时间。面对规则，任何人哪怕是权势再大、金钱再多，都只能遵守，否则总有“碰得头破血流”的时候。既然世界的规则难以变化，作为父母必须帮助和引导孩子做出改变，这样孩子才能适应规则，并在规则里有所发展，最终成为规则体系里的成功者。

2. 读书有益

读书可以让一个人获取许多前辈积累和总结的经验，这比“行万里路”

来得更为快速和有效。很多父母意识不到阅读的作用，一是自己不读书，没有给孩子做好榜样；二是不愿意给孩子买书，反而总是等待老师吩咐布置，甚至还有父母嫌弃书贵，抱怨学校总是要求买这样那样的书；三是觉得阅读就是求学时的责任，孩子没有上学前从不要求或者说和孩子一起读书，这让孩子产生了功利的读书论。

读书应该成为终身习惯。只有保持一直阅读的人，才不会被这个世界抛弃，更会在阅读中变得明智。世界在变化，想要更好地生存，必须保持不断的阅读和学习。一个懂得阅读和学习的人，在任何年代、任何时候，都能很好地生存下去。作为父母，应该少玩手机等电子产品，少外出应酬，多买一些书，多读一些书，让自己成为孩子的榜样。只要相信阅读的力量，父母就能看到一个不一样的自己，更能看到一个不一样的孩子。

3. 设置挫折

作为父母，如果孩子实在没有机会经历挫折，也应该主动有意识地给孩子设置“挫折”，让孩子在“挫折”经历中明白“天外有天，人外有人”的道理，千万不能让他养成“老子天下第一”的想法。

父母不能总指望社会替代父母责任完成设置挫折让孩子经历的任务，一旦等到社会来“出手”，孩子很可能会因为“挫折过于巨大”而无法承受最终心理失衡，或是自暴自弃，或是任性变态，那样的后果是不堪设想的。

面对孩子的“优秀”，适当的肯定和鼓励是必要的，但毫无原则的夸赞、宣扬和“神话”，只会让孩子骄傲自大到极限，与其这样，不如人为设置“挫折”，这样可以让孩子在有梯度的“挫折历练”中锤炼心智，最终成长为一个完整的、有用的人。

4. 培养胆量

人不缺打老虎的力量，缺打老虎的胆量。遇到老虎，还没有开始打，心就胆怯了，这就是心理素质不到位，没有“临大事而不乱，临利害之际不失故常”的处事态度。胆量，不是孩子天生就有的，需要在小事中磨炼，在大事中锤炼。只有经历风雨，孩子才能真正获得成长。

培养孩子的胆量，可以使用焦点法：不要太在乎孩子的个人表现，多想正面信息。一个巨大的任务会让孩子感觉沉重，没有完成的信心，如果把它分解成几个容易实现的小目标，孩子不仅完成起来轻松，而且会在完成一个个小目标的成功体验中感受到快乐。慢慢地，孩子也就有了胆量，遇到事情也就不慌了，因为他们已经寻找到了解决的策略。

5. 不偏爱孩子

不管偏爱哪个孩子，作为父母，都不应该在教育孩子成长这件重要事情上出现偏爱。手心手背都是肉，哪一个都是自己的孩子，何必因为爱的程度分个三六九等呢？很多时候，孩子对立的根源在于父母的爱分配不均。孩子是非常敏感的，他能够很敏锐地发现父母究竟更喜欢谁。在教育孩子的过程中，作为父母，要控制好情绪甚至偏好。孩子是上帝给我们的“恩典”，父母应该爱他们、呵护他们，即便是不爱，也应该像对待客人一样去陪伴他们成长。

第五章

做好父亲真心难

——东汉末年军阀家庭教育启示

封建时代，父亲作为一家之主，对孩子的成长起着至关重要的作用，而太多的男性只顾着在外打拼，却把教育子女的责任推脱给孩子的母亲，只等到孩子展现出某一天赋后，他才会介入到孩子的成长中。东汉末年军阀割据，每个人都想在“逐鹿天下”中成就伟业，很多军阀却很快消亡，这究竟与家庭教育有没有关系呢？

1 袁绍：别让自卑成为孩子一辈子的痛

东汉末期的枭雄里，讨论最多的就是袁绍，为袁绍可惜的有，骂袁绍无能的有，为袁绍翻供的也有。

袁绍，字本初，汝南汝阳（今河南省周口市商水县袁老乡袁老村）人。袁绍出身于东汉后期一个势倾天下的官宦世家。从他的高祖父袁安开始，四世之中有五人官拜三公（汉代的最高官阶）。

霍乱大汉的董卓曾经说过：只要杀了袁氏家族的袁绍和袁术两个小子，天下就会自动臣服于我。由此可见，袁绍家族在董卓心中以及整个大汉世族里的名声和地位，更可以看出董卓对袁绍、袁术的忌惮。

不管是赞袁绍的，还是毁袁绍的，都认为袁绍家世非常好，典型的官二代、富二代，而且在争霸天下的过程中，占据着天下最广袤、最肥沃的土地——冀州、青州、并州、幽州，是最有资格问鼎天下的诸侯。

曹操的很多谋士，如郭嘉、荀彧、荀攸等人一开始都侍奉袁绍，只不过他们发现袁绍名不副实，又都跑到曹操那边去了。谁都不曾料到，袁绍这个北方霸主竟被曹操逆袭了，先在官渡被打败，败就败吧，没过两年竟然忧郁而亡，最后弄得基业尽散，几个儿子也落得人头落地的下场。

袁绍曾有好几次机会能够对曹操实施绝对打击，一击毙命，让曹操根本没有立足机会。因为他的犹豫，屡次让曹操逃脱厄运。在与曹操的战争中，袁绍并非一败涂地，绝大多数时间压着曹操打，几乎打得曹操喘不过气来，总在最关键的时候，就被曹操逆袭了，比如官渡之战。

毛泽东曾经评价袁绍：多谋寡断，有谋无断，没有决心，不果断，结果兵败于官渡。所以，有谋还要善断，袁绍缺的就是决断的能力。

袁绍的失败，是必然，还是偶然？从袁绍的成长经历里可以总结出一些经验：

显赫的背后，是刻到骨子里的自卑

别看袁绍出身显赫，四世三公，其实他真正的情况还不如曹操。曹操虽然不得父亲曹嵩喜欢，却是名副其实的嫡长子，理所当然的曹氏家族继承人。袁绍则不然，他的身份非常尴尬。他虽是司空袁逢的长子，但并非正妻所生，史书上没有任何记载，很可能是妾室或者奴婢所生，甚至还有人说他是袁逢的私生子。

因为他是庶出的儿子，在袁逢眼里地位不高，他的同父弟弟袁术因为是正妻所生，是嫡子，所以经常嘲笑和谩骂袁绍的出身。两个人因此关系非常差，经常互相拆台，无形之中就把袁氏的很多底蕴给挥霍掉了。

袁绍的命不算差，伯父袁成的早亡给了他翻身的机会。袁成是袁逢的二哥，很早就死了，也没有留下子嗣，袁逢就把袁绍过继到袁成这一支旗下，这让袁绍的身份有了天翻地覆的变化。原来在袁逢这，虽是长子，却是庶出，地位不高，过继给袁成后，变成了嫡子，有了袁成一支的继承权。

袁绍过继到袁成一支，是生母也跟随过来，还是奉袁成遗孀为母，没有人知道。不管怎么变，都改变不了低微的出身。即便过继给伯父为嗣子，孤儿寡母想在高门大族里生存下来其实不易，平日里不知道要受多少白眼和嘲笑。这一切，都会让袁绍滋生自卑。

自卑的人，往往心理变态，甚至会扭曲，根本看不得别人比自己优秀、比自己成功。袁绍表现出来的好面子、多谋寡断其实就是自卑造成心理变态的最直接体现。

袁绍为什么难以裁断谋士们的决断？一方面是他容不得别人比自己多谋，另一方面是他觉得自己能够想出更好的谋略。袁绍这样的人，你得顺着他，夸着他，让他在引导中自然而然地完成思想蜕变，接受建议。问题是袁绍没有这样的谋士，但凡有一个诸葛瑾或者鲁肃，袁绍都不至于被曹操逆袭。

袁绍知道田丰有才，也知道他对自己的帮助很大，但他就是控制不住自己，最后还因为大败后生怕田丰看自己笑话而派人赐死田丰。田丰也知道袁绍是什么人，但他不知道变通，只知道直来直去地劝谏，本身也是取死之道。

袁绍官渡败北后，因为羞愤竟然败给了一直跟在自己后面厮混的曹操，一直抑郁，没过多久就病死了。袁绍过于自卑，难以承受失败，心理素质奇差，不如曹操抗挫折能力强，也难怪屡次败给曹操。

善于包装，是在隐藏自卑

自卑的人，往往善于包装。

袁绍有自我包装的本钱，生得英俊威武，当年洛阳城里的美男子，甚得父亲袁逢、叔父袁隗喜爱。

袁绍凭借生父家世资本，年少时就被朝廷任命为郎官。郎官虽是个小官，但袁绍做的有滋有味，不到二十岁就升任濮阳县县令，还攒下了清正能干的名声。

袁绍并不满足，一直在苦等机会。很快机会来了，袁绍母亲去世，按礼制，袁绍应该辞官归家守孝三年。袁绍在守完母亲丧后，又以养父袁成早亡自己年幼没能守丧为名，继续补服父丧三年，前后一共服丧六年。

守孝六年，让袁绍名动中国，成为孝的榜样。大汉王朝选拔人才非常看中孝廉一科，很多人步入仕途都是靠举孝廉上来，这是为官的正途。所谓孝廉，是“孝顺亲长、廉能正直”的意思。

名声大振后，朝廷征召他做官，却被他拒绝，隐居在洛阳。说是隐居洛阳，袁绍却没有过隐士生活，表面上不妄通宾客，其实暗中结交党人和侠义之士，如张邈、何颙、许攸等人。张邈是大名鼎鼎的党人，“八厨”之一。何颙也是党人，与党人领袖陈蕃、李膺（两人都是当时的三俊之一）过从甚密，在党锢之祸时，常常一年几次私入洛阳，与袁绍商量对策，帮助党人避难。

袁绍的活动引起了宦官的注意，中常侍赵忠愤愤然警告说：“袁本初抬高身价，不应朝廷辟召，专养亡命徒，他到底想干什么！”袁隗听到风声，斥责袁绍说：“你这是准备破灭我们袁家！”但袁绍不为所动，依旧我行我素。

袁绍非常注重包装自己，不宣扬家世背景，反而以品行高洁名动天下，结交天下名士侠客，这也是后来曹操等人起兵反董卓一致推举袁绍为盟主的原因。

等到天下风云变幻时，袁绍再入仕，起点就非常高了。中平五年（公元 188 年），东汉朝廷另组西园新军，置八校尉。袁绍被任命为中军校尉，是个权力、品秩非常高的武官，八校尉之首的上军校尉蹇硕，号称元帅，连大将军何进都要听从他的调度指挥。

包装过后的袁绍变得非常自负，根本不把当年那个一起在洛阳街头混迹的阿瞒兄弟放在眼里。也不怪袁绍狗眼看人低，当年曹操还是在投靠袁绍后，在袁绍的庇护下才得以生存壮大的。

自负的人，往往内心隐藏深深的自卑，这种自卑直接体现在袁绍对待袁术的态度上。袁绍从小就瞧不起袁术，觉得袁术除了出身好些，其他一无是处。袁绍为什么瞧不起袁术？还是放不下出身问题。如果袁绍、袁术兄弟能和睦相处、团结奋进，天下早就平定了。哪里来的三国乱世？

关爱家人，更多的是想补偿自己

袁绍，少年困苦，明明有亲生父亲，却要认死去的伯父为父，硬生生地被剥夺享受父爱的权利，仅仅剩个母亲，还不知道是生母，还是养母。

孤儿寡母，袁绍也不见得能够享受母爱。母亲死得也早，袁绍属于少年丧母，不到二十岁就没了娘。

生父虽喜爱袁绍的英俊威武，却并没有给予多少父爱。袁绍对生父袁逢并没有感情，他和弟弟袁术逃离洛阳，亲生父亲袁逢却还在洛阳。袁绍兄弟以孝名闻天下，他们起事讨伐董卓时，却根本没有考虑过提前接回父亲。范书《袁隗传》记载：董卓愤恨袁绍、袁术兄弟背叛他，杀死了袁隗和儿子袁基等男女族人二十余人。

征战天下时，袁绍总是表现出对家人的无限温情。田丰曾劝说袁绍趁曹操讨伐刘备时偷袭曹操，却被袁绍以爱子生病为由拒绝了。此时对妻儿的顾念与当年对父亲的无情形成了鲜明的对比。根源在哪？少年时缺爱，让袁绍对妻儿滋生愧疚，看起来是想更多地补偿他们，其实是在补偿自己。

袁绍从小和母亲相依为命，对自己要求严格，希望自己成为长辈、同辈口中的“骄傲”。可脆弱的他会无意识地从母亲身上吸收女性味十足的力量，这正是他征战天下时出现“妇人之仁”和“难以抉择”的重要诱因。

长期和母亲在一起生活的孩子，因为父亲的长期缺位，缺乏阳刚之气。如果自己不加以抵制，会很容易展现出女性角色特点。时下，很多男孩越来越缺乏阳刚之气，呈现娘娘腔特性，性格软弱，遇到挫折动不动就抹眼泪，就是源自父亲角色的缺位。

作为父亲，别用忙为借口把孩子丢给母亲，再忙再累也要多抽时间陪伴孩子，给孩子做好男性榜样。

2 袁尚：父亲“偏爱”导致的悲剧

袁尚，东汉末期诸侯争霸时期北方霸主大将军、冀州牧袁绍的三儿子。袁绍死后，他就任大将军、冀州牧。

不少看过《三国演义》的朋友，总会把袁绍家族败亡甚至灭族的原因归结于袁尚，说他不能与哥哥袁谭和睦相处，反而互相残杀，最终双双被枭雄曹操剿灭。

要袁尚替曾经有着“四世三公”显赫地位的袁氏家族灭亡买单，是对袁尚的不公平。袁尚不过是一个在尘世里挣扎的可怜人。

袁绍，爱子的好男人

袁绍，是个枭雄，虽家世显赫，却凭借自己努力，占据天下最肥沃的四块地盘——青州、冀州、并州和幽州，是东汉末年群雄割据时期最强大的诸侯，堪称诸侯里的霸主，连后来的北方霸主曹操最开始都是依附于他的旗下。

我很喜欢袁绍这个人，无关于他的成就、地位，只因为这个人是三国时期最爱子的男人。

袁绍对儿子很好，从官职的分封上可见一斑，除去三儿子袁尚没有被分封外，大儿子袁谭被封为青州刺史，二儿子袁熙被封为幽州刺史，两个人占据了袁绍手下两大州，实力颇丰。

曹植写过《洛神赋》，描写曹丕的妻子甄宓，甄宓一开始并非曹丕妻子，而是袁绍二子袁熙的妻子，因为甄宓颇受袁绍及正妻刘氏所喜爱而留在邺城服侍，最终被色中饿鬼曹丕霸占。

甄宓美色闻名天下，娘家甄氏是冀州乃至整个大汉朝最有钱的商业家族之一，袁绍为次子娶这样一位有才有貌有钱有势的妻子，体现出他对儿子的宠爱。做袁绍的儿子非常幸福。袁绍为什么对孩子特别关爱？与袁绍的出身有关。

袁绍，虽出身“四世三公”的袁氏家族，生父也是袁氏家族族长东汉末年的司空袁逢，但其母身份低微，连名字都没有留下。据传袁绍可能是父亲袁逢在外面与哪个青楼女子或者家中哪个丫鬟婢女野合的产物。袁绍出生后，就被父亲袁逢过继给没有后代的叔父袁成为嗣子。因为母亲身份低微，袁绍一直被同父异母弟袁术瞧不起，两个人为此争斗频繁。

袁绍童年并不快乐，很悲惨，在家族中又被人瞧不起。童年的不幸，让袁绍不愿意儿子重复自己的辛酸，出于自己童年时期的欠缺加强了对子女的补偿。

当下，像袁绍这样爱孩子的父亲并不多，很多父亲总以“忙于赚钱”为借口，不愿意回归家庭，更不愿意走入孩子的生活。即便是被逼无奈介入孩子的学习生活，也是用玩手机、平板电脑等方式来“陪伴”。

爱孩子可以，但不能溺爱

我虽然很喜欢袁绍对于儿子的爱，但不喜欢袁绍对儿子们喜爱的程度，这已经不叫爱，说溺爱也不为过。袁绍是怎么溺爱孩子的？史料记载，但凡遇到儿子生病等情况，他都会暂停其他行为，包括决定生死存亡的军事行动。

袁绍和曹操对峙的时候，曹操为了消除隐患，出兵攻打占据徐州的刘备。谋士田丰建议袁绍出兵攻打曹操。因为儿子生病了，袁绍认为擅自动兵产生杀戮会对儿子病情的恢复有害（古人迷信），就拒绝了田丰的计策，错失了良机。

因为父亲袁绍溺爱，几个儿子虽继承了父亲的聪明才智，却因为一直处于父亲的呵护和关爱中，没有独立自主的机会，普遍都养成了自大、浮躁等不良性格。

作为父亲，知道爱孩子值得表扬的，但毫无原则的溺爱，对孩子成长坏处太大。当下，有一些父亲，在教育孩子的过程中，总处于“负面作用”状态。孩子犯错时，出于“缺位孩子成长”的“补偿心理”，他们总会无原则、无底线地制止妻子正确的批评，成为孩子“犯错”的“保护伞”，着实成了一批孩子走上“歧途”的“帮凶”。

偏爱，对孩子的伤害最致命

偏爱，是多子女家庭中比较容易出现的一种错误的爱的表达方式，对孩子的伤害是致命的，并且这种致命伤害持久而深远。

袁绍，是父亲偏爱的最典型代表。

袁尚，是被父亲偏爱最典型的悲剧人物。袁尚为什么受到袁绍的偏爱？只因为袁绍觉得袁尚从长相到性情都与他特别吻合。用现代话说，袁绍是个玉树临风的帅气男子，袁尚是个比父亲袁绍更貌美的帅哥。

因为偏爱袁尚，袁绍一直把他带在身边，当作继承人培养，这件事情闹得谋臣将士都很清楚，即便很多人反对，袁绍也没有改变。因为父亲偏爱三弟袁尚，长子袁谭一直怨恨三弟袁尚。

等到袁绍因为被曹操打败而气血攻心暴病而亡时，因为袁谭不在身边，谋士逢纪、审配害怕袁谭继位后打击自己，就假托袁绍遗命立袁尚继位。大家都知道袁绍喜欢袁尚，也没有人反对。

袁谭听到此事后，不顾大敌曹操当前，执意和弟弟袁尚闹翻。长期享受父亲偏爱的袁尚，心里面也没有包容哥哥袁谭的大度，两兄弟落入曹操谋臣郭嘉的算计，最终因为内斗而被曹操灭亡。

袁谭和袁尚本来没有矛盾，如果不是袁绍偏爱，可能兄弟和睦，因为父亲偏爱，两兄弟滋生仇恨，最终反目，便宜了曹操。

现在经常有一些大孩伤害二孩的案例，根子就在于父母或者祖父母、外祖父母在孩子面前表露出了“偏爱”，让“敏感”的大孩感受到了，因为“焦虑和恐惧”滋生“怨恨”，最终酿下了大错，如有位女孩把自己的弟弟从楼上抛下。

在多子女家庭，因为某种原因，父母尤其是父亲偏爱某个孩子，无可厚非。毕竟龙生九子，各有不同。但这种偏爱，只能摆在父母肚子里，万万不能展露出来。一旦展露，就会促使孩子滋生“怨恨”等心理，让兄弟姐妹间的关系“恶劣”。

不仅多子女家庭存在这样的问题，一些独生子女家庭也存在这种问题，这种情况尤以祖父母或者外祖父母居多。我认识一个老人，在孙子和外孙女之中，她偏爱外孙女，对孙子一点也不喜欢，而且外露得特别厉害，不仅造成婆媳关系紧张，还对孙子的成长产生了很明显的负影响。

还有一些父亲，不知道出于什么样的原因，莫名就对孩子不喜欢，常会对孩子实施“冷暴力”（不闻不问，不管不顾），给孩子造成了特别大的伤害。

作为成年人，我们要控制好情绪甚至偏好。孩子是大自然给我们的“恩典”，我们应该爱他们、呵护他们，即便是不爱，也应该像对待客人一样去陪伴他们成长。

回归家庭，既为孩子，也为自己

袁尚不得善终，和二哥袁熙投奔辽东太守公孙康时被杀。究其一生，他还是比较幸运的，有一个疼爱自己的好父亲。

当下很多父亲，总是忙于事业，忙于赚钱，忽视了妻子，更忽视了孩子。其实，地球离了谁都转，真正生病了也只有妻儿悲痛。

今天，我们不忘记回归家庭，陪伴妻儿。未来，孩子一定不会忘记顾全家庭，陪伴老父老母。回归家庭，既为孩子，也是为了我们自己。

3 刘琦：父爱不均是兄弟反目的“元凶”

开国元帅叶剑英曾写过一首《七律·远望》，其中有两句诗这样说：“景升父子皆豚犬，旋转还凭革命功。”这里的景升父子指的就是刘表、刘琦和刘琮父子三人。

叶剑英元帅为何要说“景升父子皆豚犬”，典故出自曹操在接班人的问题上，着眼自己的子弟、羡慕孙权能干、蔑视刘表父子的论断，其原话为：“生子当如孙仲谋，若刘景升父子，皆豚犬耳！”

刘表、刘琦和刘琮是不是豚犬很难清楚，历史评价往往都有很鲜明的个人色彩，很难说得清究竟谁是英雄、谁是狗熊。

刘琦这个人，虽是典型 “悲剧人物”，却是三国时期的大孝子。曹魏郎中鱼豢所著的《典略》曾用“琦性慈孝”来高度赞扬刘琦的孝。

刘表很幸运，即便他对长子刘琦不好，一直让长子生活在恐惧和害怕中，刘琦也始终没有忘记感恩刘表。《典略》记载：汉献帝建安十三年（公元 208 年）刘表病重，远在江夏避祸的刘琦听说后，不顾自己的安危，回来探望父亲，却被掌控荆州权利的蔡瑁和张允制止，堵在门外不能与父亲相见。无奈之下，刘琦只能流着眼泪凝望父亲的住所很久后方才离开。

刘琦虽然深爱父亲，却对弟弟刘琮仇怨很大。等到刘表去世，刘琮在蔡瑁、张允等人的辅佐下继承父亲权位，派人把这一消息传达给刘琦，刘琦看到后大怒，把印信扔在地上，准备召集士兵以奔丧的名义征讨弟弟刘琮，只因为曹操率领大军南下，这才作罢。

刘琦也好，刘琮也好，两人是同父同母的亲兄弟，为何会反目成仇？世人归结于继母蔡氏弄权，其实这样认证未免偏颇，真正的罪魁祸首就是刘表本人。

究竟刘表做了什么让亲兄弟反目成仇？

父爱成恩赐，想变就变

刘琦和刘琮是刘表与亡妻陈氏所生。一开始，刘表非常喜爱刘琦，因为刘琦长得非常像刘表本人。因为长得像而宠爱儿子的，在整个三国时期挺常见，袁尚就是这样一个例子。不过袁尚是自始至终都得到父亲袁绍的喜欢。刘琦却没有这么幸运。

刘表在陈氏去世后，续娶了荆州大族蔡氏的女儿。蔡氏一娶，问题就来了。次子刘琮不知怎么就娶了后母蔡氏的侄女，和后母蔡氏成了亲戚。蔡氏从此偏爱刘琮，嫌弃刘琦，天天在刘表身边诋毁刘琦，慢慢地刘琦就失去了刘表的宠爱。

这是《后汉书·刘表列传下》记载的内容，看起来一切的根源祸害都在蔡氏。我心存几个疑惑：

疑惑一：刘琮，身为次子，是怎么娶到后母蔡氏侄女的，受宠的可是刘琦呀？

疑惑二：为什么刘表不让长子刘琦娶蔡氏的侄女，这样长子不就可以得到蔡氏的宠爱和扶持了吗？

疑惑三：刘表，虽没有雄心壮志，但也是笑傲东汉末期几十年的军阀，曾经单枪匹马平定荆州，再怎么昏聩，也不至于被蔡氏这样一个女流把持，最终因为女人的谗言废了刘琦吧？

真正让刘琦失宠的是刘表，从给刘琦和刘琮选择的配偶上可以一探究竟。中国古代，尤其是东汉时期，大家世族的子女是没有配偶选择权的，全凭父母做主。正是刘表给刘琮选了一个好的有实力的配偶，才最终让刘琮超越哥哥刘琦成为了刘表军事集团的继承人。当父亲刘表给刘琮定下蔡氏侄女这个配偶，就意味着刘琦的失宠，就算蔡氏不进谗言，刘琦完全失宠也不过是时间问题。

刘琦悲剧的“真凶”是刘表。刘表把父爱当成恩赐，喜欢长子时，就宠爱长子；喜欢次子时，就溺爱次子。如果刘表活得再长一些，次子刘琮很可能也会失宠，三子刘修说不定会成为下一个受宠对象。

为何懦弱无能，只因缺乏安全感

很多人评价刘琦懦弱，根本没有男子气概，作为江夏郡太守，拥有数万军队，等刘备到了江夏，竟然被刘备“篡权”，做了“傀儡”。其实不然，刘琦生性“慈孝”，所谓慈孝就是非常孝顺的意思，孝顺的人往往宽容大度，不太愿意与人争斗。

蔡氏、蔡瑁和张允一直谋划除掉刘琦，刘琦从没有想过反击，即便是求教诸葛亮，也不过是想保住性命罢了。诸葛亮非常清楚刘琦的秉性，才会出“外出镇守江夏保平安”的主意。

刘琦为什么会这般的没有火气？他其实和刘禅是差不多的情况，从小到大就缺乏真正的安全感。刘琦，幼年丧母，仅剩父亲刘表。刘表虽然外表儒雅，却异常多疑。

从事中郎韩嵩劝说刘表：若想在乱世称霸，就不能首鼠两端，要趁势而起；若没有什么大的想法，不如趁着自己实力强大的时候，选择一个明主追求。刘表犹豫不决，就派韩嵩去查看曹操是否有霸主的资质。等到韩嵩回来称赞曹操是真正的霸主，刘表却怀疑韩嵩投靠了曹操要杀韩嵩，等了解到韩嵩只是说了肺腑之言时，仍然没有宽赦韩嵩，把韩嵩关进了监狱。

刘表的多疑，不仅作用在文武大臣的身上，连儿子都怀疑。在刘琮娶妻前，刘表就对刘琦起了怀疑之心。等到蔡氏因喜爱刘琮而诋毁刘琦时，刘表的疑心就更重了。作为父亲，即便是对自己从小看着长大的儿子秉性没有把握，也可以派人秘密调查寻找真相。要不是早就不信任长子，刘表怎么会被蔡氏等人的一面之词所迷惑？

曾有人说：刘琦太懦弱，完全可以联合刘备等人，除掉蔡氏。刘琦真正畏惧的是蔡氏吗？刘琦真正畏惧的是父亲刘表，慈孝的他早已经感觉到真正导致他失宠的人是父亲。没有刘表的首肯，刘琦怎么可能变成孤家寡人，最后竟要求教刘备的政治幕僚——诸葛亮？刘表是养士名人，旗下的儒学之士多之又多。如果不是刘表发令，文武大臣们怎会远离刘琦，不给刘琦出谋划策呢？

父亲多疑，让刘琦极度缺乏安全感；母亲早亡，又让刘琦找不到可以依靠的“港湾”。苦闷的刘琦，为什么没有怨恨父亲？毕竟是父亲一手造成了自己从天堂到地狱的悲惨。

如果你是刘琦，你会怨恨父亲吗？

做个“均爱”的父母很重要

即便父亲做得再不对，任何有一丁点理智的孩子都不会怨恨父亲，更何况慈孝的刘琦。

可怨气总要发泄，替代自己成为父亲“新宠”的刘琮自然就成了刘琦发泄的“标靶”。刘琦为什么会怨恨刘琮？任何一个原本受到父母宠爱的孩子，即便心里明白真正的“凶手”是父母，仍然会像“着了魔”一般地怨恨那个正在接受着父母万千宠爱的“幸运儿”，因为他们始终相信父母爱的转移是因为正在享受宠爱的兄弟或者姐妹，甚至他们坚信只要自己比过或者除掉那个“幸运儿”就能赢回父母的喜爱。

这正是当下很多二胎家庭大孩与二孩争斗的主因。两个孩子并没有多大的说不过去的“仇恨”，只不过是都想争夺父母那本就不均衡的关爱罢了。宿迁有位妈妈因为生育和照顾二孩，已经两年多没有拥抱过自己的大女儿了，可怜的大女儿得了白血病即将不久于人世，这位妈妈在女儿的病房抱着女儿号啕大哭，女儿却因为妈妈抱着她感觉到非常幸福。

大孩并不在乎家里多不多一个弟弟或者妹妹，他们在乎的只是父母的爱有没有减少或者消失。如果父母能够做到“均爱”，大孩和二孩是可以很和睦相处的。

别怪孩子，要怪就怪我们自己。

刘琦，即便可怜，却很勇敢，他一直用慈孝和宽容给他人传递着“正能量”，这是军阀刘表最值得幸运和自豪的地方。

 刘璋：成长中的伤害越少对孩子越有益

刘璋，东汉末年割据军阀之一，字季玉，江夏竟陵（今湖北天门）人，父亲刘焉去世后，继任益州牧，掌控天府之国益州。

民国历史大师蔡东藩曾这样评价刘璋：刘璋暗弱，即使不迎刘备，亦未必常能守成；益州不为备有，亦必为曹操所取耳。不仅蔡东藩先生这样评价刘璋，历朝历代对于刘璋的评价都差不多。同时代的诸葛亮更是这样评价刘璋：刘璋暗弱，张鲁在北，民殷国富而不知存恤，智能之士思得明君。

诸葛亮此人，是罗贯中《三国演义》捧红的一个妖人，不见得就比刘璋高明多少。不提别的，就从经济发展和人口数量上进行比较，诸葛亮就明显不如刘璋。

刘璋投降刘备时，国富民强，府库充盈，民众深受其恩，有户二十万，男女共九十万人，是当时割据诸侯都渴望得到的富庶天国。而从诸葛亮开始治理益州，到刘禅投降司马氏，此时连边远地区都得到了开发，但蜀汉的经济整体并未上升，生产也未得到应有的发展，只有户二十八万，男女共九十四万。诸葛亮甚至写信给后主刘禅说："今天下三分，益州疲惫，此诚危急存亡之秋也。"在一条教令中，诸葛亮宣称："今民贫国虚，决敌之资唯仰蜀锦耳。"这两句话是什么意思？意思就是经济不行，老百姓很贫穷，国家也很虚弱，唯一可以依靠的经济来源就是蜀锦。

诸葛亮也好，刘禅也好，治理了蜀国几十年，经济竟然大幅度退步，人口增加缓慢，几十年就增加了四万人。由此可见诸葛亮并非神人，治国不行也是蜀汉最后灭亡的重要原因。

刘璋并非暗弱，现在一些人持有一种比较新的观点，他们认为刘璋更多的应该是仁弱。不管是暗弱，还是仁弱，其实都没有考量过刘璋的成长经历。不管是谁处在刘璋的位置上，即便是枭雄曹操也不见得就比刘璋做得好。中国人评价一个历史人物，更注重结果，却很少关注过程。比如我

们骂一个人冷酷无情，却很少思考这个人冷酷无情的原因。

要说，刘璋真的不容易。

父亲的抛弃，让他始终缺乏安全感

刘璋的父亲刘焉，正宗汉室宗亲，可不是刘备那种自吹自擂的，不仅皇室族谱可以查到，还以汉朝宗室身份，拜为中郎，历任雒阳令、冀州刺史、南阳太守、宗正、太常等官。

刘焉这个人非常自私，为了割据地方称霸，向汉灵帝建议："刺史、太守行贿买官，盘剥百姓，招致众叛亲离。应该挑选那些清廉的朝中要员去担任地方州郡长官，借以镇守安定天下。"

皇帝同意后，刘焉毛遂自荐请求皇帝任命自己为交州牧，想借此躲避乱世。听侍中董扶说益州有天子之气，他立刻改变主意向皇帝请求改封自己为益州牧。

刘焉不仅野心大，而且心也够狠。他倒是跑到安全的地方称王称霸去了，却只带了最宠爱的儿子刘瑁，竟把另外三个儿子刘范、刘诞、刘璋三人和其他家人全部丢在了京都洛阳。

这可把三个儿子害苦了，天天胆战心惊。董卓乱政以后，三人惊险万分。《英雄记》记载：董卓几次征召刘焉入朝都失败了，就把刘范兄弟三人关押在郿坞的黑牢房里。

三兄弟就属刘璋命最好，汉献帝竟派遣他出使益州，正好被父亲留下，这才保住一条小命。两个哥哥，被逼无奈，只能联合马腾反抗董卓，可惜没有成功，都被董卓杀了。

到了益州安定下来，刘璋也没有受到父亲重视。因为刘焉一直把刘瑁看作继承人培养，听说吴懿的妹妹吴氏有大富大贵之相，就替刘瑁纳吴氏为妻。

刘璋成长过程中一直缺乏强有力的臂膀保护，这让他特别缺乏安全感。缺乏安全感的人往往显得非常懦弱，做任何事都没有决断能力，更习惯依靠他人。

部将的背叛，让他缺失信任感

刘焉没死之前，刘璋从没想过能继承父亲的权位。天意弄人。刘焉竟然因为悲伤死去的两个儿子，又担忧灾祸，发背疮死了。

刘焉遗愿是让刘瑁继承权位，但他一直用法家思想治理益州，益州权臣赵韪等人害怕刘瑁继位后持续刘焉制定的政策，因为刘璋温仁，就扶持刘璋坐上了益州牧的位子。

天上掉馅饼是刘璋没有想到的。刘璋一直缺失安全感，赵韪的扶持让他感受到了安全。于是，他重用了赵韪，派他驻兵朐䏰以防备刘表，并把大权交给赵韪。

赵韪的野心太大，他联合益州的世家大族意图谋夺刘璋的权位。刘璋的父亲刘焉在世时收留的从南阳、三辅流亡到益州的几万家百姓组成“东州兵”拼命死战，这才剿灭了叛乱。这是刘璋受到的第一次伤害。

原本依附于刘焉的汉中太守张鲁骄纵，根本不听刘璋号令。于是刘璋杀了张鲁的母亲和弟弟，双方因此成为仇敌。刘璋派遣对刘氏有恩的庞羲任巴西太守，攻打张鲁。庞羲对刘氏有什么恩情呢？原来当年刘范兄弟两人与马腾谋划反抗马腾被杀害后，是庞羲保护他们的儿女们前往益州投奔刘焉，保全了刘氏家族第三代。庞羲的女儿还嫁给了刘璋的儿子刘循为妻。

庞羲与刘璋可谓亲上加亲。刘循深受刘璋宠爱，非常厉害，曾经率领军队镇守雒城，抵御刘备攻击近一年之久，更在抵抗中射杀庞统。

庞羲深受刘璋信任，攻打张鲁几次都没有成功，寸功未立，竟然骄功自重，私自招募賨人为部曲，受到刘璋的怀疑后，竟然谋划背叛刘璋自立为王，后来被程畿所阻止。这是刘璋受到的第二次伤害。

刘璋少年时的悲惨经历，本就让他缺乏安全感，尤其是身在董卓的地盘，生死难以自知，身边的人也不敢信任。到了益州，刘璋继承父亲的权位，尝试相信别人，收获的却是一次次背叛。有人说刘璋不知道重用有才之士，问题是他敢重用吗？刘璋也怕啊，怕这些人啊，他是个温仁敦厚的人，不会和人玩什么心计，真让这些人起来了，一不小心自己就被他们玩死了。

张松就是这样的人。张松在刘璋手下有没有受到重用？有，张松是刘璋的别驾从事，简称“别驾”，是州府中总理众务之官，是文臣之首。知遇之恩不可谓不大，张松的卖相很差，人又矮，相貌又差，曹操嫌弃，刘备其实也嫌弃，要不是为了谋夺益州，根本不予理睬，也就只有刘璋不嫌弃给予如此高位。结果呢？这家伙竟然背叛刘璋，暗地里投靠刘备。

张松死得很惨。历史上，刘璋仅仅下令杀过两次人，一次是张鲁的母亲和弟弟，那是国仇；一次就是张松，这是家恨。

刘璋很难真正相信谁，因为越是信任的人给予他越是伤害。当儿子在前方雒城抵御刘备时，他一兵一卒也没有派，把能战的三万名士兵都集中在成都，这就是一种发自潜意识的自我保护。

温仁敦厚，是自我保护的外衣

刘璋少年时被父亲抛弃、被董卓折磨的这段经历对于刘璋的影响极其深远。刘焉的部将心腹赵韪等人一直认为刘璋温仁，温仁是温厚仁爱的意思。刘璋为什么会显得温仁？想想也是，自幼父亲逃离，剩下兄弟三人在乱世中苦苦支撑，不温厚一点也没办法，真要硬气的话，早就被董卓等人给杀了。

面对乱世，面对强盗一般的董卓及其部将，要想活命，刘璋就得表现得懦弱一点、温厚一点，而且对待能够帮助自己的人一定要仁义，多付出一点金钱和精力，结交他们，说不定哪一天就能救自己的命。

有人这样评价刘璋：治世之能臣，乱世之凡人。我觉得非常准确，温仁敦厚一开始是刘璋自我保护的外衣，但时间久了，就养成了性格。对于刘璋来说，身于乱世，处于高位，性格如此，实在不幸，但对于部将和百姓来说，不见得如此。

刘璋这个人是乱世中不可多得的好人。

刘璋对部将很是宽厚，很少真正处罚犯错的人，除了杀死张松以外。不过他也仅仅只是杀死了张松，要是刘备等人，即便是张松的哥哥张肃出来举报，恐怕张氏家族也要死上一大批人，所以等到刘备进攻他的时候，涌现出了不少忠臣义士，典型如张任。

刘璋对百姓很是宽厚，奉行道家思想，颇有点无为而治的意味。刘备进攻益州时，谋士郑度劝说刘璋“坚壁清野，高垒深沟，等待刘备因缺粮而不得不退却”，刘璋却没有赞同，他认为“退敌是为了安抚百姓，没有听说过让百姓吃苦而退敌的”。等到刘备取得军事上的优势，派法正写信劝说刘璋投降时，刘璋在成都城内还有三万精兵、足可支持一年用度的钱粮，刘璋却没有负隅顽抗，反而投降了。他说自己和父亲统治益州这么多年，没有给老百姓做过什么有恩德的事情，却因为自己的缘故和刘备打了三年仗，死了许多人，怎么能安心？他说完后，部将百姓没有不痛哭的。刘璋投降后，刘备根本不敢杀害他，因为他在益州民众心目中地位非常高，只能安置到公安去。

很难说清楚刘璋这辈子是好是坏，对于他来说，或许做个普通人，比做个诸侯更安心。

对比于刘璋，作为父母，更应该反思的不是刘璋暗弱，也不是他仁弱，而是让孩子在成长期内尽可能少受到伤害。伤害多了会让他们缺乏安全感、信任感。

5 吕布：环境对孩子的成长至关重要

吕布，字奉先，五原郡九原县（今内蒙古包头九原区）人，东汉末年名将，汉末群雄之一。

“马中赤兔，人中吕布”说的就是吕布和他的坐骑。经过罗贯中《三国演义》的渲染，很多人都认为吕布是三国“第一猛将”。究竟吕布是不是三国第一猛将？《三国志》等正史里都没有提及，但吕布和他的坐骑确实是那个风云变幻的时代最耀眼的人物。

《三国志·魏书·吕布传》上记载：（布）以骁武给并州。刺史丁原为骑都尉，屯河内，以布为主簿，大见亲待。

吕布以勇猛威武在并州扬名。并州是边境，与北方的少数民族接壤，是与少数民族作战的前线，民风彪悍。民风不彪悍也不行，指望朝廷的军队，有时候只能送命。在豪杰之士频出的地方以武勇闻名，可见吕布武艺高强。

吕布身高两米多，也就比今天的姚明矮那么一点点，英俊潇洒，弓马娴熟，臂力过人，在骑兵作战方面有过人之处，和李广一样，有“飞将”美誉。吕布虽是个勇夫，却受过一定的教育，文化水平并不差，能在丁原军中做主簿，而且做得非常好，让丁原非常赏识。

在《三国演义》中罗贯中杜撰了一个智谋双全的女侠士——貂蝉，就是她策反了吕布，让吕布听从王允的谋划，最终杀死了董卓。杀死董卓后，吕布东奔西窜，先后与曹操、袁绍、刘备等人对战，最后于汉献帝建安三年十二月癸酉（公元 199 年 2 月 7 日）在下邳被曹操击败并处死。死前，吕布曾大骂刘备：“大耳儿刘备最不能相信！”

不管吕布怎么咒骂刘备，都逃脱不了被杀的命运。吕布曾在死前，对曹操说：“曹公得到我，由我率领骑兵，曹公率领步兵，可以统一天下了。”曹操颇为心动，但刘备在一旁说：“明公您看见吕布是如何侍奉丁建阳和董太师的吗？”

曹操真的是因为听从了刘备的劝说才杀死吕布的吗？曹操之所以杀死吕布，是担心驾驭不了吕布，最终反被吕布所伤害，所以才下了狠心，除掉吕布。吕布败亡的原因，还在自己，司马光评价他：布者反覆乱人，非能辅佐汉室，而又强暴无谋，败亡有证。

吕布为什么会见利忘义、品德有失、任性而为呢？这与吕布的成长环境有着莫大关联。

成长环境，决定孩子发展方向

吕布究竟生于何时，死于何时，父亲是谁，没有任何记载。吕布的家乡五原县却有很多有关吕布传奇性的出生和神话般的成长故事流传。

从这些故事中，我们可以找到吕布个性形成的一些诱因。

传说，东汉章帝年间北匈奴进犯南匈奴及汉朝领地时，吕布祖父吕浩（时任宪部越骑校尉）奉命留守边塞。吕布祖父去世后，吕布父亲吕良继任。吕布五岁常随牧马人野外放马，能持棍刺击野鸡野兔；七岁时，能单独骑马追击野狐山鹿；九岁那年，帮助外公生擒两只羊；十一岁时，随父参加匈汉两族边民组织的赛马比赛，一举取得了骑手荣誉。好斗的吕布在这次参加比赛的过程中，看到摔跤手屡战屡胜全无对手，心中不服，独自冲入赛场，将身高和体重比他超出几倍的大力士摔跤手撂翻在地，轰动了整个赛场，人们呼之为大力士神童。

这些关于吕布的传说故事，虽然真实性有待考证，但可以看出吕布的骁勇与少年时期的成长环境有很大的关系。身处边境，边民往往从小锻炼孩子武勇，更何况镇守边塞的将领后代？吕布生下来有力气上的天赋，加上后天的训练，武艺高强不足为奇。

边地的环境非常恶劣，谁也不知道究竟能不能看到明天的太阳？边地的人整天活在担惊受怕里，为了活命，想尽一切办法，无所不及。贾诩曾经被氐人抓获，为了活命，曾冒充太尉段颎的外孙吓唬氐人，果然保住了性命，同时被捕的人却都遇害了。

我们无法指责边地民众为了活命而变成的自私自利、反复无常，生命是非常宝贵的，没有人想死。还是那个贾诩，董卓被杀后，他为了活命，劝说已经准备逃亡的李傕、郭汜等人带兵攻打长安，最终杀死了王允，让原本有可能恢复太平机会的汉室江山再次风雨飘摇。

边地民众，因为常年与草原民族打交道，沾染了一定的草原习气，崇拜和服从实力强大的人，尤其是武力非常高强之人。这种崇拜致使武艺高强之人比较骄傲。骄傲之人往往容易任性妄为，不把其他人看在眼里，总是一副“天老大、他老二”的模样。

吕布成长的环境，促成了吕布个性的养成。

丁原是吕布生命的贵人，把他从边关穷苦之地，带到了首都洛阳。因为董卓的钱财，吕布把丁原给杀了。良禽择木而息，乱世为了生存跳槽很正常。千不该万不该杀害恩人丁原。

吕布杀死丁原的理由很简单：斩草除根，是那时草原人的“弱肉强食”

法则，草原人为了生存和威慑，往往会把敌对部落车轮以上的男子杀光，目的就是为了以绝后患。这套法则，是吕布从成长环境中吸收来的，他没有丝毫觉得不对，但中原的士族们可不这么想，这不是典型的恩将仇报吗？

等到投靠了董卓，董卓虽然贪恋吕布的武勇，但对吕布还算可以，把他当心腹看待，可吕布竟然与董卓的侍妾有染，这可愁坏了吕布，生怕哪一天给董卓发现了，把自己杀了。这事给王允知道，王允就利用吕布，哄骗他把董卓杀了。

吕布杀董卓，不为天下，而为私利。张飞瞧不起吕布，看见吕布就骂他，就是因为张飞瞧不上吕布这种自私自利的行为。吕布却不这么觉得，他觉得很正常，生存不是你杀我就是我杀你。

孟母为什么三迁其家？就是发现了环境对于孟子成长的重要性。吕布可悲在哪里？在于他的整体价值观和中原诸侯们不一样，他的价值观和董卓其实是一致的。而且吕布这个人还继承了草原民族的直率性格，做事、说话都很直接，不玩什么心眼。

所以我们很难说吕布的悲剧源自于自身，因为他也是受害者，是成长环境的受害者。他的个性形成，受到环境的影响太大，在成年后又没有遇到“正能量爆棚”的长辈、朋友或者女人，指引他往正确的方向前行。从家乡出来，丁原也好，董卓也好，王允也好，即便是陈宫，还有他的夫人严氏，更多的是从利用吕布的角度出发。这种一直被利用的情况推动吕布滋生“愤恨”心理，最终导致他做出一些“变态”行为，也合情合理。

作为父母，一定要关注孩子生活环境、学习环境、游戏环境、语言环境等诸多成长环境，尽自己所能，给孩子营造正能量比较多的环境，降低负面环境对孩子的错误暗示。

尤其要关注孩子的交友环境，坏朋友对于孩子的影响巨大，很多恶习就是孩子从坏朋友身上习来的。人对于未知的事物往往有很强烈的探究欲望，比如上网吧，一旦坏的玩伴诱导孩子去尝试，如果父母不加以干涉、引导，孩子就会很容易沉迷于其中。

家庭温暖，是每个孩子渴望的港湾

吕布这个人，别看他见利忘义、反复无常，可他对老婆孩子非常好，这让许多人都想不通。有不少人评价说吕布被夫人严氏所惑，没有听陈宫的正确建议，是取死之道。

其实不然，吕布不是被严氏所惑，吕布是一个对家庭有很多渴望的人。他的渴望不同于其他，他渴望能从家庭中汲取温暖。生存在边地的人，生活艰苦而危险，家庭成了其唯一温暖的港湾，很多边地人习武并非完全为了强身，更多的还是为了保住家人。

吕布同样如此。在吕布心中，真正可靠的是家人。

当袁术要与吕布结盟时，陈宫和夫人严氏都劝说吕布把女儿送到袁术那边去，却被陈登简单的几句话就给制止了，陈登说了什么呢，无非就是“曹操实力强大，真要把女儿嫁到袁术家，袁术一旦造反，那你的女儿不就是死路一条，要么被袁术拿来逼迫你造反，要么就是被朝廷的军队杀害”。

真正打动吕布的其实就一条，女儿的未来很重要。等到曹操来攻打吕布，陈宫出了主意，让吕布率军出城抵抗，严氏不同意。严氏说在长安你已经丢弃我们母女一次了，要不是庞舒收留我们，恐怕我们早死了，这一次你要是听从了陈宫的计谋，说不定我们就再也见不到你了。吕布听从了严氏的建议，否决了陈宫的建议。为什么会这样？因为吕布一直渴望家庭温暖。对他来说，再也没有比家庭更重要的事情了。

建安元年（公元 196 年）部将河内人郝萌在袁术的怂恿下发动叛乱，率领部队攻打吕布治所下邳。吕布的第一反应不是率军平叛，反而是带领家眷逃往高顺营寨。由此可见，吕布心目排第一位的是家人。

有人说吕布是妇人之仁，看似是爱家，其实是毁家，凭借他的本领完全可以独自逃走，寻找机会东山再起，至于妻儿，只要自己在，完全可以再娶再生。可吕布就是吕布，他绝不会这么做。这也许就是陈宫、高顺等人誓死效忠吕布的原因吧。

一个不爱家的人永远是孤独的，每一个人都渴望从家庭中、从家人身上汲取到温暖，哪怕只是一丝丝的温暖举动，都能让人感受到无穷的力量。成人尚且如此，更何况孩子。

现在的孩子不缺玩具、不缺吃穿、更不缺零花钱，缺的就是家庭给予的真正的温暖。有一个孩子，爷爷奶奶溺爱，爸爸离婚后续娶，只知道用暴力教训儿子，从不知道用温暖去感动、改变孩子。这个孩子，成了一个用暴力说话的人，打爷爷奶奶，打同学，已经成了一个难以拯救的校园“小霸王”，让人痛心。

钱可以少赚一点，衣服、玩具可以少买一点，但给予孩子的温暖不能少，因为这是孩子成长始终不能缺乏的力量源泉。

本章小结

1. 男孩女性化

时下，很多男孩越来越缺乏阳刚之气，呈现娘娘腔，性格软弱，遇到挫折动不动就抹眼泪，就是源自父亲角色的缺位。这些男孩，一直和母亲生活在一起，无意识地模仿母亲的言行，因为父亲长期缺位，孩子无法汲取到阳刚味很浓的男性言行，就会逐渐展现出女性角色特点。

不是男孩不想在生活学习上表现出男性角色特征，实在是他们不知道什么样的言行是具有男性气概的。所以，作为父亲，不能用忙为借口把孩子丢给母亲，再忙再累也要多抽时间陪伴孩子，给孩子做好男性榜样。

2. 补偿心理

不少父亲，因为在孩子的成长过程中“缺位”，内心一直对孩子充满愧疚。他们认为既然自己没有多余的时间来陪伴孩子，就该在其他方面补偿孩子，以弥补自己对孩子的心理愧疚。因为，在孩子犯错时，他们总会无原则、无底线地制止妻子正确的批评，成为孩子“犯错”的“保护伞”。

作为父亲，知道爱孩子值得表扬，但毫无原则的溺爱，对孩子成长坏处太大，会成为孩子走上“歧途”的“帮凶”。

3. 二胎问题

大孩为什么反对二孩？他们在乎的真的是家里多一个弟弟或者妹妹吗？不，他们真正计较的是爸爸妈妈对他们的爱究竟会不会因此消失或者减少。如果父母能够做到“均爱”，在处理两个孩子上能够不偏颇，大孩绝不会去嫉妒或者说怨恨二孩的。

正因为父母不能做到“均爱”，两个孩子之间才会出现隔阂，进而出现纷争。虽然孩子知道父母才是“偏爱”的真凶，但他们仍然会像着了魔一般的怨恨那个正在接受着父母万千宠爱的“幸运儿”。在大孩的简单认知里，他们会固执地认定只要自己能够比过或者除掉那个正在享受宠爱的“幸运儿”，就能赢回父母的关爱。

说一千道一万，两个孩子并没有什么真正的矛盾，只不过是都想争夺父母那本就不均衡的关爱罢了。只要父母能够“均爱”，就不会出现严重的二胎问题。

4. 成长环境

环境对于孩子的来说至关重要，它虽然无声无息，在时刻对孩子产生影响。作为父母，一定要关注孩子生活环境、学习环境、游戏环境、语言环境等诸多成长环境，尽自己所能，给孩子营造正能量比较多的环境，降低负面环境对孩子的错误暗示。

尤其要关注孩子的交友环境，坏朋友对于孩子的影响巨大，很多恶习就是孩子从坏朋友身上习来的。人对于未知的事物往往有很强烈的探究欲望，比如上网吧，一旦坏的玩伴诱导孩子去尝试，如果父母不加以干涉、引导，孩子就会很容易沉迷于其中。

第六章

家庭氛围有奇效

——曹魏名臣家庭教育启示

杨修、阮籍、袁涣、曹爽还有邓艾，这些曹魏的名臣们，要么智力非凡，要么满身才艺，要么奋发图强，要么贵胄之后，有成功有失败，有悲催有幸福，命运不一样，结局同样不一样。其实，一切结局从父母教育开始就已经注定。如果不想让孩子的未来充满悲剧，就看看五位曹魏名臣的父母是如何教育孩子的吧！

 杨修：别把自己的梦想强加在孩子身上

说三国，最不能忽略的一个人，不是诸葛亮，而是杨修。有人说杨修恃才傲物，不知道收敛；有人说杨修没有什么真才实学，不过是有点小聪明；还有人说杨修太会揣摩曹操的心思，揣摩对了就罢了，还要显摆出来。甚至，还有不少人说从杨修事件中可以学到做领导秘书的注意点和诀窍。

杨修是谁？

杨修字德祖，司隶部弘农郡华阴（今陕西华阴）人，出身非常高贵，出自当时仅次于袁氏家族的“弘农杨氏”。“弘农杨氏”不仅是两汉时期的名门望族，从魏晋南北朝到隋唐，都是鼎盛不衰的顶级家族。尤其是隋朝，杨氏是皇族，至于唐朝，弘农杨氏出了十一位宰相，被称为宰相世家。

杨修的高祖杨震，东汉光武帝时官居太尉，人送称号“关西孔子”，曾面对别人贿赂时说出了“天知、神知，我知、你知”的名言，被后人称为“四知先生”。从杨震到杨秉（曾祖），再到杨赐（祖父），最后到杨彪（父亲），连续四代人均官至太尉，是货真价实的“四世三公”家族。

杨修家学渊源，学问渊博，极聪慧，在文学上有很高的成就，著有赋、颂、碑、赞、诗、哀辞、表、记、书凡十五篇。今共存作品数篇，其中有《答临淄候笺》、《节游赋》、《神女赋》、《孔雀赋》等。

多才多艺的杨修，被曹操杀死，真的是因为杨修恃才傲物，老是在曹操面前耍小聪明，让曹操心生嫉妒而杀人吗？

恐怕不是，杨修被处死后，曹操没有拍手称快，反而赏赐了非常多的金银财宝、珍贵补品给杨修的父亲杨彪，并经常感到痛惜。不仅如此，曹操的王后卞夫人还曾专门写信给杨彪的夫人袁氏，一是夸赞杨修的才能，二是为曹操开脱。

曹操一生杀人无数，从没有为任何被杀的人像这样又是送礼物安慰，又是安排夫人写信解释。

要想知道曹操杀害杨修的真正原因，必须知道杨修究竟是一个怎样的人？

家学渊源，是谦恭才博的好孩子

裴松之曾引用《典略》里面的一段文字，来评价杨修："杨修字德祖，太尉彪子也，谦恭才博。建安中，举孝廉，除郎中，丞相请署仓曹属主簿。是时，军国多事，修总知内外，事皆称意。自魏太子以下，并争与交好。"

裴松之说杨修为人谦恭而且博学多才，这说明杨修这个人根本不是罗贯中《三国演义》小说中所写的"恃才放旷"。杨修很会做人，丞相府的人争相与他交好。杨修曾经送给曹丕一把佩剑，曹丕整天携带。等到曹丕当上王太子，逼迫汉献帝逊位后，曾抚摸这把佩剑来怀念杨修。曹植更是常常写信给杨修，表示对杨修的仰慕。

从这些情况，不难看出杨修是一个非常谦虚、交友广泛的人，并不是一个依仗自己才能而对言行不加约束的人，而且杨修非常好学，博览群书，涉猎广泛。连最恃才傲物的祢衡，杨修都能接纳，祢衡经常说："大儿孔文举，小儿杨德祖。其余的人平平庸庸，不值得提。"由此可见，杨修心胸宽广。像祢衡这样恃才傲物的人，是很难接纳一个徒有虚名、没有真才实学的人。而且祢衡心直口快，从不遮掩自己的言行，没有一定的包容心真的很难长时间与这样的人相处。

杨修在父亲杨彪的熏陶下，文武双全。杨氏家族本身就是个文武双全的家族，四代人全部担任主管军事的太尉，父亲杨彪也不例外。

杨修也非常孝顺父母，在当时非常有名，他是走举孝廉的道路出仕，走的正儿八经的当官渠道。杨修一开始当的是郎官，因为文武双全，被曹操欣赏，聘请他担任仓曹属，掌握粮食的调配，后来因功升迁做到了主簿。主簿这个官，虽然官阶不大，权势却非常大，是主官的亲信，就相当于地主家的大管家一样，什么都要管。

做管家是最难做的，因为做管家必须要仔细揣摩主人的意思，不能违逆了主人的意思，又不能事事去请示主人，否则主人会觉得你没有能力。

杨修在做曹操主簿时，非常称职，经常得到曹操的夸赞。

如此种种，都说明杨彪在儿子杨修的成长上做了很多努力，把杨修培养成了一个德智体美劳全面发展的五好少年。

那杨修究竟因何获罪而亡呢？

父辈梦想，别强加给孩子

用“成也杨彪，败也杨彪”来总结杨修的惨剧比较贴切。

成也杨彪，是说杨修在杨彪的培养下成才。

败也杨彪，是说杨修的死源于父亲杨彪，准确地说，源于父亲杨彪的政治梦想。杨彪以及杨彪的父辈，皆以忠直闻名天下。

杨彪，是当时官职最大、名声最显赫的保皇派，多次经历生死磨难，却依然坚定拥护和尽最大的能力保卫汉献帝。

董卓迁都时，杨彪据理力争，被罢免官职。董卓死后，李傕和郭汜乱政，杨彪直言敢骂，惹得郭汜差点杀了他。等到曹操把汉献帝迎接到许都，大宴群臣时，杨彪神情非常不悦，让曹操惧怕得逃离宴会。

等到袁术在淮南造反称帝，曹操就设法诬陷杨彪想要勾结袁术谋逆，把杨彪关进了大牢。大儒孔融听说后，朝服都来不及穿，就跑去向曹操求情，连负责讯问杨彪的心腹满宠也劝阻曹操。曹操无奈之下只能释放杨彪。

后来，杨彪没有办法，只能诈称脚抽筋退居家中不出。

深受父亲教诲的杨修，也耳濡目染成为保皇派成员。杨修开始出仕，尤其是被曹操赏识聘用，就注定了杨修的悲剧，而且杨修也知道自己会成为一个悲剧式的人物。等到曹操编织罪名，构陷杨修“前后漏泄言教，交关诸侯”抓捕杨修时，杨修根本没有任何惊慌，反而说“我固自以死之晚也”。

杨修说这句话是什么意思呢？意思就是杨修早就知道自己是要被杀死的，还觉得自己死得太晚了。因为保皇先后被曹操处死的大臣很多，连曹操的心腹谋士荀彧，也因为同情汉献帝被曹操猜疑而抑郁而死（还有记载说荀彧被曹操逼迫服毒自尽）。

有人说杨修之所以被曹操杀死，是因为杨修参与到了王太子的争夺战中，并坚定地站在了曹植的一边，等到曹植被曹丕打败，曹操考虑到曹丕未来江山的安稳，就杀死了杨修。

这样的说法，有一定道理，问题是杨修为什么要站在曹植的一边，为曹植谋划呢？当年，不管是曹丕，还是曹植都先后对杨修示好。杨修对曹操的心思很清楚，他难道看不出曹植的脾性，判断不出曹植继承曹操权位的可能性有多大？

在曹植和曹丕中，杨修只能选曹植，而不能选曹丕，这是杨修的政治立场决定的，也是杨修父子权衡利弊后的选择。曹操杀死杨修后，有一次见到杨彪，发现杨彪非常消瘦，就问他什么情况。杨彪说："我惭愧没有金日（mì）磾（dī）的先见之明，到老了还要有老牛舐犊的感情。"

杨彪说这句话什么意思？他的意思是没有金日磾的先见之明，到老了还经常思念死去的儿子。金日磾曾发现儿子非常嚣张霸气，竟然敢在皇宫里调戏宫女，为了怕以后惹上罪过，就狠下心来杀死了儿子。杨彪的意思是要学金日磾吗？根本不是，他不过是对曹操的讽刺罢了。

杨修不得已选择曹植为辅佐对象后，曾经数次帮助曹植通过曹操的考验，可惜曹植不是个英明之主，颇有点烂泥扶不上墙的感觉。与哥哥争夺继承人，即便赢了，也应该小心谨慎，不让父亲曹操反感，可曹植却日益高傲起来。杨修非常想远离曹植，不再参与到继承人的争夺战里，可是他却不能这样做，也不敢这么做。

不能退出是为何？因为这是一场用生命作为赌注的战斗，不是想退就能退的，再说，里面有父亲的谋划，一向孝顺父母的杨修根本不敢退出。而且曹操知道杨修帮助曹植后的反应也很有意思，他非常气愤，却不是把杨修找来痛骂一顿，反而写信给杨彪说："你的好儿子，仗着父亲的权势，每次都和我不是一个心思，真想用法律制裁他，解解心头的怨恨。"

曹操写信给杨彪，其实是想警告杨彪、杨修父子，别再干预曹氏家族的争斗，否则就要动手了。

曹操早就明白了杨修参与曹丕、曹植争斗的原因，也明白杨修不过是继承了父亲的政治理想。曹操真正想杀的是杨彪，而不是杨修，可杨彪杀不得，杨修却杀得。

很多父母如同杨彪一样，在孩子身上，寄托了很多当年自己没有完成的梦想。就说上不上大学的问题，有的孩子明明上职业学院，要比上三本类大学，未来发展更好一点。但父母宁可花费更多的金钱，寻找这样那样的关系，让孩子去上大学。这真的是为孩子好吗？还不是为了圆当年没有上大学的梦想，还有的父母不过是为了自己名声好听点。盐城有个宾馆的老板娘，为了让儿子上个满意的院校，竟然轻信算命先生的骗局。

还有不少家长，每年在孩子高考志愿填报时，几乎不考虑孩子的想法，反而以自己的设想为蓝本，为孩子填报自己认为好的专业，与孩子发生争执，甚至有的孩子为此离家出走。

如此种种，都可以看出当下一些父母，并不是真正为孩子的成长考虑，反而是从自身出发，想让孩子在自己的支配下，完成自己当年没有完成的事业或者梦想。

逐步放手，让孩子为梦想努力

如果杨彪能够在杨修成长的过程中，不渗透家族传承下来的忠君思想，放手让杨修自己选择、自己成长，杨修未来的发展一定会非常不错。

以杨修的才智，他定然不会参与到曹丕和曹植的世子争夺战中。事实上，曹操阵营里只要有点谋略的谋士都不曾参与进去。凭借曹丕和曹植对他的推崇，只要他站在远处观看，不管哪个胜出，都会继续向他抛出橄榄枝，根本无需介入到里面，拿自己的身家性命豪赌。

孩子是一个完整的人，在成长的过程中会逐步产生自己的人生梦想观，会有自己从小就编织的职业规划，父母没有必要，也不应该去干预。真正要干预的是孩子是否拥有独立生存的技能，是否拥有正确的品德价值观，是否拥有抗击挫折和磨难的良好心态。其余的一切，我们都应该放手让孩子去经历。只有孩子在经历中接受磨难，在磨难中学会成长，明天才会更好。

2 阮籍：性格孤僻的孩子往往习惯逃避

阮籍，字嗣宗，三国时期曹魏诗人、作家、思想家，陈留（今属河南）尉氏人。

说起阮籍，就不得不说一说阮氏家族。这个家族在整个三国时代，政治上并不突出，虽有不少人担任了太守这样的高官，很少有人能够担任三公九卿这样的顶级官职。

阮氏家族在文坛上影响力非常大。魏末晋初有七位非常有名的贤士，史称“竹林七贤”，阮氏在其中占据两贤，分别是阮籍和阮咸，阮咸是阮籍的亲侄儿。

阮籍的父亲叫阮瑀，非常著名的“建安七子”之一，是与孔融、陈琳等人齐名的曹魏文学巨子，深受曹操重视。可惜阮籍的父亲阮瑀在他三岁的时候就去世了，只留下了他的母亲带着哥哥阮熙、他和妹妹生活。

阅读，能让孩子吸收正能量

不管什么朝代的官员，只要没做到顶级官员，俸禄并不多。阮籍的父亲阮瑀虽然深受曹操重视，但生前只做到了司空军谋祭酒官（当时，曹操还只是三公之一的司空），这个官职俸禄并不高，如果阮瑀不死，阮籍的生活可能会好一些。

可惜，阮瑀死得太早了，那时阮籍才三岁。父亲死后，母亲独自抚养阮籍兄妹三人，家里非常清贫。母亲为了生计忙碌，阮籍幼年的生活是非常艰苦的。都说穷人家的孩子早当家，阮籍就是这种类型的孩子。相比于其他孩子童年的快乐而言，阮籍的童年生活显得单调而乏味，他没有太多的伙伴，主要是以书为伴。

阮籍家虽然没落，因为父亲是饱学之士，遗存的书比较多。阮籍勤学好读，非常喜欢钻研和学习儒学方面的诗书。

阅读的好处非常大，能够极大地拓展孩子的视野、丰富孩子的见识、提升孩子的价值观。古人出行非常困难，很多人一辈子都难以离开自己居住的一个县的区域，甚至有的人一辈子都没离开过居住的村庄。与其靠艰难的行万里路历练，不如让孩子苦读万卷书提升。

熟读唐诗三百首，不会作诗也会吟。现在很多人提倡写作文要多背各类文章，尤其是名家名篇，这样写任何文章时，脑海中可以立刻搜寻到模仿的范本。

阮籍天资秉异，八岁就能写文章，确实不凡。有人说阮籍基因遗传得好，他的父亲阮瑀写文章水平极高。建安十六年（公元 211 年），阮瑀随军西征关中，曹操请他代笔写一封书信，他骑在马上沉吟片刻，挥毫点就，呈给曹操，曹操提笔想做些修改，竟不能增损半字。阮籍的遗传虽好，却不代表能写出好文章，坚持阅读、坚持长时间的阅读才是非常重要的原因。

中央电视台《向幸福出发》栏目曾经报道过一个六岁女神童，言辞得体，极其善谈。究其原因，就是她的母亲在她很小时就带她读《笠翁对韵》，慢慢读了很多国学经典。

阮籍不仅读书多，还崇拜书中记载的道德高尚、乐天安贫的古代贤者，并作为榜样。书给阮籍带来的不仅是知识，还有榜样。正是在这些榜样的激励下，阮籍在习文的同时还习武，其《咏怀诗》写道："少年学击剑，妙技过曲城。"

阮籍为什么会选择文武兼修？因为阮籍的志向高远，从小就萌生了拯救天下黎民苍生的志向，曾经到达广武城，寻觅楚、汉古战场，还发出了"这个时代没有英雄，竟然让一些没什么本事的人名闻天下"的感慨。

阅读让阮籍收获了许多，也失去了许多。

缺少玩伴，会让孩子孤僻

任何一个大家族，族中子弟都是非常多，因为资源分配不均，族中各个家庭间的贫富悬殊比较大。就拿阮氏来说，以一条大道为分界线，北面住着阮氏富裕的族人，南面住着阮氏贫苦的族人。

阮籍就生活在贫苦族人中间，可以玩耍的同龄人不多，再加上他酷爱读书，懂事早，勤奋苦学，玩耍的时间少，玩伴就更少了。

因为缺少玩伴，阮籍一直与书为友，族中能够引为知己并不多，再加上他志向高远，能够看上眼的族中子弟就更少了，这很容易导致阮籍性格孤僻。族中仅有族兄阮武，是阮籍的知己兼老师，因为阮武是位学问渊博、通达之士。

阮籍不仅性格孤僻，而且不爱说话，沉默寡言。他十六七岁时，曾经跟随叔父到东郡拜见兖州刺史王昶，阮籍竟然一整天都没有说一句话，弄得刺史王昶摸不清阮籍的深浅。

性格孤僻的人，往往不善于交友，更不愿意交友，他们宁可把自己的心事封闭起来，也不愿意展露给他人看。阮籍就是这样的人，《晋书·阮籍传》说他喜怒不形于色。

性格孤僻的人，因为缺少朋友，往往会寻找一些可以替代和朋友诉说的发泄方式，阮籍就找到了音乐和酒。说起音乐，阮籍这一支阮氏族人，从父亲阮瑀开始，都非常有天赋，阮瑀懂音律，能鼓琴。而阮籍呢，从八岁开始就整天弹琴唱歌，要说唱歌也不对，阮籍是直接放大了嗓门吼叫。到了侄子阮咸就更厉害了，这位牛人文学作品一件没流传下来，音乐上的成就却为世人所知，中国有名的乐器“阮”，又叫“阮咸”，就是因为阮咸而得名。

除了音乐，阮籍非常好酒，说好酒，也不贴切，说酗酒更为准确。司马昭为了拉拢阮籍，想和阮籍结为亲家，阮籍为了躲避这门亲事开始每天拼命喝酒，每天都是酩酊大醉，不省人事，一连六十天，天天如此，奉命前来提亲的人根本就没法向他开口，只好回禀司马昭。司马昭无可奈何地说：“唉，算了，这个醉鬼，由他去吧！”

阮籍真的好酒和音乐？他幼年就有远大志向，现实的残酷，让他心灰意冷，找不到知心朋友可以倾诉心中苦闷，再加上不善交友，又沉默寡言，心中更加苦闷。只有在酒醉中，阮籍才可以倒空一切，享受一丝心灵的轻松。

阮籍性格孤僻，与母亲有极大关系。忙于生计的母亲，看到儿子勤学苦读，非常骄傲和安心，觉得儿子成熟了、懂事了，不需要安慰和鼓励，更不需要陪伴与温暖。她忘记了阮籍只是个孩子，虽然因为家贫懂事早，但不代表他不需要母亲的关心与陪伴。其实他内心非常渴望获得母亲给予的暖心表达，哪怕只是一句关怀话语、一个温暖拥抱、一个会心微笑。

作为父母，如果看到孩子如阮籍一般，不能单纯地觉得骄傲，反而要警惕。性格越是孤僻的孩子，往往越缺爱；越是缺爱的孩子，往往越不懂得如何表达喜怒哀乐。

孤僻的孩子，往往更习惯逃避

阮籍不仅性格孤僻，而且任性不受羁绊。

等阮籍三十三岁看破世事后，他就更加放荡不羁了，时不时地就会忽视自己的言行举止。最有名的事件就是阮籍丧母事件，这件事让阮籍在当时名声毁誉参半，遵守礼法的人蔑视他，说他是礼法道德的败类；喜好老庄之道的人，称赞他是世之楷模。

究竟怎么回事？

原来，阮籍母亲去世的时候，他正在和别人下围棋，下棋的人听说了噩耗请求中止下棋活动，让阮籍准备母亲的丧事。阮籍硬是留着对方下完了正在下的一局棋。下完棋，阮籍还继续饮酒，喝了两斗酒，大哭了一声，吐了好多血。等到母亲下葬时，他竟然先吃了一只蒸猪，喝了两斗酒，然后才和母亲的灵柩告别，刚说告别的话，只哭了一声，就又吐了好多血。古代父母去世，作为子女要守孝三年。阮籍在守孝期间，竟然出席司马昭举办的宴会，大碗喝酒大口吃饭。

种种行为惹得当时的道德君子声讨，司隶校尉何曾就要求司马昭流放阮籍。

阮籍真的不孝吗？不是，他比任何一个人都要孝顺，他只是不知道究竟该怎么做才能表达自己的哀伤，他虽然在和人下棋、吃肉喝酒，但心中无时无刻不在悲痛，真等他哭出来，心中早已郁结到了极点，所以才吐了很多血。

《晋书·阮籍传》说他蔑视礼法，其实他只是一种真性情表达。

阮籍好酒，他家旁边就是酒店，女主人是个年轻漂亮的小媳妇。阮籍常和王戎去吃酒，醉了就若无其事地躺在女主人旁边睡着了，根本不避嫌。女主人的丈夫也不认为他有什么不轨行为。魏晋时期，男女授受不亲被认为是理所当然的事，可阮籍全不放在眼里。一次，他嫂子要回娘家，阮籍不仅为嫂子饯行，还特地送她上路。

阮籍不经常说话，却常用眼睛当道具，用“白眼”、“青眼”看人。对待讨厌的人，用白眼；对待喜欢的人，用青眼。据说，他的母亲去世之后，嵇康的哥哥嵇喜来致哀，因为嵇喜是在朝为官的人，也是阮籍眼中的礼法之士。于是他不遵守守丧期间应有的礼节，给了嵇喜一个大白眼；后来嵇康带着酒、夹着琴来，他便大喜，马上由白眼转为青眼。

如此一桩桩、一件件，无一不说明阮籍的任性而为实际上是在逃避。阮籍虽少有大志，但性格孤僻，往往容易心生黑暗，面对黑暗就会产生颓废和逃避念头，严重的，甚至会走向抑郁，最后轻生。

阮籍最终死于抑郁。景元四年（公元263年）十月，司马昭被晋封为晋公，位相国，加九锡，按照惯例，由曹魏傀儡皇帝曹奂下诏加封晋爵，司马氏谦让一番，然后再由公卿大臣“劝进”，当时阮籍担任步兵校尉一职，也被要求写“劝进”，阮籍被逼无奈，只能带着酒醉写了一篇交差。

写完以后，阮籍非常后悔，又没办法拒绝，抑郁在心，没过两个月就去世了，享年五十四岁。

让孩子远离孤僻

作为父母，不能忽视孩子性格上的孤僻。有的孩子可能并没有达到孤僻，只是沉默寡言，或者说不愿意和人说话，遇到这种情况，父母也不能大意。

面对沉默寡言的孩子，作为父母，怎么做能帮助孩子逐步远离孤僻呢？

一是创设良好的家庭环境。作为父母，不随意争吵，要保持和睦的家庭氛围，给孩子创造和睦、融洽、民主的家庭环境，让孩子发自内心地觉得自己是家庭中的重要成员，让孩子感受到家庭温暖、体验到家庭欢乐。即便夫妻间实在忍不住要吵，也应该避开孩子。特别提醒：任何一方都不要在孩子面前批评配偶或者说配偶的坏话，应该多夸赞配偶的优点。

二是和孩子做朋友。很多父母，只关注孩子生活需求，让孩子养成了“衣来伸手，饭来张口”的恶习，但在精神陪伴上却极度忽视。我们要和孩子做朋友，倾听他的心声，分享他的喜悦，和他一起做游戏、一起讲故事，让孩子充分感受到与人分享、与人合作的乐趣，从而逐渐摆脱孤僻状态。

三是拓展生活圈子。现在不少父母，因为经济压力、社会安全等因素，习惯把孩子关在家里，久而久之，孩子就会变得孤僻。我们应让孩子从“自我”小圈子里走出来，只要有时间，就要多带孩子接触新的环境、新的人物，比如带孩子到游乐园、动物园、公园等场所玩，减少孩子对不同人、不同情境的陌生感，增强其交往需要与兴趣，形成活泼、开朗大方的性格。

四是积极评价孩子。负面的评价，很容易让孩子丧失自尊心和自信心，时间久了，就会让孩子自暴自弃进而变得自卑孤僻。我们要发现孩子的优点，给孩子正面的、肯定的评价，多肯定和鼓励孩子，如爱抚、点头、微笑、夸奖等，都会使孩子自信、开朗起来。

五是引导孩子学会求助。孩子孤僻时，会拒绝和他人建立联系，此时可鼓励孩子学习与他人接触。比如，在餐馆吃饭，当孩子需要纸巾时，应鼓励她自己去找服务员要；马路上，不认识目的地时，应鼓励孩子向行人问路；公园里，当孩子羡慕别的小朋友新奇的玩具时，应鼓励她上前打听：在哪儿买的？多少钱？通过这些尝试，孩子慢慢会明白，人们愿意给别人提供力所能及的帮助，而不只是会索求回报。明白了这一点，孩子就不会再害怕和他人建立联系了。

3 袁涣：身教比千万句言传更有效

说起袁氏，活跃在三国舞台的袁姓族人真的不少，割据诸侯里，就有袁绍、袁术两位，至于其他效忠于各大势力的袁姓族人就更多了。

袁绍、袁术出身“四世三公”的顶级家族。袁涣虽然与他们同姓，却不属于同支。袁绍所在的袁氏家族在汝南，兴起于东汉，自袁绍以后，就没落了。而袁涣所在的袁氏家族在陈郡，自袁涣的父亲袁滂任司徒开始，直到唐代，子孙连续十三代都有人担任重要职务，活跃在政坛将近六百年，是当时的顶级家族。

为什么陈郡袁氏能够成为顶级家族，荣耀将近六百年呢？陈郡袁氏崇尚清虚，在政治上与其他大族鲜有冲突，在经济上也不聚敛财富。因此陈郡袁氏在动乱的年代能够得以保存，积蓄了家族实力，没有遭到灭族的危险。他们为了使家族兴旺永昌，在其谦恭清素家风影响下，政治态度、思想文化、婚姻关系都形成了自身特点，这些特点也是这一家族后来能够位列一等高门的重要因素。

在陈郡袁氏崛起过程中，袁涣的父亲袁滂是功臣，是始祖，就是从他开始，再到袁涣一代代传承过程中，一直教导子女遵守祖辈遗风。

袁涣，字曜卿，陈郡扶乐（今河南太康西北）人。他在三国时非常有名，他有名不仅是因为才能卓越，更因为他品行非常高尚，让曹操先是忌惮、然后敬重、再是欣赏，等到袁涣死后，曹操更是大哭，在曹操一生中并不多见。当曹操得知袁涣死后，家无余财，家人生活清贫，曹操特意赏赐袁涣两千斛谷子。曹操发布了两条教令，一条是“以太仓谷千斛赐郎中令之家”，一条是“以垣下谷千斛与曜卿（袁涣字曜卿）家”。很多人不理解，那曹操是不是老糊涂了？不就赏赐两千斛谷子嘛，为什么要搞得这么麻烦。曹操解释说：袁涣担任郎中令多年，多行善政，朝廷从国库中赏赐一千斛谷子，是国家关心；袁涣与自己，乃是多年旧交，他从自己家粮仓中拨一千斛谷子赠送老友，是私人交情。

由此看出，曹操对袁涣非常重视。曹操为了郭嘉专门设立了一个职位叫军师祭酒，就是首席谋士的意思。先后担任这一官职有五个人，分别是郭嘉、董昭、袁涣、杜袭、王朗，真正在这一职务上起重要作用的是郭嘉、董昭、袁涣三人，死后曹操痛哭的就郭嘉和袁涣两人。

袁涣为什么能够荣耀到让曹操痛哭呢？源于父亲袁滂的成功教育。袁滂是怎么教育袁涣的呢？

严格要求，让孩子遵纪守礼

袁滂对儿子袁涣要求一向严格。

袁滂身居高位，官至司徒，袁涣是典型的官二代。当时名门子弟绝大多数都不遵守礼仪、法律，比如袁绍、曹操，这两个人都是官宦子弟，少年时是名震洛阳的小霸王，到处惹是生非。袁涣并不这样，他为人清静，言行举止都遵守礼仪，让很多人非常敬佩。

袁涣遵纪守礼并非作秀，而是在父亲严格要求下，真正内化为自己的价值观。袁涣因为天下大乱，避居江淮地区，不知怎么就被袁术知道了。袁术多次派人邀请袁涣出山辅佐自己，均被袁涣拒绝。后来，袁术图谋称帝，派人去询问袁涣的意见，袁涣严厉申斥。

后来袁术与吕布作战，袁涣不幸被吕布拘留。等到吕布被曹操打败，吕布在徐州的部下很多都投降了曹操，这些人如陈群父子见到曹操都忙着下跪行礼，袁涣只是作揖而已。在袁涣心中，曹操并非天子，不过是个权臣，面对权臣，根本无需行下跪大礼。

见到袁涣如此，曹操的部下都很气愤，纷纷指责袁涣。曹操很大度，不但不计较，反而对袁涣特别客气，不但客气，“甚严惮之”，很忌惮袁涣。曹操为什么忌惮袁涣？因为袁涣是一个真正遵纪守礼的人，这样的人很难屈服。

袁涣用一生的时间坚持父亲对自己儿时的要求，即便是在教育下一代上，他也传承着父亲对自己的要求。袁涣的四个儿子，除了次子袁宇早亡外，三个儿子袁侃、袁奥、袁准都是遵纪守礼之人。

作为父亲，不管多么喜欢孩子，也不能宠爱孩子，必须严格要求孩子，让孩子明白“什么可以妥协，什么必须坚持”，只有做到这一点，孩子才能在以后的生活工作中有所依托。

严格要求孩子，不是没有笑脸永远一副严厉的样子。严格与严厉不是同一概念，亲子关系没有必要搞得很紧张，非原则性的问题没有必要与孩子纠缠，原则性的问题则必须让孩子遵守。

严格要求孩子做到的，我们必须首先做到，如果我们自己都做不到，或者说根本不愿意做，那孩子能做到吗？肯定不能，他们必然是有样学样。

袁涝要求儿子袁涣做到的，就是他坚持在做的。

以身作则，为孩子当好榜样

袁涝虽贵为三公，但做人、做官一向清心寡欲，从来不说别人坏话。

不说别人坏话的优点，袁涣不仅继承了，而且“青出于蓝而胜于蓝”。

袁涣最出名的不说人坏话的事情，与刘备有关。袁涣和刘备并没有什么交情，也就是袁涣避居徐州时，也不知道因为什么样的原因，两个人认识了。刘备当时被曹操表奏为豫州刺史，也许是赞叹袁涣的才能，也许是拉拢袁涣，就向朝廷举荐袁涣为茂才。茂才，又作茂材，是汉代的另一种察举常科，西汉时原作秀才，到东汉时因避光武帝刘秀的讳而改为茂才。茂者，美也。茂才者，有美才之人也，即优秀人才。

茂才和孝廉，是两汉时期最重要的入仕渠道。举孝廉，只能做郎官（俸禄是三百石）；举茂才，一般可以做县令。有人说袁涣不说刘备坏话，因为刘备对袁涣有知遇之恩。

这话并不准确，刘备在举袁涣为茂才之前，袁涣就已经出仕。当时，郡守任命袁涣担任功曹之职，因为政绩卓越，就把他举荐给朝廷，加上袁涣在官吏考核中获得较高等级，朝廷因功升迁他做谯县的县令，可袁涣觉得天下大乱，就没有去上任。刘备举袁涣为茂才后，袁涣最多也不过是重新出任县令。举茂才没多久，袁涣就跑到江淮地区躲避战乱去了。

真正说起来，两个人关系并不紧密。要说袁涣这个人，是知点小恩就图回报的真君子。在江淮避祸的袁涣虽被袁术聘用，却并非自愿，后来又因为袁术与吕布发生战争，被吕布给拘留。拘留就拘留吧，吕布竟然让袁涣写信去骂刘备，袁涣死活不肯。吕布大怒，用刀剑来威胁袁涣说："做这件事就能活，不做这件事就死。"袁涣根本不为所动，反而笑着劝说吕布："我听说只有德行可以用来羞辱别人，没听说用污言秽语来羞辱别人的。假使他本来就是个君子，将不会以将军你的话为耻辱，假如他实在是个小人，将用你的话回复你，那么受辱的是你而不是他。再说我先前侍奉刘将军，就像今天侍奉你一样，假如有一天我离开这里，再来痛骂将军，行吗？"

袁涣一番话说的吕布自己都感觉到惭愧然后就不提了。曹操对这个事情非常感兴趣，曾经问袁涣的堂弟："袁涣能够宁死不骂刘备，拒绝悍将吕布，是不是袁涣本人很勇武，敢作敢为呢？"袁涣的堂弟说："袁涣这人啊，从长相看，是一个很温和很柔弱的人，但是危难时刻，面临操守的抉择，就算是古代的勇士孟贲、夏育也比不过袁涣啊。"

袁涣不仅不说人坏话，连为了取悦别人而做出伤害他人的事都不愿意做。还是与刘备有关，曹操被封为魏公时，传来刘备死去的消息。当时刘备正在益州，意图吞并刘璋，双方苦战数年，连庞统也死在流箭之下。刘备是曹操的头号大敌，听闻刘备死去，曹操很是高兴。朝廷群臣也纷纷上表祝贺枭雄刘备终于死掉。唯独袁涣没有上贺表。有人提醒袁涣，不上贺表很可能被曹操忌恨。袁涣认为自己曾经受到刘备推举的恩情，终身不敢忘怀。

不只是父亲始终不说别人坏话的优点被袁涣继承了，父亲清心寡欲的优点也被袁涣继承了。《三国志·袁涣传》曾用清静来形容袁涣，清静就是安静、不嘈杂的意思，袁涣比较能够沉得住气、安静得下来，也不追求享受。

吕布战败被杀死后，曹操的部众大都抢夺金银珠宝，唯独袁涣只是拿了几百卷书，一点点粮食。曹操知道后，当众表扬袁涣，袁涣却依然谦恭，说自己并没有那么高尚，乱世之时，有书读可以安神，有粮吃可以果腹，钱财再多有什么用处呢。

袁涣能够有这些让人赞赏的品德言行，要感谢他的父亲。正是因为父亲以身作则，给了儿子袁涣最直接的模仿对象。袁涣以父亲为榜样模仿后，最终反而超越了父亲。

很多父亲在教育孩子的过程中，往往比较注重言传，但很少注重身范。言传得多了，如果没有以身作则的示范，孩子就会把这种言传当成啰唆或者是唠叨，轻一点的忘之脑后，重一点的产生逆反。

孩子对于世界的认知，并不单纯地依靠语言，更主要地依靠对周围人或事的观察，然后模仿，模仿多了就会定型为性格。父亲的身教，能够让孩子在模仿的同时，无意识地在脑海中定型价值观，即便等到孩子逆反，虽然他嘴里和行为上看似在反抗或者消弭父母刻下的烙印，但他骨子里从小就因模仿而习得的固定价值观取向并没有发生更改。

作为父亲，多做一点，绝对要比多说一点，来的有效。

家教好的孩子，往往各方面都比较优秀

袁滂这个人虽然开创了陈郡袁氏的辉煌，但真正发扬光大还在儿子袁涣身上。袁滂这个人虽然品德高尚，但历史上关于他的作为并没有记载，他在政治上采取明哲保身的处事态度，对各种势力都不得罪，对任何事情都不发表自己的意见。因而他虽处乱世，位居高官，在动乱中却平安无事。也许正因为他太逍遥了，《后汉书》作者范晔竟不给他立传。

但袁涣不同，这个人不仅品德好，而且有真才学。

袁涣不仅善于治理地方，而且善于劝谏当权者。袁涣曾经做过陈国相（和太守是一样的官职），他治理地方非常崇尚教育引导，本着宽恕的原则思考后再去实行，外表温和而内心果断。

跟随在曹操身边做军师祭酒时（当时已经更名为丞相军祭酒），他经常劝谏曹操不要轻易动用军队，要用高尚的品行来影响他人，用仁义的思想来感化他人，尤其劝谏曹操要对百姓实行仁政。

从袁涣的一生来看，不难发现家教好的孩子，往往在各个方面都会很优秀。为什么会这样？因为家教好的孩子，往往懂得节制自己的欲望，或是遵从自己的本心去拓展兴趣爱好，或是根据生活和工作的需要去学习必须要掌握的技能。即便是在某一方面，因为天生的缺陷或者说后天的不足，难以达到优秀的地步，家教好的孩子，也会凭借自己的努力不断地向更好的方向前行。

我们经常会发现一些孩子，明明自身条件不是很好，比如不够聪明，但他们的学习成绩不仅不会差，反而会不错甚至名列前茅。如果我们仔细分析他们学习好的原因，其实无他，就是在听课和作业时比较认真，能够吸收到老师传授的知识点并通过作业练习巩固得以掌握。

家教好的孩子，往往能惠泽子孙

陈郡袁氏的兴旺起源于袁滂，但能够兴盛近六百年，还在于十三代人能够把家族自袁滂积累起的优良风气传递给下一代子孙。

就拿袁涣来说，四个儿子，除了次子袁宇早亡外，三个儿子袁侃、袁奥、袁准成就都不低：袁侃，做过郡守、尚书；袁奥，官至光禄勋（九卿，仅次于三公）；袁准，官至给事中，写了很多关于治世的书。

家教好的孩子，不仅自己的成就比较好，而且在教育下一代上，会自觉不自觉地延续父辈对自己的优良教育。每个人骨子里都会自觉不自觉地刻入父辈的教育印记，这种教育印记是很难更改的，有的人即便花费极大的毅力也只能逐步地淡化这种来自父辈的印记影响。

当我们面对孩子发怒时，是不是总是会不自觉地带出那些我们从父辈身上遗传来的即便是我们自己都讨厌的错误的教养方式呢？

要想自己的孩子能够在成家立业后惠泽子孙，我们必须从自身开始做好孩子的教育。

4 曹爽：温室里的花朵终究经不起风浪

说到曹爽不能不说到高平陵政变。正是在那场政变中，司马懿才得以最终掌控曹魏权力，为以后司马氏的篡位奠定了基础，也正是在那以后，曹魏内再也没有能够制衡司马氏的力量。

正始十年（公元 249 年）正月甲午（初六）日（二月五日），曹魏第三位曹芳与权臣曹爽三兄弟前往高平陵拜祭魏明帝。司马懿在洛阳发动高平陵政变，入永宁宫向素来与曹爽不睦的郭太后上奏，称曹爽兄弟败乱国典、擅权营私，遂奉太后懿旨上奏天子请求意旨罢废曹爽，与蒋济等占据洛水浮桥，关闭洛阳城门。

高平陵政变是司马懿和曹爽之间一场决定生死的政治斗争。正是在这场政变把曹爽的一切弱点暴露无遗，而弱点暴露的代价就是曹爽三族都被诛灭了。

可怜的曹爽，竟然在手握重兵的情况下，放弃抵抗，向司马氏屈膝投降。曹爽解下大将军印绶时，主簿杨综劝道："您挟持天子手握大权，难道要放弃这些权位而跑到东市去被砍头吗？"但曹爽不听从。亲信谋士大司农桓范也大哭道："曹子丹这样有才能的人，却生下你们这群如猪如牛的兄弟！没想到今日受你们的连累要灭族了！"

曹爽究竟是何人？又怎么与曹子丹有关联呢？曹子丹又是谁？

曹爽，字昭伯，沛国谯县（今安徽亳州）人，他的父亲是大司马曹真。曹真字子丹，是曹操的养子，因为这一层关系，曹爽可以算曹操的孙辈。

曹爽的父亲曹真是被罗贯中的《三国演义》给写坏的一位非常有能力的曹魏军事将领，也是他一直活跃在魏蜀边境线上抵御蜀汉诸葛亮的进攻。等到他死后，对抗蜀汉的重担才由司马懿接手了一段时间。曹真，根本不是《三国演义》里写的那样的窝囊。

他是作为曹丕临终的托孤大臣，辅佐魏明帝曹叡的。他死后，曹叡曾这样评价他："大司马一生忠孝节义，辅佐二祖，对内，不因自己是皇亲而邀宠；对外，也不鄙视贫寒之士，真可谓是守成业、忠职守、道德高尚的人啊！分封曹真的五个儿子羲、训、则、彦、皑为列侯。"

可惜，英雄老子曹真竟然生了狗熊儿子曹爽。说实话，曹爽这个人命确实好，不仅生的好，是典型的官二代，而且运气也不错，曹叡临终时，一开始是准备让曹冲的同父同母弟弟燕王曹宇做辅政大臣的，曹宇因忠厚谦虚推脱，竟被与曹宇有仇怨的刘放、孙资利用，顺势推荐曹爽。

曹爽的无用从刘放、孙资推荐曹爽替代曹宇时就可以看出，当时病重的曹叡曾经问曹爽是否能够担当辅政大臣的重任，曹爽紧张到汗流得满脸都是，脑袋甚至出现"宕机"，根本不知道如何回答皇帝的问话，还是刘放暗中踩他的脚，咬耳朵教他说"以死奉社稷"。

可以说曹爽的失败，与父亲曹真的失败教育有很大关系。

困于温室的孩子，缺乏必要的磨炼

《三国志·曹爽传》说曹爽年轻时就意识到自己是皇亲而谨慎、持重。这是《三国志》对曹爽唯一比较正面的评价。曹爽因为自己是宗室，经常出入宫廷，与曹丕的太子曹叡交好，受到曹叡的宠爱。等到曹叡继位，封了曹爽一系列官职。

至于曹爽的父亲曹真，一辈子为曹魏征战在外，直到太和四年（公元230 年），他才回到都城洛阳接替曹休，升迁为大司马，可没几个月就又领军征蜀去了。太和五年（公元 231 年），曹真因病回到洛阳休养，也是在这一年就病死了。

曹真为了国家，根本没有时间教育几个儿子，全靠孩子的母亲抚养几个儿子成人。曹真虽是曹操的养子，受曹操宠爱，却没有继承养父曹操喜欢带着儿子上战场磨炼的觉悟。

曹真从没有想过要带儿子到军中历练。曹爽真正体验到军伍生涯，是曹叡继位后，他先是任散骑侍郎，后不断升迁做了城门校尉。城门校尉是西汉开始设置的专门统帅城卫军的武官，专门负责保护首都的城门。再后来，曹爽转任武卫将军，这个官位许褚曾经做过，属于禁卫军系统。

两次军伍历练，说好听点，叫历练，说不好听点，颇有点玩过家家的味道，首都重地，哪里来的危险。两次历练，一次都没有让曹爽经历到什么叫作真正的军伍，什么叫作真正的战场，什么叫作人命不值钱，什么叫作临危不惧，什么叫作当断不断、反受其乱……

武上面曹爽历练不行，文上面曹爽历练就更不行了。曹叡，黄初七年（公元 226 年）继位，曹爽才开始出仕，先后做的都是皇帝的随从官，这一类官职往往都是闲职，主要职责就是陪皇帝吃好玩好喝好，根本接触不到文官系统的“内幕”，自然就谈不上历练了。

等到景初三年（公元 239 年），曹叡病危，拜曹爽为大将军，假节钺。短短十三年，曹爽历练不足，但起来得又太快了，资历又不足，却一下子就位极人臣。

说到底曹爽的悲剧，源于父亲曹真。困于温室的孩子，往往都比较自以为是，眼高手低，没有太大的能力，却又不够谦虚，即便是刚开始因为不了解，对比自己年长或者有实力的人会比较谦虚一些，但时间一久，目空一切的本性就会暴露。

实际上曹叡知道曹爽不行，所以在辅政大臣上面出现反复，准备还继续重用燕王曹宇，刘放、孙资知道后，赶紧找到曹叡劝谏，当时曹叡已经连诏书都写不了，脑袋极其不好使，就这样被刘放、孙资两人忽悠着写下了诏书，罢免了曹宇等人的所有官职，任命曹爽和司马懿辅政。

曹爽能力不行，但命确实够好。如果他能够稳扎稳打，保持作为宗室子弟的谨慎，也许就不会爆发后来的高平陵政变了。

可惜，困于温室的孩子，往往在掌控权力后，容易肆意妄为。

缺乏历练的孩子，往往好高骛远

曹叡死后，曹爽和司马懿共同辅政。一开始，曹爽对司马懿还比较尊敬，做什么事情都要和司马懿商议。

好景实在没有过多久，曹爽就开始蛮干，先是架空了司马懿和他的亲信，然后让自己的兄弟亲信掌控禁卫军、城卫军等军权。既然这么干了，就应该把司马懿和亲信逐步除掉，以绝后患。

可曹爽这家伙太好高骛远，突然位极人臣，掌控了无上权力，心神也被迷惑，竟然干了两件非常愚蠢的事情。曹爽和诸葛恪一个样，诸葛恪是带兵攻魏，吃了大败仗；曹爽呢，是亲自带兵到了前线攻打蜀国。

曹爽真没有必要亲自出去打仗，像他这种根本没有经历过战阵的公子哥哪里懂得什么叫打仗？他就应该老老实实坐镇首都指挥，派一员大将出马，胜了自己有功，败了也有替罪羊。

曹爽征战蜀国也是做过考量的，当时诸葛亮已经死了十几年了，蜀国根本没有实力攻打魏国，只能自保。可能曹爽觉得，这无论如何都是必胜的战役。但人呐，不能太自信，曹爽还真的就是败了。曹爽不仅败了，而且败得太惨，带去的六七万部队死伤惨重，带去的钱粮也全部都丢失了。

败就败吧，就当买个教训，但败了要总结教训，才能有所提升！曹爽却没有这么做，其实也不怪他，这辈子长到现在，他就没有经历过失败，小时候有母亲宠爱，长大了有皇帝宠爱。没有经历过失败的人，失败后往往容易偏激。

曹爽打了败仗后，开始搞政治改革，触动了许多重臣的利益，这也是司马懿后来搞政变的底气，因为曹爽和他的亲信们已经被曹魏其他政治集团抛弃了。

这也就罢了，曹爽竟开始破罐子破摔，先是囚禁了魏明帝曹叡的皇后郭太后，又从宫中私自带出了魏明帝曹叡身前所纳的几个才人（皇帝妃子的一种封号）供自己淫乐，甚至自己的车仗、饮食、衣物都和皇帝用的类似。

这恐怕就不是好高骛远，而是有些胆大妄为到无所畏惧了。

温室里成长的孩子，往往志向非常远大，但本身能力又跟不上，真等到失败了，又从来不会想到总结失败，提升自己，反而会破罐子破摔，无所畏惧到极致。这也罢了，有些孩子，还会怨天尤人，不反思自己失败的原因，反而寻找各种理由、借口来为自己的错误“买单”，总之“永远都是别人错，自己总是正确”。

但是，社会不是家庭，他人不是父母，只有父母会无底线地包容孩子的错误，而其他人只会用无情的打击来报复。

曹爽，很快就迎来了他好高骛远种下的恶果。

好高骛远的孩子，往往天真得可爱

曹爽，太缺乏历练了，也起来得太快了。

肆无忌惮的成功，让他忘乎所以，只听得进阿谀奉承，根本听不进任何正确的建议，因为正确的建议往往有点刺耳，甚至有点违逆曹爽的想法。大司农桓范不止一次建议曹爽，出去游玩可以，但兄弟几个应该最少留下一个镇守首都，掌控兵权。曹爽早就得意忘形了，根本听不进桓范的建议。别说桓范了，曹爽连自己亲弟弟曹羲的话都听不进。

等到司马懿发动高平陵政变后，曹爽手握皇帝，掌控军队，大司农桓范又带来了掌控兵权的大司马印玺，虽然失去了京都洛阳，但曹爽手里资本仍然丰厚。桓范劝说曹爽带着皇帝到旧都许昌，召集全国军队平定司马懿的政变。

这位不可一世的曹爽曹大将军竟然尿了。尿就尿吧，他竟然被司马懿同党蒋济的劝降信给迷惑了。劝降信写的什么内容呢？蒋济等人向曹爽保证，政变只是解除曹爽的兵权，一旦曹爽投降，一定会保证曹爽兄弟一家的爵位和安全。

桓范一再劝说曹爽和曹羲兄弟，千万不能放弃兵权，一旦放弃就是砧板上的肉，任由司马懿揉捏。曹爽就是不听，最终放下权力，束手自缚，成了司马懿砧板上的肥肉。

曹爽为什么会尿了？我觉得有三个原因：

一是曹爽根本不懂得什么叫政治，甚至根本不懂得社会的残酷。他出身高贵，典型的官二代，没有经历过祖辈创业的艰难，更没有见识过人情冷暖。再加上蒋济等重臣担保，思想比较简单的曹爽自然就会轻信。

二是曹爽根本没有实力也不愿意按照桓范所说的去许都号召全国军队镇压司马懿政变，征蜀的失败已经磨平了他原有的傲气，更让他失去了能够战胜司马懿的信心。

三是曹爽觉得自己即便投降，仍然不会失去财富和爵位，依然能够享受荣华富贵。温室里的人，已经习惯了享受，根本没有大毅力舍弃已经拥有的一切。

可惜，政治不需要天真，更不是玩笑。失败的代价，不仅是失去权势、财富和生命，连累的还有整个家族的性命。曹爽束手就擒后，司马懿很快就以大逆不道的罪名，诛杀了他和亲信手下的三族。

曹真家族的悲剧，从曹真只顾着在外征战已经注定，只要曹爽涉入政治，灭族只是早晚。

教育孩子，吃苦教育丢不得

作为父母，忙于生计确实无奈，但教育孩子千万不能忽视。

千万不能沉迷于“再苦不能苦孩子”的错误家庭教育理念里，物质与财富的给予，不是孩子成才与成功的必要因素，反而会是负面因子。

当下，很多孩子虽不如曹爽那样，但也是物质充裕、环境舒适，不仅没吃苦，反而吃得太甜、吃得太好。孩子一旦习惯了想要就有，就会逐渐养成“我想要，就得马上满足我，这是我的权利，理所当然”的价值观。认为举凡他需要的，别人都应该满足他，碰到挫折也特别容易不耐和愤怒。

小时候，父母会“罩”孩子，可是在长大的过程中，无论是学习、工作或人际，每个人都会碰到必须吃苦的时候。再怎么爱孩子，我们也没办法保证孩子一辈子顺遂。当孩子面对挫折、碰到困境时，有耐性去面对，是我们的教养责任。

作为父母，不一定要刻意让孩子吃苦，但必须培育孩子吃苦的能力。比如家里的卫浴设备干净豪华，我们不必为了训练孩子吃苦，刻意降低水准，但孩子在学校或参与野外活动时，碰到设备比较差的状况时，我们应鼓励孩子接受，而不是要求外界来配合孩子的习惯和需求。

除了在物质上要让孩子懂得节制外，我们还应该引导孩子限制自己的欲望。曹爽就是不懂得抑制自己的欲望，让自我扩张没有节制，达到了“只要我喜欢，没什么不可以”的程度，这既是对自己的伤害，也是对别人的伤害，最终会失去所有的朋友。每个人都喜欢自我的欲望得以扩张，因为这很快乐，如果自我压抑自己的欲望扩张，就会很痛苦。但如果我们不让孩子学会抑制自己的欲望，就难以与他人相处。因为习惯了欲望得到满足的人，往往不会去关注别人的需要，也就很难获得友谊，更难结交到朋友。

5 邓艾：唯有知识能够改变命运

四川大学历史系教授方北辰将邓艾评为战将型名将第一名。方北辰教授认为三国时期有两个靠读书改变命运的人物，一个是孙吴的吕蒙，一个是曹魏的邓艾。他还提出邓艾要比吕蒙对读书的认识更深入，因为邓艾是从儿时就开始读书，吕蒙则是在当了将军以后认识到自己的不足才发奋读书的。

邓艾，字士载，义阳棘阳（今河南新野）人。邓艾自幼丧父，全靠母亲抚养长大。

邓艾的成长条件非常差，差在哪里呢？

一是家庭条件差。邓艾很小就没了爹，全靠母亲支持。我查阅了南阳邓氏的族谱，发现邓艾是南阳邓氏的第五十四代传人，祖上第四十八代传人是东汉开国名将邓禹，位列光武帝刘秀麾下云台二十八将首位。真要说起来，邓艾并非社会最底层百姓出身，反而出自东汉时的名门望族邓氏。只不过邓艾这一支邓禹的传人，实在是没落得不成样子，很可能到了邓艾父亲这一辈，已经连续几代没有出过有出息的族人。可能整个生活在棘阳的邓氏家族非常的落魄，家族内的守望相助也不能做到。邓艾的家境在三国时期所有成名的武将中很可能是最差的。

二是运气非常差。建安十三年（公元 208 年），曹操攻下荆州后，下达了一道命令，强制将荆州地区的一部分百姓向北迁徙，邓艾及其母亲、族人非常不幸地被强制迁移到了汝南郡（今河南上蔡）作屯田民，也就是所谓的“典农部民”。屯田区的农民，地位比普通的自耕农民还要低，相当于半农奴，被剥削的程度大，每年收入超过五成要被官府征收，还没有自由的权利，军事化管理，屯民不能随意离开自己耕种的土地，一旦离开被抓住就要实行连坐制，全家被杀。这一年邓艾才十二岁。

邓艾出生在这样不幸的家庭里，小时候当过放牛娃，还给人赶过车，反正为了活命，邓艾什么艰苦的活计都做过。

面对如此艰难的处境，他该怎么办？他有没有自暴自弃？有没有走邪门歪道？都没有，他坚信“知识改变命运”这一至理名言，通过读书改变，增强知识储备，同命运抗争，最终走上了一条虽艰难却成功的道路。

方北辰教授认为邓艾的成功，源自于自身努力，源自于自身发奋。不可否认，“自我觉醒”是邓艾成功的关键，但不能忽视一个人对邓艾“自我觉醒”和“自我成长”的帮助。这个人就是邓艾的母亲，可以说没有邓艾的母亲，邓艾要在乱世中成就一番事业，可能要艰难一百倍。

邓艾母亲究竟给予了邓艾哪些帮助呢？

家再贫，也不忘让孩子读书

邓艾虽家贫，但也是名门之后，邓艾的母亲再苦再累，也不忘给孩子启蒙。邓氏家族虽然没落，但在棘阳这一地区也算人多势众了，很可能邓艾的母亲也出自读书家庭。义阳这个地方原来是南阳郡的一部分地区，是光武帝刘秀的故乡，人才辈出，诸葛亮就曾在南阳躬耕。

启蒙，对于一个人来说非常重要。在古代，尤其是两汉时期，识字并非易事，很多老百姓一辈子也不识字。我们看很多古装电视剧中，经常会出现让人按手印的情况，尤其是官府在开堂审案结案时往往会让犯人签字画押，说签字是针对读书人的，说画押，就是针对不会写字的老百姓的。不会写字怎么办？就在官府需要的地方，按上自己的手印。

如果邓艾不识字，不会写字，未来根本没有发展。除非他武艺高超，才有可能以武勇发展。正是因为邓母在邓艾很小的时候就开始给邓艾启蒙，让他学会了识字和写字，才有了读书发奋的先决条件。

邓艾和母亲被迫迁徙到陈留以后，邓艾因为年幼，被官府安排放牛。邓艾一边放牛，一边读书。我不知道大家发现一个问题没有，邓艾读的书从哪里来的？书，在古代可不像现在这样人人都能买得到、买得起。那个时候，书主要刻在竹简上，纸质书虽然有，但比竹简还贵。不仅是材质问题，因为没有印刷技术，书主要靠人手工刻或者誊写。书，非常贵重，绝大多数都被士族垄断了。邓艾读的书，很有可能是邓氏家族的藏书，或是邓艾母亲借来的。

所以说邓艾的母亲非常伟大，她没有被生活的重压打垮，更没有自暴自弃，反而不辞辛苦，忍受着生活艰辛，尽自己所能为儿子创造改变命运的基础。现在很多母亲，只顾着自己，要么痴迷电子产品，要么痴迷酒吧饭馆，要么把孩子扔给公婆或者爸妈，要么把孩子送到培训辅导班，很少有为人母亲的觉悟，对待孩子总是抱着“得过且过，能不烦自己绝不烦自己”的心态。

树立榜样，让孩子能够自觉发奋

在母亲的影响和帮助下，邓艾心中那颗想改变命运的决心越来越强。因为年幼，邓艾被官府分配去放牛，他是一边放牛一边读书。

十二岁时，母亲又带着邓艾到了颍川。为什么要到颍川？颍川是东汉末期的文化中心，有着大汉最好的私学（相当于书院，到唐朝才有书院的说法），聚集了大汉最负盛名的读书人，郭嘉、荀彧等人都是从这里走出来的名士。

母亲带邓艾到颍川，就是要让邓艾好好感受一下读书的氛围，为他寻找发奋的榜样，坚定他读书改变命运的志向。颍川就有和邓艾命运非常相似的名士，这个人就是名士陈寔。

陈寔可不是一般人，曾经做过太丘县的县长，虽官职不高，却是当时的名士，与儿子陈纪、陈谌并著高名，当时的人称他们为“三君”，又与同邑钟皓、荀淑、韩韶等以清高有德行闻名于世，合称为“颍川四长”。

到了颍川，母亲带邓艾拜谒陈寔的墓地，就是让邓艾寻找和树立榜样，让邓艾也有可以努力的方向。陈寔出身寒微，和邓艾的情况非常相似，陈寔正是通过奋发努力，最后功成名就、名垂青史。

正是在陈寔墓地的碑文上，邓艾读到了对他影响一生的两句话“文为世范，行为士则”。邓艾非常崇拜陈寔写的这两句话，自己给自己取了个名字，叫邓范，至于自己的字，直接把“士则”拿来用。可惜的是，宗族中已经有人叫邓范这个名字了，就改叫邓艾这个名字，至于字也改为了“士载”。

有了学习榜样，邓艾更加发奋读书。一位精通周易八卦的朋友曾经说过：人的命不是一成不变的，后天的努力也可以改变命运的走向。在屯田民中，读书的人都不多，更别说有才学的了。邓艾，凭借发奋而积累的才学被推荐为典农都尉（当时屯农是分郡县两种，县一级的屯农区设置典农都尉，负责掌握屯田区内的生产、民政和田租，后来把屯农区改设为县，典农都尉也改为县令或者县长）学士。有了这个学士身份，邓艾就可以担任典农都尉手下的佐、干等下级官吏。从此邓艾摆脱了屯田民的低贱身份，有了晋升的基础。

邓艾能够萌生大志向，虽出于自身觉醒和自我发奋，但其母对他的帮助和影响至关重要。作为父母，不能总是奢望或者等待孩子自我觉醒，应该通过引导启发、树立榜样等方式，刺激孩子促使孩子实现自我觉醒。

现在，很多父母总是抱怨孩子，说自己给孩子创造了那么好的条件，吃穿不愁，但孩子就是不知道好好学习，就是喜欢调皮捣蛋。孩子学不好，不能把所有的责任都归结到孩子身上，父母也有不可推卸的责任。

我们要好好学学邓艾的母亲，把准脉搏，找对病症，开对方子，才有可能医好孩子的“病”。

鼓励与温暖，让孩子阳光自信

本来，邓艾有了都尉学士的学历后，就可以不放牛了、不赶车了、不下田干活了，还可以到典农都尉的办事机构，去坐坐办公室吹吹空调喝喝茶。

可邓艾有一个天生的生理缺陷——口吃，这个缺陷对邓艾的发展非常致命。古代的官员对相貌都有一定的要求，五官端正仅仅是最基本的条件，有的还要求要有威仪，具体地说就是要有官样。曹操曾经因为自己长得不咋样，就让长相俊美有威仪的崔琰代替自己接见北方的部落首领。

一个说话都不连贯的人，要在官场混迹更不容易。就因为这样的缺陷，典农都尉认为邓艾不适于担任重要职务，就安排他当“稻田守丛草吏”，在稻田里边看守稻草堆的小吏。

多少个挑灯夜读，终于有了出头之日，却因为自身缺陷被上官嫌弃。这个打击要搁在现在有些孩子身上，说不定早就跑去跳楼了。

邓艾在母亲的鼓励和温暖下，心理素质早就在逆境中锤炼得异常强大。也许在邓艾因为同族有人同名而把邓范改为邓艾的时候，就有了一种以自嘲而激励自己的意味。

从文，自身条件不行，怎么办？邓艾改变了努力方向，将学习的重点放在用兵本领的自学上。从此，他每到一处，就会运用书本上学到的兵法知识，观察高山大湖，指指点点，说这里可以安营扎寨，那里可以派兵埋伏，如何如何。

旁人见了总是嘲笑他，说他脑子有病。他毫不在意，颇有些“燕雀安知鸿鹄之志哉”的意味。因为他的奋发，得到了同郡的一位长者的赏识，经常资助邓艾。

邓艾一边锤炼自己的本领，一边等待一飞冲天的机会。这个机会终于来了，邓艾被上官派遣到洛阳去汇报工作，正好碰到了太尉司马懿听取汇报，因为其出色的能力，被司马懿赏识，征召他为太尉府的掾属，后升任尚书郎。

这个一飞冲天的机会，邓艾足足等了二十年，这一年邓艾已经四十二岁了。能够在二十年的时间里，不改初衷，不忘努力，这需要多么巨大的毅力。不得不说，邓艾的母亲是多么伟大，她培养出了一位有很强抗挫折能力的孩子。

现在很多孩子，别说等二十年，真让他等一天都等不了。甚至是有些孩子明明自身没有任何缺陷，因为没有一颗求学的心而导致学习成绩落后，就认定“学不好是因为自己笨”，甚至放任自己自暴自弃，从厌学到弃学，最终把自己给“自卑”傻了。

我曾仔细调查过成绩比较落后的孩子，他们玩手机的本领非常强，任何一个游戏，都能在很短的时间上手并玩得很好，这就说明他们本身是非常聪明的，就是不愿意学习，甚至在父母的放任下，逐步走向“上课从来不听、下课从来不做”的境地。

唯有知识，方能提升自己

现在不少孩子抱着“学习不好不要紧，父母自然会养我们”的想法，还有不少家长抱着“孩子快乐就好了，至于学得不好也不要紧，我多努力给孩子多留点财产就好了”的念头。

这些想法都很危险，一个家庭如果不引导孩子学习和掌握知识，那这个家庭是难以维持辉煌的。中国人有句古话“富不过三代”，富不过三代的根源是子孙因为娇生惯养而放弃了“储备知识提升自己”的生存法则。

在科技发展日益迅速的今天，如果一个人不懂得必要的知识，不能跟随社会的节奏更新知识储备，必然会被社会淘汰。就拿木匠来说，十多年前，传统的工具就能走天下，现在呢？

作为父母必须明白一个道理：留再多的财产，都不如多让孩子储备一些知识，多学一些做人的道理，多掌握一些提升自己的本领。

本章小结

1. 性格孤僻

作为父母，不能忽视孩子性格上的孤僻。有的孩子可能并没有达到孤僻，只是沉默寡言，或者说不愿意和人说话。遇到这种情况，父母也不能大意。

面对沉默寡言的孩子，作为父母，怎么做能帮助孩子逐步远离孤僻呢？

创设良好的家庭环境。作为父母，不随意争吵，要保持和睦的家庭氛围，给孩子创造和睦、融洽、民主的家庭环境，让孩子发自内心地觉得自己是家庭中重要成员，让孩子感受到家庭温暖、体验到家庭欢乐。

和孩子做朋友。我们要和孩子做朋友，倾听他的心声，分享他的喜悦，和他一起做游戏、一起讲故事，让孩子充分感受到与人分享、与人合作的乐趣，从而逐渐摆脱孤僻状态。

拓展生活圈子。父母应让孩子从“自我”小圈子里走出来，只要有时间，就要多带孩子接触新的环境、新的人物，比如带孩子到游乐园、动物园、公园等场所玩，减少孩子对不同人、不同情境的陌生感，增强其交往需要与兴趣，形成活泼、开朗大方的性格。

积极评价孩子。父母要发现孩子的优点，给孩子正面的、肯定的评价，多肯定和鼓励孩子，如爱抚、点头、微笑、夸奖等，都会使孩子自信、开朗起来。

引导孩子学会求助。孩子孤僻时，会拒绝和他人建立联系，此时可鼓励孩子学习与他人接触。通过尝试，孩子慢慢会明白，人们愿意给别人提供力所能及的帮助，而不只是会索求回报。明白了这一点，孩子就不会再害怕和他人建立联系了。

2. 言传身教

作为父母，应严格要求孩子，让孩子明白“什么可以妥协，什么必须坚持”，只有做到这一点，孩子才能在以后的生活工作中有所依托。严格要求孩子，不是没有笑脸，永远一副严厉的样子。严格与严厉不是同一概念，亲子关系没有必要搞得很紧张，非原则性的问题没有必要与孩子纠缠，原则性的问题则必须让孩子遵守。严格要求孩子做到的，父母必须首先做到，如果我们自己都做不到，或者说根本不愿意做，那孩子肯定也不能做到。

教育孩子的过程中，不能只注重言传，更要注重身范。言传的多了，如果没有以身作则的示范，孩子就会把这种言传当成啰唆或者是唠叨，轻一点的忘之脑后，重一点的产生逆反。孩子对于世界的认知，并不单纯地依靠语言，更主要地依靠对周围人或事的观察，然后模仿，模仿多了就会定型为性格。父母的身教，能够让孩子在模仿的同时，无意识地在脑海中定型价值观，即便等到孩子逆反，虽然他嘴里和行为上看似在反抗或者消弭父母刻下的烙印，但他骨子里从小就因模仿而习得的固定价值观取向并没有发生更改。多做一点，绝对要比多说一点，来的有效。

3. 孩子素养

素养高的孩子，往往在各个方面都会很优秀。素养高的孩子，往往懂得节制自己的欲望，或是遵从自己的本心去拓展兴趣爱好，或是根据生活和工作的需要去学习必须要掌握的技能。即便是在某一方面，因为天生的缺陷或者说后天的不足，难以达到优秀的地步，素养好的孩子，也会凭借自己的努力不断地向更好的方向前行。

素养好的孩子，不仅自己的成就比较好，而且在教育下一代上，会自觉不自觉地延续父辈对自己的优良教育。每个人骨子里都会自觉不自觉地刻入父辈的教育印记，这种教育印记是很难更改的，有的人即便花费极大的毅力也只能逐步淡化这种来自父辈的印记影响。面对孩子发怒时，是不是总是会不自觉地带出那些从父辈遗传来的即便是自己都讨厌的错误的教养方式呢？要想自己的孩子能够在成家立业后惠泽子孙，父母必须从自身开始做好孩子的教育。

4. 物质享受

现在很多孩子物质充裕、环境舒适，不仅没吃苦，反而吃得很甜、吃得太好，与温室里的花朵并无二样。生长在“温室”里的孩子一旦习惯了想要就有，就会逐渐养成“我想要，就得马上满足我，这是我的权利，理所当然”的价值观。认为举凡他需要的，别人都应该满足他，碰到挫折也特别容易不耐和愤怒。

温室里成长的孩子，往往志向非常远大，但本身能力又跟不上，真等到失败了，又从来不会想到总结失败，提升自己，反而会破罐子破摔，无所畏惧到极致。这也罢了，有些孩子，还会怨天尤人，不反思自己失败的原因，反而寻找各种理由、借口来为自己的错误“买单”，总之 “永远都是别人错，自己总是正确”。

小时候，父母会“罩”孩子，可是在长大的过程中，无论是学习、工作或人际，每个人都会碰到必须吃苦的时候。再怎么爱孩子，父母也没办法保证孩子一辈子顺遂。当孩子面对挫折、碰到困境时，有耐性去面对，是我们的教养责任。

作为父母，不一定要刻意让孩子吃苦，但必须培育孩子吃苦的能力。除了在物质上要让孩子懂得节制外，父母还应该引导孩子限制自己的欲望。如果不懂得抑制自己的欲望，让自我扩张没有节制，达到了“只要我喜欢，没什么不可以”的程度，这既是对自己的伤害，也是对别人的伤害。每个人都喜欢自我的欲望得以扩张，因为这很快乐，如果自我压抑自己的欲望扩张，就会很痛苦。但如果我们不让孩子学会抑制自己的欲望，就难以与他人相处。因为习惯了欲望得到满足的人，往往不会去关注别人的需要，也就很难获得友谊，更难结交到朋友。

5. 自我觉醒

作为父母，不能总是奢望或者等待孩子自我觉醒，应该通过引导启发、树立榜样等方式，刺激孩子促使孩子实现自我觉醒。别抱怨孩子，说自己给孩子创造了那么好的条件，吃穿不愁，但孩子就是不知道好好学习，就是喜欢调皮捣蛋。孩子学不好，不能把所有的责任都归结到孩子身上，父母也有不可推卸的责任。

现在不少孩子抱着“学习不好不要紧，父母自然会养我们”的想法，还有不少家长抱着“孩子快乐就好了，至于学得不好也不要紧，我多努力给孩子多留点财产就好了”的念头。这些想法都很危险，一个家庭如果不引导孩子学习和掌握知识，那这个家庭是难以维持辉煌的。在科技发展日益迅速的今天，如果一个人不懂得必要的知识，不能跟随社会的节奏更新知识储备，必然会被社会淘汰。

第七章

父母素养很重要

——蜀汉名臣家庭教育启示

诸葛瞻、马超、董允、谯周还有杨仪，每一个都是名人之后，每一个都与蜀汉的命运息息相关，可不是每个人都能起正面作用的，有的起着极其负面的作用。每一个都有成为国家干才的可能，结局却大相径庭，这究竟是怎么回事呢？

1 诸葛瞻：父母素养高不代表会教育孩子

诸葛瞻，何人？

熟读《三国演义》的人会知道，不熟悉的人恐怕很难知晓。这个人出场机会不多，还在很靠后的章节，悲剧得很，他出场没多久，就兵败自杀了。

说到诸葛，肯定有人猜测与诸葛亮有关。

你还真猜对了，此人是诸葛亮的长子。

长子？

你没看错，真的就是长子。

问题是，诸葛亮那么妖孽的人，怎么儿子出场没几回，就死了？

诸葛亮的悲剧

要说诸葛亮，谁得了此人做谋臣，真是幸福之至。刘备很幸运，如果他得到的不是诸葛亮，而是其他任何一个人，刘禅别说江山坐不稳，能活着就要烧高香了。

诸葛亮，是个大忠臣，为了刘氏江山殚精竭力到极点，虽然做了许多年权臣，但下场并不完美，连生儿子，都是异常艰难，竟到了四十五岁才最终诞下长子。诸葛亮死时，长子诸葛瞻才八岁。

悲惨的是诸葛亮活了五十四年，长子诸葛瞻却只活了三十七年，就因为兵败自杀了。更悲惨的是，在那场战役中，诸葛亮的长孙诸葛尚，才十七岁，竟也没有保住性命，战死沙场。

真可谓诸葛氏一门三人为了蜀汉殉葬。

家庭教育，其实与学历、名气无关

如果了解诸葛瞻战败的那段历史，或者说了解下诸葛瞻的成长轨迹，你会惊讶地发现：诸葛亮，或许是个好谋臣，但绝不是一个好的父亲。

为什么这么说？

第一，生子太晚也是家庭教育大问题。

诸葛亮四十五岁，才终于有了长子诸葛瞻，五十四岁就死了。对于诸葛瞻成长的重要黄金期是不可避免的缺位了。

古人虽然早熟，十四五岁就娶妻生子，但重要的成长期与今天并不差异多少，八岁正是诸葛瞻身体和心灵开始成长的时候，父亲诸葛亮因为去世缺位了。

从诸葛亮，想到当下一些男女，等到三十老几，甚至是四十岁，才知道要做好怀孕生子的准备。这个时候，不仅人的精力跟不上，妻子又是高龄产妇，想依托父母亲人帮带带孩子都困难重重。谁让父母早已满头白发、步履蹒跚呢？

很多高龄父母养育孩子会出现很多意想不到的问题。所以，祖父母要求父母早点生孩子，并非完全错误，这也是几千年中国家庭教育积淀下来的正确理念。

第二，学历高、名气大不代表就懂家庭教育。

诸葛瞻不笨，反而很小就显示出了过人的天赋。

面对儿子过人的聪明，诸葛亮不是肯定，反而很担忧，在死前还写信给自己的兄长诸葛谨，称“诸葛瞻如今已经八岁，十分聪明可爱，只是怕他过早成熟，将来成不了大器”。

诸葛瞻聪慧并不稀奇，反而很正常。高智商的诸葛亮和妻子黄氏的双双结合，优质基因的遗传本就不会让孩子的基因太差。

面对聪慧的儿子，诸葛亮因为担忧其早熟，还写了封《诫子书》告诫孩子。在孩子的培养上，诸葛亮也仅仅关注孩子的品质培养。无疑，诸葛亮的品质培养是成功的，儿子诸葛瞻连同孙子诸葛尚均忠诚于蜀汉，用生命捍卫。

其他方面呢？诸葛亮竟然什么都没有教，连自以为傲的兵法，都没有传给儿子，反而传给姜维。这不是一个正确的做法，即便诸葛亮死时，诸葛瞻太小，无法接受兵法的传承，他也完全可以吩咐姜维等到诸葛瞻成人后，代师传授兵法。

问题是诸葛亮没有，这也导致诸葛瞻长大后因为此事，一直与大将姜维不和。

父母名气大或是学历高不见得在家庭教育上占据优势，反而可能因为父母过于优秀，或是对待孩子的成长患得患失，或是太过于相信自己给孩子设计的成长道路。

家庭教育是一场试验，无关于父母的学历与名气，真正相关的是陪伴孩子成长的恒心和自我改变的决心。

第三，自我成长，其实很难。

诸葛亮和诸葛瞻父子俩，命运如此相似。诸葛亮是幼年丧父，诸葛瞻也是幼年丧父。同样相似的家庭遭遇，为何命运会如此截然不同？

父亲是名满天下，震动古今，轰轰烈烈；

儿子是默默无闻，依托祖荫，苟活于世。

解析诸葛亮的成长道路，不难发现：诸葛亮能够成功，自身的努力确实起到了决定作用，但名师的引领不可忽视。诸葛亮，幼年虽然丧父，兄长诸葛瑾也缺位，但却很幸运地遇到了名师司马徽、庞德公、黄承彦等人。

诸葛瞻呢？

由此可见：自我成长并不容易。自我成长，不仅需要自我努力和名师指导，还需要环境磨砺。诸葛亮这三点都有，诸葛瞻都没有，而且最缺环境磨砺。

所以，只培养道德品质的父亲诸葛亮不仅不合格，还一手把儿子推入了绝境。

名人子孙，做普通人太难

诸葛亮到底想把儿子诸葛瞻培养成什么样的人？或许既有想把儿子

培养成大器之才的愿望，又有想让儿子成为普通人、安安稳稳过一辈子的想法。毕竟做一个有才之士太难也太累！

想让儿子成为一个普通人，可能吗？

不可能。诸葛亮死后，刘禅便让诸葛瞻继承了武乡侯的爵位，等到诸葛瞻十七岁，他就迫不及待地让诸葛瞻娶自己的女儿当了女婿，官位上更是逐步提升，最后以卫将军的身份统领蜀汉除姜维统帅兵马外的所有兵马。

在蜀后主刘禅的心里面，诸葛家就是整个蜀汉的顶梁柱，对“亚父”诸葛亮的无限信服，让他对亚父的儿子诸葛瞻同样信心足足。问题是，诸葛亮除了教育儿子做一个品德高尚的人，真的什么都没有教，或许说根本没来得及教。

名人之后，要做个普通人真的很难，如果资质平庸也就罢了，如果资质天赋本身就很高，就像诸葛瞻一样，作为名人父亲，再想去压制孩子成长，本身就是错误的，这不是在帮助孩子，反而是对孩子的伤害或者说是迫害。

黄氏是好夫人，绝不是好母亲

诸葛瞻的母亲黄氏，这个人不管是从野史来看，还是从正史来说，都是一个伟大的女性，但她的伟大，仅仅只能体现在为人妻上，并不能体现在为人母上。

传说：黄氏智慧过人，心灵手巧，不仅辅佐夫君诸葛亮设计了许多计谋，而且在军事器械上也有很高的天赋，据说木牛流马就是在她的帮助下，诸葛亮才发明出来。

黄氏是个痴情女子，据说诸葛亮死后没多久，就因为太过于伤心去世了，临终以“忠孝”勉励儿子诸葛瞻。

如果黄氏能够放下对夫君诸葛亮的思念，勇敢而坚强地活下来，把对夫君诸葛亮的帮助变成对儿子诸葛瞻成长的帮助。诸葛瞻不至于统帅几万人的军队被邓艾率领的五千人打败，最终因为兵败而自刎殉国。

何其悲哉？几万人的军队，占据城池之利，竟然被邓艾翻山越岭而来的疲劳之师五千人打败。当时，邓艾的军队翻越崇山峻岭，走崎岖小路而来，连攻城器械没有几件。由此可见，诸葛瞻的军事素养多么差。

想一想，诸葛瞻挺悲催，接二连三遭受丧父和丧母的痛苦，不仅仅无人可依靠，还要支撑起偌大的侯府和照料几个弟妹的生活起居。

或许，诸葛亮是对的，他早已经预料到了未来，只不过他算得了他人，算不到自己，他以为儿子当个普通人就能生活得好一些，谁知道最后子孙俱损。

诸葛瞻一辈子都生活在父亲的阴影下。据说诸葛亮死后，诸葛瞻虽然继承了武乡侯的爵位，但民间仍以为诸葛亮没死，以至于朝廷发布的命令，只要盖有武乡侯的印玺，民间就会无比拥护。

诸葛瞻一生都在追寻父亲的足迹，梦想着有一天能超越父亲，可悲的是，从生至死，竟从没有超越过，连死后也是依托了父亲的英名得以流传。

不管我们多么优秀，如果在孩子的培养上缺位，一切都是空的，甚至是失败的。作为父母，我们的学历，我们的素养，其实无关于家庭教育。要想把孩子培养好，我们要有努力学习和改变自己的决心。

2 马超：“坏榜样”父亲会把孩子推入深渊

父亲，是孩子最直接的榜样！父亲马腾和儿子马超就是三国时期最著名的案例。马超是罗贯中《三国演义》中笔墨较多的一个人物，且是蜀汉的五虎上将之一。罗贯中在文中重点提及了马超的帅气，马超的帅是历朝历代都公认的，几乎是和江东“美周郎”周瑜齐名的大帅哥，历史上就有“锦马超”的说法。

马超，字孟起，司隶部扶风郡茂陵（今陕西兴平）人，官封骠骑将军，死后被追谥威侯。马超此人不仅是大帅哥，而且文武双全，曾经打的枭雄曹操狼狈逃窜。明代思想家、文学家李贽曾说：“养子如马超，得人如许褚，俱快事也。”

都说“养子如马超”

李赞这句话的含义就是生儿子就要像马超一样，但真的应该生儿子像马超一样吗？恐怕作为父亲的马腾不这么想的，因为历史上马腾就是被马超给间接害死的。

怎么回事？原来，马腾被张既劝说，又迫于曹操的压力，再加上确实年老，便放弃自己的地盘和部队，入朝为官。马腾来到邺城，被曹操上表封为卫尉。跟随马腾入朝的，还有马腾的儿子马休、马铁等众多族人，唯有长子马超被封为偏将军，掌控留下来的兵马。

马腾的入朝，更多的是人质的性质，只要马超没有任何叛逆行为，甚至归顺曹操，父亲马腾不仅没有任何生命危险，反而能够活得很好。关键马超不是个安分的主，文武双全，再加上掌握了兵马，野心也就大了。他不顾父亲和兄弟族人安危，毅然举兵攻打曹操。

有人说马超起兵攻打曹操，是义之所在，是忠于汉室的举动。东汉末年的军阀们，尤其是马超，心里面连亲生父亲都能舍弃，何况根本不相干的皇帝？放弃父亲马腾，马超是心甘情愿的，他曾经为了拉拢军阀之一的韩遂，这样说：“之前司隶校尉钟繇，让我进攻吞并韩将军，关东人的话不能再相信了，现在为了抵抗曹操吞并我们，我决定放弃父亲，以韩将军为父亲，韩将军也应当放弃儿子，以超为儿子。”

从马超说的这句话，不难看出。父亲对于称霸一方的马超来说，早已经可有可无，他甚至可以为了霸业而认他人（韩遂）为父。当他举兵攻打曹操时，早就预见到了父亲和兄弟族人的死亡。果然，等到马超兵败逃亡之后，曹操立马派人杀死了马腾、马铁和马休，并夷灭了父族、母族、子族三族的人，据马超回忆足有二百口人。

为什么人都说“养子如马超”，马超却是这么个置父亲于死地的不孝子呢？

有其父必有其子

马腾走到被儿子害死的悲惨境地，虽说可怜，但可怜之人必有可恨之处。

马腾年轻时，身长八尺余，身体洪大，面鼻雄异，性格贤良忠厚，受到众人的尊敬。

当时，凉州刺史耿鄙任信奸吏，导致狄道人王国以及氐、羌等民族造反，州郡征集勇士，欲讨伐叛乱。马腾应征，被州郡官员看重，任命为军从事，统领部队，后征战有功，提升为军司马，迁偏将军。

等到耿鄙被手下杀死，马腾竟然联合韩遂等人，归附叛逆王国，自号“合众将军”。后来，王国的军队被朝廷打败，马腾等人又废掉王国，劫持凉州名士阎忠为主帅。阎忠因为不肯归附叛逆，愤恨病死。阎忠死后，马腾又和结拜兄弟韩遂反复成仇，互相攻伐。

原本忠厚善良的马腾在乱世的熏陶下，变得礼、信、义全无，为了利益，出卖、背叛是常事，甚至可以把儿子送去充当人质。曹操为了征服三辅之地，派侍中钟繇代理司隶校尉，持节督关中诸军，马腾把儿子送给钟繇作为人质表示归顺。这个儿子，史料里没有留下任何记载，很可能下场可悲。

有什么样的父亲，就有什么样的儿子。父亲，喜欢背信弃义、心狠手辣，儿子自然不能免俗。这也就不难解释为什么儿子马超那么不在乎父亲马腾、兄弟马休马铁等族人的死活了。因为在父亲马腾心里，自己这个儿子同样不被在乎，要不是因为马超智慧不凡、武力超群，早就被父亲送去当人质了。

可恨之人必有可怜之处

亲手把父亲、兄弟、族人送入地狱，马超罪不可恕。历史是公平的，可恨的马超最终并没有能够得偿所愿“称霸天下”，反而到处流浪奔波，被部将士兵背叛，妻子惨遭杀害。最终在四十岁时，他不得已投靠刘备，辅佐刘备七年后，终于病逝。

据史料记载，马超最终存活于世的子嗣仅儿子马承（继承马超的斄乡侯爵位）和女儿马氏（刘备之子安平王刘理王妃）。

人之将死，其言也善。将死的马超还记得挂念一直跟随自己南征北战存活下来的堂弟马岱，上书给刘备："臣宗族门下二百口人，被曹操诛杀殆尽，只剩下从弟马岱，当以我卑微的宗族让他继承，深深地托付给陛下您，其他的也没什么话了。"

到死，马超才明白：世间一切荣华富贵都是烟尘浮云，能够给予自己温暖的只有亲人。可惜，他明白得太晚。将死之时，他对于曾经害死父母、兄弟、族人身死一定是后悔的，不然他也不会如此牵挂唯一的兄弟马岱了。

为人父，必须做好榜样

马腾被曹操杀害时一定很后悔，后悔没有把儿子教育好；马超病逝时一定很后悔，后悔自己亲手害死了父亲兄弟。但是，后悔没有用，我们永远无法让时光轮回，甚至无法用时间来弥补我们曾经犯下的过错。

别总等到酿下了悲剧，我们才去后悔，真到那个时候后悔早已经没用，甚至我们会像马腾一样，没有后悔的机会。

作为父亲，我们在陪伴孩子成长的过程中，一定要关注自己的言行举止，不一定说要做到面面俱到，让自己成为一个圣人，这不可能，也不现实，我们不能让"孩子的教育"绑架了自己，但也不能放任不管孩子的教育。我们应该在大的方面上，比如尊老爱幼、诚信礼义方面，尽量做到最好，让自己成为孩子模仿的榜样，让自己成为孩子心目中永远的英雄和骄傲。

不要小瞧榜样的作用，天性善良的孩子会在"坏榜样"熏陶下，逐渐丢失童真和纯洁，逐渐走上我们用"坏榜样"铺筑的通往"悬崖"的道路。回想一下，我们是否经常听到孩子这样说"我爸爸就是这么说的，我爸爸就是这么做的"。

等到孩子被"坏榜样"熏陶地走上"歧途"，我们再想纠正会很难，打骂也只能起副作用。他们的心目中始终只会回荡着这样的声音“你就是这么做的，凭啥要求我不能这么做呢”。我们今天把孩子教育好，才能让我们的未来“多一些快活，少一些麻烦”。

3 董允：不能总认定“自家孩子最好”

说起董允，就会让人想起诸葛亮的《出师表》。诸葛亮认为董允处事正直无私，在北伐之前，特意上书后主刘禅：“宫中之事，事无大小，悉以咨之，然后施行”，可见董允在诸葛亮心中的地位。

董允，字休昭，南郡枝江（今湖北枝江）人，三国时期蜀汉重臣，当时蜀人称诸葛亮、蒋琬、费袆及董允为“四相”。

董允，是蜀汉掌军中郎将董和的儿子。董和父子都是蜀汉非常杰出的大臣，贡献非常大，《三国志》打破“父子同传”的体例，破例为董和、董允单独立传，足见二人在历史上的地位……

董允，为官也好，做人也好，各个方面都远超父亲，是“青出于蓝而胜于蓝”的典型。董和究竟是怎么教育出董允这样一个好儿子的呢？

言传身教，努力做儿子的好榜样

蜀地因为地势险峻，一直没有怎么受到战争的侵袭，再加上物产丰富，风气盛行奢侈，经商之家，穿戴如同王侯，饮食玉液琼浆，到婚娶丧葬时，几乎倾尽家财来铺张办理。董和以自身的行为节俭来为众人做出表率，粗衣素食，处处以符合礼制为行为准则，当地奢侈风气于是大为改变，大家都对他心存畏惧而不敢冒犯。

自从董和做了官拿了公家的俸禄以后，对外治理安抚边疆少数民族，在内参与军国大事，为官二十多年，家无余财。临终要去世时，家里竟没有一石粮食的私财，可见董和的清贫俭约。

在父亲董和的影响下，董允为官一生，两袖清风，淡泊名利。因为他为官期间政绩显著，很多朝廷的官员甚至担任益州刺史的蒋琬都上书刘禅，希望能给董允加官晋爵，奖赏食邑，但都被董允一一拒绝。

据说有一次刘禅采纳了一位官员的建议，悄悄把整个分水镇划在董允的名下，作为他及其子子孙孙的享用之地。知道这件事情后，董允一面上书后主刘禅，坚决拒绝赏赐；一面骑着马不分昼夜地赶回分水镇，烧掉地契，将分到的土地一一退还给分水镇的老百姓。感念董允的恩德，董允家乡的老百姓特意在分水镇为董允建了一座衣冠冢。

董允最让人们称道的还是他能够上匡后主、下监奸官。他的胆气究竟是从哪里来的呢？无他，从父亲身上学来的。

建安十九年（公元 214 年），刘备平定益州后，征召董和为掌军中郎将，与军师将军诸葛亮共同主持管理左将军、大司马府的事务。诸葛亮担任丞相时，曾告诫部下说："董幼宰（董和）在朝中任职七年，遇上不顺之事不周之处，哪怕往返十次也来启告。"

当时，诸葛亮作为刘备心腹，权柄非常大，而董和则是和刘璋一起投降的降臣，虽受刘备重用，毕竟权位不稳。董和敢于劝谏诸葛亮，凭的就是一颗为国的公心。

董允在父亲的影响下，时刻保持公心。诸葛亮北伐后，封董允为侍中，兼领虎贲中郎将，统率宫中宿卫亲兵。由于侍中郭攸之性格温顺，不敢管事，只是摆设，因此宫中之事皆由董允负责。董允处理事务以防制为主，经常敢于匡正刘禅的不当行为。

沉于享乐的刘禅，有一段时间沉迷于美色，玩腻了宫中的妃女，想到宫外选几个新鲜漂亮的。有一天晚上，他身着便服，带着宦官黄皓，溜出皇宫，来到成都最繁华的一间歌舞坊。他看上了一位妖冶的舞女，便悄悄地带了回去。不料此事被董允知道了。董允下令将那舞女遣出宫去，并正颜厉色地批评刘禅："今嫔嫱已具，实不宜增加。"

由于畏惧董允的威严，此后刘禅再也不敢到处"海选"美女。宦官黄皓，常常谄媚刘禅，想升官发财往上爬。董允看得明白，每每严肃劝谏刘禅，怒斥黄皓。黄皓十分惧怕董允，不敢胡作非为。董允在世时，黄皓始终也只是个小小的宦官而已。

在父亲董和的言传身教下，或许根本不用言传，父亲董和的身教，让儿子董允找到了最好的模仿源。

孩子，从出生开始，就在用他们的方式感知这个社会，父母是他们最直接的模仿对象，他们模仿父母的言行举止，模仿父母为人处世的方式。这些模仿都是在无声中进行的，远比父母的言传来的影响力大。

唠叨十句，都不如一个动作的示范。而我们很多父母看不到这一点，更多的是在反思自己的错误，想在孩子身上得到纠正，但我们自己却从没有想过改变这些错误。我们经常说得多，却做得少。孩子根本不知道我们说的那些话的标准究竟是什么，这和马谡一样都是“纸上谈兵”。孩子不知道怎么做，只能模仿我们的行为。我们看到孩子越来越像我们所犯的错误非常着急，或怒斥孩子或用惩戒来规正孩子。效果是越来越差，孩子是越打越皮。我们根本没有理由去责怪孩子，我们叫他们正直，我们却不正直；我们叫他们乐于助人，我们却总是斤斤计较……

孩子凭什么要听我们的，他们不止一次内心在嘀咕：你光叫我怎样怎样，你做到了吗？你做不到，凭什么让我一定要做到呢？

所以，学学董和吧。当然，董和在教育孩子的过程中，并不只是做好榜样，还敢于否定自己的孩子。

孩子不一定总是自家的好

现在总有这样一个观点：对于孩子，一定不能否定，一定要多鼓励、多肯定，让孩子自信，不自卑。不能说这种观点有错，但是一味肯定，只会让孩子过度骄傲，甚至会产生“老子天下第一”、“我最聪明，谁也不如我”等偏激想法。

作为父母，有义务让孩子认识到自己并非最优秀，更要让他们明白“天外有天，人外有人”的道理。只有这样，他们才会懂得尊重他人，尊重他人的智慧，尊重他人的优秀。

在日常生活中，很多父母总是抱定“孩子总是自家的好”，我父亲就是典型代表。在他的眼里，孙女总是最好，总是最可爱的，总是最漂亮的，总是最棒的，而别人的孩子总是不行的。

董和就曾有这样的观点。年少的董允，在父亲董和的培养下，在蜀中名闻遐迩。当时，还有一个名叫费祎的，费祎后来被诸葛亮重用，与董允一样被称为蜀汉四相。费祎同样在蜀中名闻遐迩，董和听说了，虽然嘴上认为他们两人优劣难分，但心里对儿子最为满意。

有一年，名士许靖的长子许钦不幸去世了，董允和费祎约定一起去许靖家参加葬礼。董允找到父亲董和，请他帮忙安排车驾前往。董和答应了董允的请求，派遣家中的仆人驾驶一辆非常简陋的车驾送董允他们前往。董允看到车驾，可能是觉得没有面子，估摸着心情也不好，脸上就出现了比较为难的脸色，而费祎却非常从容地先坐上了车驾，董允没有办法，只能跟随。等到两人乘车到了许靖家，诸葛亮等有身份地位的人都已经到了。董允发现能够乘车来的人很少，他的神色仍然没有好转，心里还有点耿耿于怀，而费祎神色还是一如刚才，根本没有任何变化。

等驾车的人回到董府，董和仔细询问这一路发生的情况，知道了儿子的表现。董和发现了儿子的缺点，并没有为儿子隐瞒，反而非常郑重地向儿子指了出来："我常常以为你跟文伟（费祎的字）是一样的优秀，但从今天的事情，我才发现你在品德上还存在欠缺，不如文伟啊。"

董和为什么敢于指出儿子的不足，敢于指出儿子不如别人？因为他深知，处于成长期的孩子再怎么优秀，也不是十全十美的人。成长期的孩子，在某一时段，不如身边的某一个伙伴，其实很正常。指出孩子不如别人的地方，是帮助孩子发现自己的不足，是引导孩子找到学习的榜样。

不要总是以为孩子是一样的，因为成长条件的不同，孩子的发展总是存在差异的，这不需要讳忌，应该直接指出来。当然在指出孩子错误、否定孩子的时候，我们可以稍微变换一下方式，不要太直接，稍稍保护一下孩子的自尊。孩子不是不能接受其他的孩子超越自己，往往他们仇视超越自己的孩子，是因为父母的缘故。否定孩子可以，但不能一味否定，更不能不断重复否定这个行为。

只要我们指出孩子不如别的孩子的地方就行了，没有必要重复。指出以后，我们要引导和帮助孩子改正，试图让孩子通过自己的努力做得更好。董和在这一方面做得就很好，在他的帮助和引导下，董允没有因为不如别人而丧失信心，反而以费祎为学习的榜样，逐步懂得了一个道理：不管是遇到什么身份地位的人，都应该尊重他们。

在父亲的教导下，董允逐步养成了尊重他人的好习惯。等到他长大成人，步入仕途，不管做多大的官，他都保持了礼贤下士的好品质。

《三国志·董允传》记载了这样一件事情，足以证明董允有多礼贤下士。有一次，董允与尚书令费祎、中典军胡济等约定好时间外出游玩搞宴会，车驾都已经准备好了。董允正准备出门，去找费祎等人，碰上郎中董恢前来拜见，董允马上停下来回到家中接待他。当时，董恢年纪轻官也不大，郎中是入门官，俸禄仅三百石，位低权轻，看到董允为他操劳，非常不安，请求董允先离开以后再来拜访。董允却不答应，他对董恢说："本来出行的目的就是与志同道合之人游玩畅谈，现在君已屈尊来见，刚要一起好好说说话，却要舍掉此谈，去参加那个宴会，这不合适。"于是，他派仆人去通知费祎等人自己不去游玩。

如果没有父亲指出不足，董允那种因为外物而悲喜的缺点肯定难以改正。作为父母，一定不能因为认定"自家的孩子永远是最好的"而放任孩子的缺点哦！

有意设置挫折，能让孩子成长更快

作为父母，我们总是希望孩子的成长是顺利的、是没有任何挫折的。这样的观点要不得。如果孩子在成长中，不遭遇挫折，那他们一定会在成年后的人生中无法应对挫折。

我曾参加一个聚会，听一位朋友讲了一个家庭的悲剧：这个家庭在父亲的努力下，家境非常优越，孩子从没有经历过任何挫折，从幼儿园到高中，都是花钱上的贵族式学校，等到高考失败了，父亲花了几百万送到外国留学。留学结束了，父亲又花钱帮他找了一个好工作。从小就娇生惯养的孩子，受不了上班的苦，没干多久就回家不干了，整天在社会上吃吃喝喝。吃吃喝喝中，这个孩子被一些别有用心的人拉了去赌博，最后陷入了骗局，不仅把父亲辛苦打拼的财产全部败光，还欠下了一屁股债。现在这个父亲非常的后悔。

有句话说得很对：今天你不让孩子经历挫折，明天社会会让孩子饱尝痛苦。当然，挫折并不是想有就有的，我们可以在孩子成长过程中，有意或者特意设置一些障碍，让孩子去经历、去感受、去想办法解决。

今天，我们让孩子经历和解决小挫折；明天，孩子才有能力和办法去解决大挫折。

 谯周：家庭氛围对孩子成长至关重要

谯周，字允南，巴西西充国（今四川西充槐树镇）人。

说起谯周，批评他误国的人很多。明末清初思想家王夫之曾痛骂谯周："人知冯道之恶，而不知谯周之为尤恶也……国尚可存，君尚立乎其位，为异说以解散人心，而后终之以降，处心积虑，唯恐刘宗之不灭，憯矣哉！读周仇国论而不恨焉者，非人臣也。"

谯周究竟有没有误国？我们其实没有必要再去追究，毕竟历史很难说清对错，我们都是凭借后世的记载去揣度当时的情形。

谯周这个人非常了不得，是三国时期著名的天文学家、经学家、历史学家、大教育家、儒学大师，有"西部孔子"之称。谯周并非政治家，他绝大多数时间都在家精研六经，活了七十一岁，教授的学生无数，非常出名的有《三国志》作者陈寿、文武双全的罗宪（他曾孤城坚守抵御孙吴进攻近一年之久）、《陈情表》作者李密等人。

谯周一生撰写学术著作多种，计百余篇，勘误了不少古书里的错误。这些著作陆续散失，到唐初作《隋书·经籍志》时，时人所见的书目只有《论语注》（十卷）、《三巴记》（一卷）、《谯子法训》（八卷）、《古史考》（二十五卷）和《五经然否论》（五卷）五种。《论语注》和《三巴记》两书，

现在根本看不到了。至于其他三本书，大多数都是后人编撰抄写传承下来的。而《谯子法训》，早就不知去向，明朝人陶宗仪和清朝人严可均都编辑了相关版本，但都因为寻找得不够，除《齐交篇》有篇名外，其余都是零散的。

谯周一生并不顺利，可以说有点悲苦，少年时就经历了人生三大痛之一的“幼年丧父”，《三国志·谯周传》记载他与母兄同住，据说他曾被寄养在舅父家。谯周幼年丧父，他又是如何成长为名冠蜀汉的大儒的？

谯周父亲虽然早亡，但谯周的成长深受父亲影响。谯周自幼受父亲熏陶，勤奋好学，饱读经书，知晓天文。

父亲究竟是如何影响谯周的成长的呢？

储藏图书，为孩子阅读创造外部条件

陈寿在《三国志·谯周传》中记载：既长，耽古笃学，家贫未尝问产业，诵读典籍，欣然独笑，以忘寝食。

谯周长大以后，酷爱古籍，笃志好学，家里虽然贫困但他从不留心治理产业，诵读典籍，欣然自乐会心而笑，废寝忘食。谯周酷爱古籍，又不治理产业，古书从哪来的？这些古书都是谯周的父亲攒下的。

谯周的父亲是谁？他就是刘焉和刘璋统治益州时的名儒谯岍，字荣始。此人颇有点隐士的味道，在益州名气大得没边，刘焉和刘璋仰慕他的名气多次邀请他出来做官，他总是拒绝，后来实在拗不过才出来做了一阵子师友从事的职务。

谯岍对做官不感兴趣，但对收集书籍却很热衷，把家里的钱都用来收集书籍。收藏书，不是一般平民百姓能玩，需要雄厚的财力支持。与谯周同一时代的显明亭侯向朗是当时有名的藏书家，当时的年轻人经常到向朗家借阅书籍，向朗愿意把书籍开放供大家借阅。所以上至官员、下至黎民都非常敬重向朗。

向朗高居侯爵，财力雄厚，才能成为当时最大的藏书家。攒书，花光家财，恐怕就是谯岍死后家无余财的原因。谯岍的投资非常正确。书籍代表知识的传承，代表未来的希望。正是父亲尽力收藏，儿子谯周才有书可读。

现在很多父母总抱怨孩子不读书，不肯读书，不愿读书。却很少思考孩子究竟有没有书可读？有的父母说，只要孩子开口，想读什么我就给他买什么，可孩子从没有说过，他不说，我也不知道买什么。

这个理由乍一看去非常合理，仔细思量，却发现非常的不合理，孩子年纪小，连人生观、价值观、判断观都还处于发展阶段，他们哪里知道自己想该读什么书呢？即便知道，也是听了老师吩咐。

最开始，孩子读书是在父母或者老师的引导甚至是逼迫下开始的。他们读的书，也来自于父母或者老师的意愿，并非来自于他们。有些书，他们并不喜欢读，如果我们一股脑都给他不喜欢读的书，会让他厌读。

作为有见识的父母，应该在孩子很小的时候，甚至孩子还未出生时，就为孩子储备书。只有储备的书越多、越杂，孩子可选择的余地才越多，他们愿意读的兴趣才会越浓。

如果我们在装修或者布置孩子房间的时候，将储藏的书摆出来，孩子出于天性好奇，会无意识地去翻动那些书籍，慢慢地对书或者读书产生初印象，时间久了，就会对书产生一定的敏感，进而爱上书，爱上读书。

多给孩子买书，永远没错。如果谯周没有父亲谯岍努力藏书，谯周即便爱书，也无书可读，谯周也就不可能博贯古今、精通六经了。所以，哪怕少抽一包烟、少买一件衣服，我们也应该为孩子也为自己多储备一些书。

带头读书，为孩子做好榜样

显明亭侯向朗，虽酷爱藏书，却抵挡不住外界诱惑，不能自我约束坚持读书，等到他因为犯错被免去官职闲散二十年里，性子才有所收敛，能够埋头读书。

谯岍并非如此，他不仅积极收藏书，也酷爱读书。因为书读得多，谯岍学识宏富。谯岍不是简单地爱读书，他是啃书，把书钻研得很透彻，尤其精通《尚书》。当时提到《尚书》这本古书，人们首先想到的是谯岍。

谯眆是个读书的天才，除了《尚书》，他还对诸多经书以及图纬书研究颇为深入。图纬书主要指的是《河图》、《纬学》等研究阴阳八卦的书籍，这类书籍里涉及广泛，包括天文、地理、算命、相术。

父亲的苦读，给谯周做了榜样，让谯周很小就知道读书。谯眆用文字记录读书上的成就，虽早亡，却给谯周提供了可借鉴的宝贵的经验。

后来，谯周经过多年苦读，成长为博贯古今、精通六经的大儒。谯周能够博通六经，得益于父亲留下的学问遗产，六经就包括《尚书》、《周易》。

相比于谯眆，现在很多父母就多有不如了。曾有一位朋友向我诉苦，说孩子就是不爱读书，家里买了不少书，从来没有看见孩子翻阅过，甚至有些书都是新的。我没有回答他关于如何让孩子爱上阅读的提问，我只是问他自己读不读书。他顿时就不说话了，沉默了许久，才问我看《故事会》算不算。

是呀，我们只知道给孩子买书，我们只知道叫孩子读书，可我们在做什么呢？我们在外面觥筹交错，我们在家里忙着电子产品，我们却要求孩子读书甚至要让他们爱上读书，他们会怎么想？他们肯定会在心里想你们大人都不读书，凭什么叫我们读书？你们大人知道玩，难道我就不能玩，童年时期不就是玩的时候吗？

我们自己不读书，能指望孩子读书吗？我们总说没有时间读书！我们真的没有时间读书吗？恐怕不是。别总是责怪孩子不读书，孩子不读书，是我们没有做好榜样。

与其抱怨孩子不读书，不如从今天开始，先一步读书。当然，读书，并非一定要读那些枯燥无味的书，我们完全可以读一读那些有趣有味的书籍，给孩子做个榜样。

亲子共读，让孩子爱上读书

虽然历史不可考，但我相信谯眆拒绝官府征召，不愿意为官，在家读书搞学问研究的同时，一定会经常带着儿子谯周进行亲子共读，甚至很可能谯周的启蒙就是谯眆负责的。

陈寿在《三国志·谯周传》中说老师谯周是“诵读典籍，欣然独笑，以忘寝食”，这说明谯周从读书中收获了快乐，甚至到了废寝忘食的地步。如果没有人引导，如果没有人让谯周体会到读书的快乐，谯周难道是通过自学感受到的吗？

恐怕不是，这一切都是父亲谯???的功劳，是谯???通过亲子共读，让孩子走进书的世界，感知到书中的喜怒哀乐，最终寻到了读书的真谛。

女儿三周岁，半年前，我每天定时带女儿读书，我读一句，女儿读一句。一开始，女儿比较抗拒这种亲子共读方式，因为以前都是我们读给她听，那个时候她只要带着耳朵听即可。换了共读以后，女儿需要耳朵和嘴巴一起动起来。

久而久之，亲子共读中，女儿不再抗拒，可能也感受到阅读的快乐，慢慢从抗拒变成接受，再从接受变成习惯，现在每天一到睡觉前，她就会主动喊我去和她一起读书。

从女儿的表现来看，亲子共读对于引导孩子体会读书的快乐是很有帮助的。很多父母，要么不爱读书，只是逼迫孩子读；要么和孩子各读各的，从不互相干涉。我们不是说各读各的不好，尝试一下共读一本书，效果会更好，这样能够更好地让孩子感受到父母的存在，也更容易让亲子之间的联系紧密，也更容易让亲子之间寻找到共同的话题，这会让孩子更深切、更直观地感受到阅读快乐。

所以，不妨尝试一下亲子共读一本书，一起读，一起分享，这样效果一定会很好。

劳逸结合，不让孩子性格内向

谯周虽然读书读出了成果，还擅长写一手词理渊通的好文章，但他口才不好，不善于表达，性格比较内向。

陈寿在《三国志》中说，谯周“身长八尺，体貌素朴，性推诚不饰，无造次辩论之才，然潜识内敏”。

蜀记记载了关于谯周不善于表达的一个小故事：周初见亮，左右皆笑。

既出，有司请推笑者，亮曰：“孤尚不能忍，况左右乎！”

连诸葛亮都不能忍住笑，可见谯周不善表达的程度。谯周能写一手好文章，又思维敏捷，怎么就表达不出来呢？其实，也正常的，父亲在时，谯周还能与父亲一起交流，等到父亲去世，谯周只能一个人沉浸在书海经卷里独乐，根本找不到分享的人；而谯周沉浸于读书，不外出交友，自然也找不到交流、分享的对象。久而久之，不常说话的谯周，自然就会变得口拙。

谯周的案例并非个案，现在确实有一些孩子在父母的严厉要求下，整天关在家里苦读“圣贤书”，根本没有朋友，更没有时间去接触外界，久而久之就蜕变成会写不会说的口拙者。曾经有个孩子名牌高校博士毕业，就因为不善于表达，满腹才华得不到施展。

作为父母，要引导孩子爱上读书、乐于读书，但也不能让孩子的生活中只剩下读书。我们要让孩子明白除了读书，还有很多与读书同样重要的事情，比如交友，比如出游。

只有懂得劳逸结合的人，才能学得更好，才能玩得更好，才能真正获得成功和快乐。

5 杨仪：别让孩子生活在优秀兄弟的阴影下

杨仪，字威公，襄阳（今湖北襄阳）人，三国时期蜀汉政治家。

提起杨仪，大家首先会想到他与魏延的争斗。诸葛亮病逝前，把部队的权力全部交给丞相长史杨仪。杨仪利用权力，逼走魏延，并派马岱追杀。等马岱拿回魏延的首级，杨仪竟然用脚践踏魏延的头颅，并且骂道：“庸奴！你还能再作恶吗？”这也罢了，杨仪还派人诛杀了魏延的三族。

回到成都的杨仪，没有得到预想之中的权力，反而被剥夺兵权，只被任命为中军师。看到资历不如自己的蒋琬接替了诸葛亮的权力，杨仪非常不服，声色之间经常流露出怨愤表情，斥责他人叹息自己的言语发自内心。

当时人家都畏惧他出言不逊，不敢与他交往，只有后军师费祎前往慰劳看望他。

杨仪对费祎表示自己的怨恨愤怒，说了许多以前的事，还对费祎说："当年丞相去世的时候，我是执掌全军的，那个时候，我要是带着队伍投奔曹魏。怎么会像今天这样寂寞失意?真是追悔莫及啊！"费祎便秘密地将这些话奏报朝廷。

于是杨仪被废为平民，流放到汉嘉郡。杨仪到了流放地，再次上书攻击朝廷，语气措辞激烈，于是朝廷派人到郡中捉拿他。杨仪被迫自杀，他的妻儿老小得以回到蜀地。

杨仪自杀时，是否想到当年他践踏魏延的脑袋时所说的恶话？有人说杨仪可怜，更有人说魏延可怜。

其实可怜也好，可悲也罢，魏延也好，杨仪也罢，两个人的悲剧即便有政治因素，也与自身性格存在很大的关联。杨仪也好，魏延也好，看起来权势滔天，其实根本不是权力的真正掌控者。在这个情况下，把性格中的劣势渗透到政治斗争中，只是取死之道。

杨仪性格中有什么样的缺点，竟导致他失败呢？

蜀汉名士杨戏在延熙四年（公元 241 年）写了一本《季汉辅臣赞》，陈寿写《三国志》蜀汉部分的时候，绝大多数都参考这本书。杨戏在书中这样评价杨仪：威公狷狭，取异众人；闲则及理，逼则伤侵，舍顺入凶，《大易》之云。

孙吴开国皇帝孙权这样评价杨仪：杨仪、魏延，牧竖小人也。虽尝有鸣吠之益于时务，然既已任之，势不得轻，若一朝无诸葛亮，必为祸乱矣。

从种种评论，不难发现杨仪的问题其实是德行的问题，既不能容人，又管不住自己的嘴巴。

急躁狭隘，刻到骨子里的缺陷

建安二十一年（公元 216 年），二十七岁的杨仪，受到曹魏荆州刺史傅群的征召，担任主簿一职。任此职不足一年，二十八岁的杨仪就投奔了关羽（时任襄阳太守）。这里面发生了什么，史书没有记载，但肯定不是什么好事，否则杨仪不会逃奔敌国。

杨仪投奔刘备后，受到刘备重用，很快就担任尚书。担任尚书没多久，他就与尚书令刘巴产生矛盾。刘巴这个人为人清高，这就惹怒了杨仪，估摸着也就是两个人起争执的原因。这次争执，杨仪落败，被贬官，遥领弘农郡太守。弘农郡在曹操的地盘上，杨仪一下子成了虚职官员。等到刘巴去世，杨仪才得以重新担任尚书一职。这次挫折，杨仪根本没做任何反思总结。

等到杨仪担任丞相诸葛亮的长史后，他又与魏延产生了矛盾。说起矛盾的原因，都有些可笑，魏延作为早就跟随刘备的武将，非常善于训练士兵，本人又勇猛过人，性格本就有些骄傲，连诸葛亮都有点让着他。当时魏延，地位显赫，几乎是一人之下、万人之上，是军中的宿老，当之无愧的军方第一人。

杨仪偏偏看不起魏延，时常与魏延针锋相对，经常冷嘲热讽。魏延哪里受得了，常常拿着刀追杀杨仪。杨仪没有办法，只好躲到诸葛亮那里去哭诉。诸葛亮因为爱惜这两人的才华，便在其中当和事佬。有诸葛亮在，两人只得都压着火。两个人势如水火，碍于诸葛亮，没有爆发。

魏延是武将，武人常在军伍心直口快，而杨仪是文官，饱读圣贤书，应该有容人之肚。如果杨仪能学蔺相如和廉颇“将相和”，不仅会成为一段佳话，而且更利于蜀汉发展。等到诸葛亮去世前把军权交给杨仪，魏延受不了了。谁希望自己被一个敌人掌控命运？不管诸葛亮是有意为之，还是疏忽所致，这样的安排，是在逼迫魏延和杨仪火拼。

可惜杨仪早已经被权力和胜利迷昏了头脑，加上性格缺陷，根本意识不到问题所在。就这样，杨仪挟私报复，派马岱杀死了魏延。杀就杀吧，杨仪一点读书人的风范都没有，竟然用脚踩踏魏延的头颅，还破口大骂。“死者为大”，既然魏延已死，一切恩怨就已了结，何必做出有失风度的行为。

由此可见，杨仪性格上急躁与不能容人早已经刻在骨子里，也难怪孙权会用小人来评价。

杨仪天生就是这样的性格吗？

哥哥太优秀，让他一直生活在阴影里

《襄阳府志》记载杨仪出身于襄阳豪族，居住在襄阳城外的洄湖上首，在襄阳城岘山南边广昌里，距离襄阳城大约二十里。没有任何史料记载杨仪父母的姓名，更没有他们的任何信息。《襄阳府志》特别提到杨仪和哥哥杨虑一起居住，哥哥杨虑比杨仪大三岁。

哥哥杨虑不是普通人，约公元 186 年出生，品德非常好，在公元 194 年时，就已经小有名气了，《三国志》称他“为沔南冠冕”。八岁的杨虑已经是沔南地区年轻人中的 NO.1。

公元 200 年左右，十四岁的杨虑在襄阳地区名气就更大了，当时许多官员都想聘请他当幕僚，但他从不屈身担当，号称“德行杨君”。杨虑不出仕干吗呢？他在家办了个学校，教授弟子几百人。

这得多逆天啊，十四五岁的人，不对，古人二十岁行冠礼才算真正的成年，搁在现在也就是个刚上初三的孩子，一未成年人竟然在家办学校，还有几百个人兴冲冲地跑来跟着他学习。杨虑的本事得多大呀？看来杨虑不仅德行不错，学问上也非常棒。

这一时期，兴办私学的都是哪些人呢？庞德公、司马徽等名士大儒。可惜，杨仪这位牛人哥哥杨虑十七岁就去世了，真是天妒英才。

有这样一位哥哥，对于弟弟杨仪来说，不见得是好事。我估摸着当时的人提到杨仪，一定会这样说：“你知道杨仪吗？他就是‘德行杨君’的弟弟。”杨仪二十七岁入仕可以看出，荆州刺史究竟是为何征召他入仕，并没有任何的交代，既不是举孝廉，也不是其他的。可能是听说了杨虑的名声，进而泽惠弟弟。这种情况，在古代并不鲜见。桓范为什么会选择辅佐曹爽，因为认定曹爽的父亲曹真是个大能人，儿子曹爽应该也差不到哪里去。可悲的是，老子英雄不代表儿子好汉。

杨仪在哥哥的调教下，并非无才之士。如果杨仪无才，诸葛亮也不会为了他与魏延的矛盾，常常做和事佬，早就不知道被发配到哪里去了。可是杨仪的哥哥太优秀了，优秀到别人只看到哥哥的风采，而忽视杨仪的本事。甚至会有人觉得杨仪的本事，都是传承于他的哥哥，这就把杨仪放到了哥哥杨虑弟子这一身份里去了。

杨仪少年时期，从出生到十四岁这段人生最重要最敏感的成长期，都生活在哥哥杨虑的阴影中。长时间生活在别人的阴影里，对于一个孩子的影响是致命的：

一会导致这个孩子不自信，逐步蜕变成自卑，最终演变成歇斯底里的嫉妒，嫉妒一切比自己强的人，不能容忍任何骄傲的人。从杨仪的几次不容人来看，他往往都是挑那种比较清高的人为靶子，这一类人往往看不上别人，不是他想跟这些人争斗，而是他早就深刻在潜意识的嫉妒促使他与这些人争斗，或许他把这些人当成了哥哥，他一辈子都想摆脱的阴影。

二会推动这个孩子走向心态不平衡，不认同他人的优秀，反而会认为是命运不公或者他人故意。这就是杨仪回到成都被任命有职无权的中军师后抱怨蒋琬的原因，他认为蒋琬根本不该身居高位，因为蒋琬根本不如自己。这样的孩子看不到别人的优秀，只会怨天尤人。当他们怨天尤人时，根本不会考虑自己说的话究竟该不该说、能不能说，他们只是单纯的抱怨，并不一定会付诸行动。当他们开始抱怨时，完全处于疯狂状态，根本不管不顾。

三会诱发这个孩子变得尖酸刻薄，总是会不自觉地使用话语去攻击别人，试图用言语去击败对方，取得胜利。杨仪与他人争斗，就是起源于他的一张嘴，你看他践踏魏延的头颅，说出的都是泼妇的言语。

应该说杨仪是非常痛苦的，我想很可能这就是他最终逃离荆州的原因，只有离开这个处处都是哥哥传说的地方，他才能收获心灵的平安。可惜，真逃离了荆州，他那些阴暗的性格早已经成型，再也无法改正了。

作为父母，别对孩子们进行排名

估计杨虑也不知道自己会给弟弟带来这么大的影响。作为父母，要自觉避免在孩子们中排位。尤其是二胎时代来临，不少家庭都有了二胎，二胎来了以后，两个孩子虽然成长环境相同，但因为各种偶发因素的影响，孩子就会产生差异。有的父母，会把孩子的差异运用到家庭教育中。

有位朋友，总喜欢用优秀的孩子来激励落后的孩子，他的口头禅是“你看看妹妹还没你大呢，写的字比你好，考的分数比你多”，他以为孩子会在他这样的比较中以优秀的兄弟姐妹为榜样，认识到问题所在，然后知耻后勇。

他并不知道这样的做法根本无益于孩子自我觉醒，反而会紧张孩子之间的关系，让被批评的孩子仇视被表扬的孩子。要纠正孩子的错误，不应该借助其他孩子的优秀，应该直接指出错误的地方和明确改正的方法。

孩子之间原本是纯洁的，因为父母的表扬与批评介入会变得复杂敏感，作为父母，真的不该采用这些所谓策略。

面对孩子失败，我们应该和孩子共同分析具体的原因，始终保持和每个孩子之间的私密交流，保证孩子之间的纯洁，这样才不会让兄弟姐妹之间因为父母的因素而产生间隙。我们应该引导孩子们互相帮助、互相包容，这样才能让孩子们健康和谐的成长。

本章小结

1. 榜样作用

作为父母，在陪伴孩子成长过程中，一定要关注自己的言行举止，尤其是在大是大非问题上，比如尊老爱幼、诚信礼义方面，尽量做到最好。让自己成为孩子模仿的榜样，让自己成为孩子心目中永远的“英雄”和骄傲。

不要小瞧榜样的作用，天性善良的孩子会在“坏榜样”熏陶下，逐渐丢失童真和纯洁，逐渐走上我们用“坏榜样”铺筑的通往“悬崖”的道路。我们经常听到孩子这样说“我爸爸就是这么说的，我爸爸就是这么做的”。等到孩子被“坏榜样”熏陶走上“歧途”，父母再想纠正会很难，打骂也只能起副作用。他们的心目中始终只会回荡着这样的质问：“你们就是这么做的，凭啥要求我不能这么做呢！”

2. 孩子差异

成长期的孩子，在某一时段，不如身边的某一个伙伴，其实很正常。指出孩子不如别人的地方，是帮助孩子发现自己的不足，是引导孩子找到学习的榜样。不要总是以为孩子是一样的，因为成长条件的不同，孩子的发展总是存在差异的，这不需要讳忌，应该直接指出来。当然，在指出孩子错误、否定孩子的时候，父母可以稍微变换一下方式，不要太直接，稍稍保护一下孩子的自尊。

孩子不是不能接受其他孩子超越自己，往往他们仇视超越自己的孩子，是因为父母的缘故。否定孩子可以，但不能一味否定，更不能不断重复。只要父母指出孩子不如别的孩子的地方就行了。指出以后，父母要引导和帮助孩子改正，让孩子通过自己的努力做得更好。

3. 家庭藏书

别总抱怨孩子不读书，不肯读书，不愿读书。孩子不读书，很可能是没有书读。也别指望孩子要求你买书，孩子年纪小，人生观、价值观、判断力都还处于发展阶段，并不知道该读什么样的书。孩子读书是在父母，或者老师的引导，甚至逼迫下开始的。他们读的书，大多来自于父母或者老师的意愿。有些书，他们并不喜欢读，如果我们一股脑都给他不喜欢读的书，会让他厌读。

作为有见识的父母，应该在孩子很小的时候，甚至孩子还未出生时，就为孩子储备书。只有储备的书越多、越杂，孩子可选择的余地才越多，他们愿意读的兴趣才会越浓。储备了书，应该摆放在孩子的房间。孩子天性好奇，会无意识地翻动那些书籍，慢慢对书或者读书产生初步印象。时间久了，就会对书产生一定兴趣，进而爱上书，爱上读书。

4. 亲子阅读

自己不读书，指望孩子读书，并不现实。与其抱怨孩子不读书，不如从今天开始，带着孩子一起读书。亲子共读对于引导孩子体会读书的快乐是很有帮助的。很多父母，要么不爱读书，只是逼迫孩子读；要么和孩子各读各的，从不互动共读。

不是说各读各的不好，尝试一下共读一本书，效果会更好。这样既可以让孩子更好地感受父母的存在，也能在读书上做好孩子的榜样，更加密切亲子关系。同时，也有助于寻找更多的共同话题，孩子可以在和父母的交流中，汲取到父母对于书的理解，增加孩子的见识，更深切、更直观地感受到阅读快乐。

第八章

自我觉醒最有效

——孙吴名臣家庭教育启示

诸葛恪、鲁肃、周瑜、陆逊还有周处五个人，除了诸葛恪以外，每一个人命运都比较坎坷，可他们都没有被命运吓倒，反而在逆境中找到了属于自己的发展道路，实现了自我觉醒，最终成为利国利民的国之重臣。他们究竟是怎么做到自我觉醒呢？父母亲人的教育和帮助究竟有没有起到有利的引导呢？

1 诸葛恪：父亲无“权威”最可怕

诸葛恪，字元逊，孙吴大将军、左都护、豫州牧诸葛瑾的长子，蜀汉丞相诸葛亮的侄儿。

说到三国时期的神童，大家比较熟悉的有曹操的儿子曹冲，可惜，曹冲早夭。诸葛恪可谓三国时期与曹冲齐名的神童。

诸葛瑾，虽然是《三国演义》“神人”诸葛亮的哥哥，很早就出仕东吴，历经东吴两代霸主孙策和孙权而身居高位，但一直名声不显，在《三国演义》中出场也主要是协调东吴孙氏和蜀汉刘氏的外交关系。诸葛瑾名气虽不大，生儿子倒挺厉害的。三个儿子，长子诸葛恪、次子诸葛乔（过继给了诸葛亮）、幼子诸葛融，都是当时特别有名的“神童”。

三个儿子里，最突出、名声最响亮的就是长子诸葛恪，他从小就以神童著称，深受孙权赏识，还没有成年就被封为骑都尉（秩比两千石，曹操曾经做过这个官职），等到成年后，逐步被孙权培养成大将军。孙权去世后，他把持了孙吴的权柄，做了太傅，成了孙吴第二代帝王孙亮的首辅大臣。

别看儿子这么“妖孽”，官是越做越大，可作为父亲的诸葛瑾一直非常担忧，《三国志·诸葛瑾传》记载诸葛恪“名盛当时，（孙）权深器异之；然瑾常嫌之，谓非保家之子，每以忧戚”。

诸葛瑾甚至预言“恪不大兴吾家，将大赤吾族也（《三国志·吴书·诸葛恪传》）”。诸葛瑾认定长子诸葛恪不会是兴盛在孙吴已经生根发芽、逐渐壮大的诸葛氏族的顶梁，反而会成为诸葛家族灭亡的罪魁祸首。

知子莫若父，诸葛瑾对儿子看的实在太准，后来还真让他预测准了。诸葛恪被孙吴宗室权臣孙峻杀害，整个家族也被孙峻诛灭，除了弟弟诸葛乔因为过继给叔父诸葛亮得以保全。后来诸葛乔的儿子诸葛攀重归亲生祖父诸葛瑾一支，诸葛瑾一支才得以延续。

一个神童，被君王乃至整个国家称赞，怎么会成为祸国灭家的元凶呢？

父亲“缺位”，让儿子骄傲至极

诸葛恪从小就特别有才，或许是天赋使然，或许是父亲诸葛瑾培养有方，毕竟诸葛瑾三个儿子都少有才名。

诸葛恪因为太有才从小就被君王孙权看中，一直没有经历挫折。等到诸葛恪被孙权派出去历练，任命他为代理节度，接替去世的徐详掌管军队的粮食供应。远在蜀汉成都的诸葛亮感到担忧，写信给当时的孙吴大将军陆逊，说：“家兄（指诸葛瑾）年纪大了，而诸葛恪性格疏漏，现在他主管粮食供应，粮谷是军中最要紧的东西，我虽然在远处，也暗地感到不安。请足下特别为我转告至尊。”

陆逊将此事禀报孙权。诸葛恪不仅没有遭遇挫折，反而又被提拔，任命为统兵将领。

千里之外的叔父诸葛亮是怎么知道侄子诸葛恪性格缺点的？诸葛亮必然是从与兄长诸葛瑾的书信往来中获知的。既然诸葛瑾知道儿子诸葛恪性格上的最大缺陷——骄傲、看不起别人，为什么不教导儿子明白“山外有山，天外有天”的道理？反而要让远在千里之外的弟弟诸葛亮想办法解决。

可见诸葛瑾性格上存在缺陷——懦弱，连直言斥责儿子都不愿意。史料记载：诸葛瑾这个人性格宽厚，深得孙权赏识。诸葛瑾从不直言反驳孙权的错误，总是拐弯抹角、旁敲侧击地让孙权自己意识到问题所在。

对待君王，能够曲回婉转地劝诫，既保全自己，又达到目的，值得夸赞。可是在家庭教育中也想复制这样的做法，绝对不行。君王孙权是一个成熟的政治家，有专属于自己的独立价值判断观。儿子诸葛恪则不同，他童年就才名远扬，从小就傲娇得不行，根本没有自己的价值观，听得都是阿谀夸奖之词，早就迷失了自己。父亲如果采用曲回婉转的策略，小小年纪的诸葛恪哪里能懂？

在这里，我要特别提醒大家，别把工作中为人处世的哲学贯通到陪伴孩子成长的过程中来，那不是尊重孩子，是在害孩子。想一想，孩子哪里懂得工作里的“潜规则”？有些事情，比如骄傲这件事情，就应该直截了当地告诉孩子，并想方设法让孩子能够经历挫折。越早经历挫折的孩子，往往抗压性越强。

诸葛瑾在儿子骄傲性格的养成上，不能有效地使用策略抵御君王孙权对于儿子拔苗助长的“副作用”也很致命。

孙权把诸葛恪从“神童”提升到“国家干才”的程度，并非完全出于爱才，更多还是出于政治的考量，看中了诸葛恪的家世、背景，有才只是一个外在借口。

面对君王“拔苗助长”式的培养，诸葛瑾敢怒不敢言。“父亲缺位”，让儿子诸葛恪更加忘乎所以。叔父诸葛亮给陆逊写信后，作为上司的陆逊出于好心，也写了封劝谏信给作为下属的诸葛恪。

诸葛恪不仅没有虚心接纳，反而回信反驳陆逊，说“人无完人，不能太过于苛求”之类的话语为自己开脱。

为什么诸葛恪不尊重劝谏的人呢？

父亲无权威，让儿子缺乏敬畏之心

孙吴皇帝孙权，不是很遵守礼法，经常戏谑大臣。君王对于大臣不尊重，对诸葛恪的影响是深远的。

孙权经常以诸葛瑾、诸葛亮的相貌、才能、德行等作为谈笑话题，而诸葛恪非但不生气，反而用一些特别的言语来为孙权解答，目的是让孙权“大噱”、“举座欢笑”。诸葛恪也常以别人的父讳开玩笑。

诸葛恪连父亲诸葛瑾都不尊重，何况陆逊？

这也就能解释为什么那么喜欢写信教育人的诸葛亮，不直接写信给侄子诸葛恪，反而要转而写信给陆逊了。因为他知道诸葛恪不会听自己的，甚至还会让侄子诸葛恪觉得是在打击和嫉妒自己。

诸葛瑾预言诸葛恪是毁家灭族的“祸害”既是无奈之举，又是教育孩子不得力后的一种愤恨之言。诸葛瑾不仅在诸葛恪的教育上失败，在三儿子诸葛融的教育上也很失败，因为诸葛融和长兄诸葛恪一样，也经常有嘲笑父亲兄弟的言论。

诸葛瑾不是没有意识到诸葛恪的性格缺陷，但因为他温和、宽容，甚至可以说软弱，导致他在诸葛恪的成长教育上表现无力，最终只能眼睁睁地看着儿子走向“灭亡”。把二儿子诸葛乔过继给弟弟诸葛亮，未尝不是诸葛瑾能够想到的保持家庭承续最好的方法。

作为父亲，我们可以以宽容、大度、温和作为工作生活中为人处世的原则，但在教育孩子的过程中，即便应该构建和谐、亲密的亲子关系，也绝不能纵容孩子，甚至是被孩子摆布。

诸葛瑾这样的父亲，在当下并非个案，可以说是很多父亲的典型代表。现在很多父亲，对于孩子极度溺爱和纵容，说毫无原则一点也不为过。也许是出于对自己缺位孩子成长的补偿，不少父亲一旦有时间回归家庭，就会表现得特别和蔼可亲，让很多良母咬牙切齿，几乎没有起到正作用，反而成为把孩子推向“恶习”的“元凶”。

诸葛恪因为父亲软弱，对父亲缺乏敬畏之心，对他人缺乏敬畏之心，对一切事物都缺乏敬畏之心，当他被领军魏国打败，他才会想到用霸权来控制皇帝、朝廷乃至于百姓，最终招来了“灭门惨祸”。

作为父亲，要宽严有度

作为父亲，对待孩子要宽严有度，一些鸡毛蒜皮的事情，能宽容的要宽容，但在一些大是大非上一定不能松懈，尤其对孩子不尊敬老人、打骂其他孩子这些恶习要做到“零容忍”。

现在有一些父亲认为，孩子还小，什么都不懂，等以后长大了就懂了，所以现在无须严格要求。甚至还有父亲觉得，很多优秀的传统美德，早已经镌刻在孩子的基因里，等到一定的时机，这些美德就会“自我觉醒”。

如果父亲们还抱有这些幻想，真是痴心妄想了。任何一项美德“觉醒”，都需要父母用言行做榜样来“促醒”，否则孩子的这些美德基因只会消亡，绝不可能会“觉醒”。

别学诸葛瑾，都预测到未来儿子乃至于家族的悲惨，也只能无力放任。诸葛瑾一定是非常悲痛的。衷心希望，所有的父亲，别看着孩子“学坏”只能放任，更别等着孩子“败家”。作为父亲，在原则问题上，要“阳刚”起来，让孩子不骄傲、尊老爱幼，对待一切都有敬畏之心。

只有有“敬畏之心”的孩子，才能在成年后的生活里过得越来越好。

尤其是家里有“少年聪慧”孩子的父亲，更需要注意。

2 鲁肃：谁说祖母培养不出好孩子

鲁肃，是一个被很多人误解的人。这个误解，来源于《三国演义》对他的刻画。《三国演义》把鲁肃刻画成了一个老好人，被刘备和诸葛亮玩得团团转，被孙权和周瑜责怪和埋怨。事实并非如此，纪传体史学巨著《三国志》作者陈寿用“鲁肃建独断之明，出众人之表，实奇才也”这样的言语来高度评价鲁肃。

没有鲁肃，绝对没有刘备的崛起，更没有三国鼎立的局面，历史上从没有诸葛亮舌战群儒的事实，反倒是鲁肃舌战孙吴以张昭为首的主和派，最终促成了孙刘的联盟。

把周瑜辛苦打下的南郡借予刘备，是鲁肃出于战略高度做出的英明抉择，绝非《三国演义》所说的是被诸葛亮的妖孽智慧夺取。当时刘备实力最为弱小，真要是孙权一怒之下发兵征讨，刘备恐怕很难存立。只不过孙刘反目，唯一得利的只有曹操。鲁肃深知这个道理，所以他宁愿被孙权和周瑜误解，也要把南郡借予刘备，远在许都的曹操听说这个消息，吓得笔都掉了下来。

鲁肃是三国时期，远超周瑜、诸葛亮的伟大战略家，正是他苦心经营才促成了孙刘的联合。等到鲁肃死后，吕蒙当权，孙刘联盟破裂，至此孙刘哪一家都再也没有一统天下的资本。

鲁肃，这样一个奇才，究竟是怎么成长起来的？

祖母，鲁肃成才的关键人物

鲁肃的童年是不幸的，刚一出生父亲就去世了，虽然母亲尚在，但《三国志》特别强调他与祖母居。不仅如此，《三国志》还特别记载了鲁肃祖母去世，他回祖地东城为祖母发丧和守孝的事情，这在《三国志》的记载中并不多见。由此可见，祖母是鲁肃成长的关键人物。

我查阅了很多资料，对于这位鲁肃祖母的记载再也没有多哪怕半个字眼，这也与中国历史上妇女地位低有关，但这并不妨碍我们通过鲁肃的成长经历，来解析其祖母在其成长过程中所起的重要推手作用。

《三国志》记载，鲁肃家境优越，属于地方豪富，但因为祖上几代都没有人做官，所以并不算世家大族。生于豪富之家的鲁肃并不喜欢置办家业田地，扩张从祖辈手里继承的产业，反而乐善好施，大散家财，标价出售自己的田地，以救济贫困、结交士人为己任，甚得乡里赞誉。鲁肃的乐善好施没有获得鲁氏宗族父老的认可，反而被当作败家子。

在同族宗老的反对下，如果没有人在后面强力支持鲁肃，鲁肃能够这么任性而为吗？不能，古时宗族的权威和力量远远超过官府。

正是在祖母的大力支持下，“鲁氏败家子”鲁肃才能无视宗族亲人的干扰，一方面“卖家产”积蓄金钱粮米；一方面学习击剑骑射，招募强壮士兵训练，组建自家的军事力量。

鲁肃，能够洞察先机，在还没有战乱的年代，就将田产处理掉，谋得最大利益，再积攒军事力量，逐渐拥有了自保力量，这在后来的发展中得以印证。正因为鲁肃力量强大，霸占寿春的袁术才会愿意以“东城县长”这样的官位来笼络他。

鲁肃，没有被眼前利益迷惑，而是前瞻性地看到了袁术政权的危机，果断地拒绝了袁术，向南投靠了好友周瑜。被触怒的袁术派兵追杀，鲁肃又凭借自己的高超箭术、口才和兵马逼退了追兵，保全了全族老少。

鲁肃能够洞察先机的能力，绝不是娘胎里带来的，十几二十多岁的年龄，正是冲动的年岁，能够做到如此，是祖母手把手培养出来的。

隔代教育并非洪水猛兽，祖父祖母也并非不能助推孙子、孙女成才，关键要看怎么教育？

信任和放手很重要

鲁肃能够快速成长，与祖母的悉心教导非常有关。信任和放手，是祖母助推鲁肃成才的重要成功经验。

信任很重要，因为生养鲁肃的不是小家小户，而是一个豪富之家。鲁肃虽然是鲁氏家族的继承人，并不意味着他能够说一不二。针对鲁肃的所作所为，定然会有不少族人在祖母面前搬弄是非，就拿前面说到的卖地事件，族人们就很不满，说他是败家子。

卖家产，定然是鲁肃与祖母协商后做出的决定。但人心是多变的，如果祖母立场不够坚定，对孙子不够信任，很可能被族人们的流言蜚语给迷惑，进而对鲁肃不再信任。如果是那样，鲁肃即便胸怀大志，也很难施展抱负。我们所熟知的曹操，在起家时，他那身为大地主、大官僚的父亲不就带着家人跑徐州避祸去了吗？

祖母对于鲁肃不仅信任，而且大胆放手，相信鲁肃做出的每一个决定。《三国志》记载，周瑜曾经带着几百个士兵去找鲁肃借粮。当时，周瑜与鲁肃素未谋面，只是慕名前来请求帮助。面对不认识的人，鲁肃就能做主把自己家两个大粮仓中的一个送给周瑜，震惊了周瑜，从此两人结为莫逆之交。也就是这个周瑜，最终把鲁肃引荐给孙权，成就了鲁肃一世名声。

把自家的一半粮食送给一个根本不认识的人，鲁肃胆敢这么做，底气在哪里，就是基于祖母的信任和放手。把粮食赠予周瑜这样的事情，只是鲁肃获得祖母放手后所做的其中一件事情。正因为祖母放手，鲁肃才能在社会这个大染缸里迅速成长起来。

一个孩子，要想快速成长，实践最重要，而当下很多祖父母，出于一种对孙子、孙女的关爱和不放心，事事都代为包办，最终培养出什么都不会做、什么都不敢做、什么都不愿做的“三不少年”。

过程远比结果重要，失败并不可怕，可怕的是没有失败的经历。失败多了，孩子才能总结经验矫正自己的想法和做法，最终收获成功的喜悦。

节俭和吃苦，是最大的财富

鲁肃，虽然出身豪富之家，本人却很节俭。《三国志·吴书》这样记载：肃为人方严，寡于玩饰，内外节俭，不务俗好。

鲁肃不喜欢玩乐，更不喜欢金银财宝，不管是在家里还是办公室都很节俭，也没有什么不良嗜好。鲁肃这个人也不好女色，历史记载他只有一个儿子鲁淑，也只有一个孙子鲁睦。

一个富家子弟，没有任何不良嗜好，还很节俭，如果没有人培养是不可能的。在这样的家庭，有多少婢女奴才绞尽脑汁讨好，只为了靠上一位“主子”在这个家族内“一飞冲天”。如果没有长辈引导培养，定会被婢女奴才带坏。这个培养鲁肃的长辈是谁，毋庸置疑，定是祖母。

最让人感动的是，鲁肃在祖母的培养下，养成了吃苦耐劳的性格。鲁肃这么一个豪富公子，能够在武艺学习上沉下心来，习得高超的武艺，最终凭借高超箭术逼退袁术的追兵，是非常不容易的。鲁肃在东吴一直担任文武双全的官职，比如鲁肃在担任汉昌太守时，还担任横江将军这个武职。

学武不仅需要吃苦，还需要极强的耐心，一般人都很难坚持下来，何况是身为富家公子的鲁肃？偏偏，鲁肃就坚持下来了，而且还学得不错，虽不能与关羽、张飞这样的万人敌媲美，但也算一员武力不俗的将领。

所以说，作为祖父母，千万不能溺爱孩子，反而要在吃苦耐劳和节俭两个方面重点培养孩子。节俭怎么培养呢？我认为不能总是满足孩子的要求，合理的要求满足，不合理的要求加以拒绝，尤其是那些没有多少用途的玩具之类的东西更应该少买或者不买。至于吃苦耐劳，祖父母们要主动引导孩子进行劳动，尤其是家务劳动，告知孩子“自己的事情自己做”，如书包整理、吃饭的碗筷、房间的卫生等都应该让孩子自己完成。

吃亏是福，也要教会孩子

《三国演义》里面说鲁肃这个人忠厚，确实如此。

鲁肃确实忠厚，而且深知“吃亏是福”。正是因为鲁肃坚持“吃亏是福”，一个从未有人当官的鲁氏家族才会出了这么一个绝世奇才，最终奠定了孙吴的建立。

周瑜信任鲁肃，起因就是因为鲁肃愿意吃亏，尽管他和鲁肃政见不同，他的想法是除掉刘备，而鲁肃是与刘备结盟，但这不妨碍他欣赏鲁肃，向孙权推荐鲁肃继承他的权位。

孙权喜欢鲁肃，也是因为鲁肃忠厚，愿意吃亏，即便是劝诫，也会让他乐于接受。终鲁肃一生，孙权对其都非常信任，甚至曾经亲自迎接打胜仗归来的鲁肃，并为其牵马，这在孙吴是独一份的殊荣。

也正是鲁肃的忠厚和愿意吃亏，才维系了孙刘联盟几十年不倒，遏制了曹操向南扩张的野心。

吃亏，并非不好。有很多祖父母并不这么认为，他们总是教育孙子孙女“寸土必争”，把孙子孙女推向了“睚眦必报”的地步，对家人、朋友没有感恩之心，最终变得“人人讨厌”。

所以，我们要好好学习鲁肃的祖母，做一个合格的祖父母，让“隔代教育”成为孩子成长的“良药苦口”，而不是成为孩子走向“歧途”的“祸首”。

3 周瑜：孩子能自我觉醒比什么都重要

周瑜，字公瑾，东汉末年名将，安徽庐江舒县人。

说起周瑜，很多人就会想起罗贯中《三国演义》对于周瑜的描写。在小说《三国演义》里，罗贯中基于文学艺术需要，周瑜被描写成与诸葛亮明争暗斗的人物，最终被诸葛亮气死，留下了“孔明三气周公瑾，周瑜气的在马上大叫一声，箭疮复裂，坠于马下，临死前仰天长叹：‘既生瑜，何生亮！’”的故事。

这是真实的周瑜吗？

《三国演义》中与周瑜人品心眼小、气量小、无良心等相关的情节描写，在传世的正规史书中，没有任何记载，纯属虚构，不可当真。纵观所有的历史评价，没有一个人涉及到周瑜器量小之类评价。

周瑜究竟是怎样一个人呢？

周瑜为人宽宏，唯一在《三国志》中曾提到过他与程普有过一些误解，但也不是周瑜的原因。程普是跟随孙坚起家的老将，年纪大资历老，一向瞧不起周瑜，经常凌辱周瑜。周瑜降低自己身份，始终不与他计较，以致后来程普敬佩他，对别人说：“和周公瑾交往，就像喝美酒一样，不知不觉就醉了。”后人用“饮醇自醉”比喻与宽厚人交，不觉心醉，令人敬服。

很多人说周瑜是被罗贯中写坏的一个人物，甚至还有人在南京发现了两本《周氏族谱》，族谱里记载了一个让人震惊的故事：周瑜的次子周胤因犯罪被孙权发配到江西时，被罗贯中的祖上罗老员外收留并招为女婿。这种亲戚关系一直保持到元末明初。元末明初时，罗家的罗贯中和周家的周叙同时参加科举考试。罗贯中屡试不第，而周叙每次都金榜题名。后来罗贯中跟随父亲到山西太原经商，常在茶馆听看“三国”内容的戏曲。写作《三国演义》时，罗贯中把在茶馆里听来的故事加以改编，把周瑜恶改成小肚鸡肠并被诸葛亮气得吐血而亡的结局，把考试落第时的怨恨发泄在了周瑜身上。

周瑜，是个身前和身后都非常耀眼的人物，身前辅佐孙策、孙权奠定孙吴帝业，身后被历代皇帝恩宠。唐德宗建中三年（公元 782 年），礼仪使颜真卿向唐德宗建议，追封古代名将六十四人，并为他们设庙享奠，其中就包括“吴偏将军南郡太守周瑜”。及至宋徽宗宣和五年（公元 1123 年），宋室依照唐代惯例，为古代名将设庙，七十二位名将中亦包括周瑜。在北宋年间成书的《十七史百将传》中，周瑜亦位列其中。

历史学家方北辰教授总结陈寿《三国志》笔下的周瑜人品，归纳了三个“大”：大方、大义、大度，方教授称呼周瑜为“三大天王”。

家学渊源，让孩子起点高

周瑜，出身高贵的庐江门阀世家周氏家族。

周氏家族从高祖父周荣担任太尉开始，到周瑜的父亲周异这一代，已经显赫了一百多年。周瑜高祖父周荣官至太尉，从祖父周景官至司空、太尉，从父周忠官至太尉、录尚书事，周家可谓是典型的“四世三公”之家。

周家又不完全是官僚世家，家学非常渊源，是非常显赫的书香门第、经学世家。高祖父周荣是被“举明经”入仕，明经就是通晓经学。汉代察举中的“明经”科，是最重要的特科之一。察举各科都有经学内容，被举者也要熟习经学；把“明经”特立为一科，说明经学在汉代政治上地位之重要。因为对经学的精通，周荣被司徒袁安征辟。偏居江南的周荣能被居住在京城的袁安所知，说明其在经学上的成就。

周瑜的曾祖父周兴，虽然只做到了尚书令，却是个名满天下的大儒，东汉名士陈忠曾称赞他“蕴匵古今，博物多闻，《三坟》之篇，《五典》之策，无所不览”。《三坟》就是写伏羲、神农、黄帝的书，《五典》是写少昊、颛顼、高辛、唐尧、虞舜的书。

周瑜的父亲周异虽然史料中没有多少关于他的内容，但他也做到了洛阳令。洛阳令可不是个简单的县令，而是首都洛阳的县令，秩千石，属吏有八百人，权力非常大。

周瑜出身高贵，典型的官二代，家风好，潜移默化中吸收的都是正能量；家里藏书多，为周瑜博览群书提供了物质条件；家族中能办私学，族中有能人教授，私学级别高，名师辅导能让周瑜学起来事半功倍。

如此种种，都说明周瑜的起点非常高。

不说别的，就说周瑜在音乐上的才能，据《三国志》记载，周瑜年少时精通音律，即使在喝了三盅酒以后，弹奏者只要有些微的差错，他都能觉察到，并立即会扭头去看那个出错者。由于周郎相貌英俊，酒酣后更是别有一番风姿。弹奏者多为女子，为了博得他多看一眼，往往故意将曲谱弹错。非常著名的典故“曲有误，周郎顾”就是称赞周瑜的音乐才能。

周瑜能有这么高的音乐水平，就是源于良好的家世。

不过，起点再高，家世再好，一切还要靠孩子本身。如果孩子不能自我觉醒，认识不到学习的重要性，再好的条件都不能助推孩子走向“正途”。决定一个孩子未来的关键性因素，还在于孩子的意愿。孩子愿意学，学起来才会事半功倍，如果不愿意学，一切都是徒然。

周瑜就是这么一个自我努力成才的孩子。

自我觉醒，让孩子成才事半功倍

综合《三国志》等史料记载分析，父亲周异应该去世的比较早，周瑜十几岁就开始当家。当家后的周瑜，必须撑起整个家的运转。一个官宦之家，人口众多，产业丰富，要运作起来并不容易，也极其锻炼人。

从周瑜的成长经历来看，他自身觉醒是成功的决定性因素。他很早就认识到学习是一个人成功的必备条件，他更认识到走出去与人交往也是成长的重要方式。

少年周瑜，经常外出拜访江南的有学之士。正是在与这些有学之士的交往中，周瑜能够把学习到的知识内化为自己的东西，并逐步融会贯通。人与人的交往，其实是很难把控的，毕竟形形色色的人因为成长的环境不用，个性特点都不相同，要与众人都能往来就需要有个包容的气度。周瑜，正是在与形形色色人的交往中，不仅养成了大度的品质，还学会了观人的本领。周瑜离开孙策回到丹阳郡时，袁术欲拜周瑜为将，周瑜观察出袁术不是人主，就请求去当居巢县的县长，等待机会回归孙策。

十六岁时，周瑜听说在离舒县不远的寿县有一位名叫孙策的少年，他立刻前去拜访，两个人一见如故，结为兄弟。周瑜邀请孙策到家中居住，并让出路南的大宅院供孙家居住，且登堂拜见孙策的母亲。周瑜很大气，不是每个官宦子弟都能这么大气的，这需要有很大的勇气和包容度。

少年周瑜，不仅学文，还学武，周瑜一生在孙吴政权中都属于武将序列，一直掌控兵权，是军中第一人。周瑜跟随孙策开始征战天下，几乎是逢战必胜。周瑜是天生的战将？不是，周瑜年少时，就开始组织和训练兵马，践行自己从兵书上习得的知识。孙策起家的时候，兵马还不如周瑜多呢，仅兵马一千多人，而当时周瑜有三四千兵马，他的加盟极大地扩张了孙策的军事实力。孙权曾经评价周瑜是“王佐之才”，由此可见周瑜是允文允武的绝世名将。

真要说起来周瑜完全没有必要学的这么认真，周家是江南的世家大族，不管是谁统治江东，都会重用周氏家族，周瑜完全可以凭借祖荫家世当官。就是在家吃吃喝喝，做个纨绔子弟，他也有这个资本。但周瑜没有花天酒地、颓废度日，反而勤学苦读，不断历练，在他的努力下，相貌非凡的他成长为威震江东的美男子。

所以说，孩子成长的关键还在于孩子的意愿，孩子愿意学、肯学，才能学得进，才能学得快，才能学有所成。为什么那些农家子弟能够早当家？是因为家庭的贫苦逼迫着他们必须凭借知识来改变命运。而要凭借知识改变命运，就必须把自己的心放在学习上，不仅要放在学习上，还要想尽办法让自己学习的效率增加，因为家庭没有太大的能力来帮助他们，反而还需要他们出力来帮助家庭。经常从报道中看到，有些孩子家庭贫苦，每天除了学习，还要帮家里做家务干农活，学习和作业的时间并不充裕，如果不加快学习效率，就完不成学习的任务。

不是每一个孩子都能像周瑜这样能够自我觉醒，认识到学习的重要性的，这就需要父母的引导。

积极引导，刺激孩子主动学习的欲望

没有哪一个孩子是天生好学的，总是因为后天的一些必然的和偶然的因素汇聚在一起，最终激发出孩子主动学习的欲望。

作为父母，不能错误地认为“学习是老师的事情，生活是我们的责任”。

作为父母，除了要保证好孩子的吃穿住行，还应该从小就注意激发孩子学习的兴趣，让孩子爱上学习，乐于学习。激发孩子学习的欲望是父母应尽的责任。

怎样做才能激发孩子的学习欲望呢？

一是创造良好的学习环境。孩子学习的环境要安静、整洁，住房尽量远离喧闹、空气污染的地方，环境的布置要简朴，不要有过多的张贴和装饰，学习环境中要有新鲜的空气和充足的阳光，以减少学习环境中不良因素给孩子带来的干扰刺激。

二是经常与孩子进行亲子交流。亲子交流过程中，父母应该向孩子渗透有关学习的故事和小常识，在逐步与孩子建立相互信赖的朋友关系的同时还能使他认识到学习的重要性，在平时还要注意带孩子参加一些科技性的展览及竞赛活动以激发他对学习的兴趣和好奇心。

三是让孩子明确学习的目的，激发他主动学习的自觉性。例如在孩子进行某一项学习时，必须要让他明确此项学习的目的、任务和意义，让他认识到学习这一内容所要完成的任务和要解决的实际问题，同时帮助他寻找学习的途径和方法，引导他对成功所带来的喜悦的向往，自然而然地使他保持自觉学习的良好习惯。

四是注意锻炼孩子的意志力，即逐步引导他在有干扰的环境中或在有限的时间内坚持完成学习任务。这样当孩子遇到困难又不能在短时间内解决时，就不会对学习放松甚至自暴自弃，他们就会懂得寻求帮助或者凭借自己的努力寻找到解决的办法。

五是面对孩子的成功，要及时加以表扬和鼓励，以激发孩子学习的积极性。当孩子出现学习分心的现象时，不要过分指责，批评要细致耐心，简明扼要，不要过分唠叨，更不能对孩子进行身体上的惩罚和人格上的侮辱。

 陆逊：谁说祖父养育不出好孩子

陆逊，本名陆议，字伯言，吴郡吴县（今江苏苏州）人，三国时期孙吴政治家、军事家。

陆逊是一个出则为将入则为相的全才。陆逊也是陈寿撰写的《三国志》中为数很少几个能够单独立传的三国名人。陈寿原本是蜀汉的臣子，能够为一个旁国大臣单独列传，如此殊荣可见陆逊本事。金圣叹曾经评价陆逊是三国第一人。

陆逊的儿子叫陆抗，是孙吴最后一位名将，他死后不久孙吴就被晋国所灭。纵观三国历史，能够两代人同为国家柱石，忠贞不二，有能力保卫国家不为他国所灭的，陆逊父子算是一对。陆逊父子和周瑜一样，都在身后被历代帝王追封，极其荣耀。

由此可见，陆逊不仅是个文武全才，还是个好父亲。陆逊的后人在两晋南北朝时期仍然身居高位，显赫了几百年之久。

是谁培养出了如此优秀的陆逊？

从祖父亲授，为孩子打下了坚实基础

说起来，陆逊和鲁肃非常相似，两个人都是自幼丧父，不过鲁肃是自幼随祖母长大，而陆逊却是跟随从祖父长大。

鲁肃出身于豪族，陆逊却不同，陆逊出身于江南四大世家的陆家。陆逊的祖父名叫陆纡，聪明好学，官至城门校尉（秩比二千石，掌管洛阳城门守卫职责），父亲陆骏朴实诚信，官至九江都尉。可惜父亲陆骏去世非常早，陆逊被从祖父陆康抚养。从祖父，就是祖父的兄弟，陆康是陆纡的亲兄弟。

陆康是陆氏家族的头面人物、族长。陆康可不是个简单的人物，他年

轻时就有义烈之名，最早受扬州刺史臧旻推举为茂才，然后出任高成县令（在今河北省盐山县一带）。由于高成县地处偏远，当地治安很乱，每户人家都备有弓弩，而每次县令一到，首先就征发民力修建城墙。陆康到任后，将修建城墙的民夫遣散，百姓大悦，又以树立恩信为方法，连盗贼都逐渐被收服了。州郡上表表彰他的功绩，于汉灵帝光和元年（公元178年）升任武陵太守，后来又转任桂阳、乐安两地，所到之处都得到称赞。

陆康为人忠诚，曾经上书劝谏汉灵帝，家学渊博，也是当时的名士。陆康的小儿子名叫陆绩（年龄比陆逊还小，两人的关系大概和荀彧与荀攸的关系差不多），在陆康的教导下，幼时整修诗经、书经，成年时擅长礼经、易经，学养深厚，六岁时去见袁术，曾留下了“怀橘遗亲”的典故。“怀橘遗亲”说的是陆绩随父亲陆康到九江谒见袁术，袁术拿出橘子招待，陆绩往怀里藏了两个橘子。临行时，橘子滚落地上，袁术嘲笑道：“陆郎来我家做客，走的时候还要怀藏主人的橘子吗？”陆绩回答说：“母亲喜欢吃橘子，我想拿回去送给母亲尝尝。”袁术见他小小年纪就懂得孝顺母亲，十分惊奇。

陆康还有神棍的潜质，曾经绘制了浑天图，还预测过西晋一统天下的时间。从陆绩的成长轨迹来看，陆康这个人在经学上也是当时的大家。

陆逊跟随从祖父陆康到庐江太守的任上生活，一边博览群书，一边接受陆康的教导。当时，陆绩和顾邵以博览书传齐名，陆逊、张敦、卜静次之。这说明陆逊虽然不如叔叔陆绩书读得多，但差的不多，在当时也是非常出名的。

陆康为人忠诚、魄力非凡、敢作敢当、博学多才，最重要的是陆康这个人是知兵的，曾多次平定叛乱。当时，庐江郡出现盗贼黄穰等人，连结江夏等地的势力，多达十余万，攻陷了四个县。朝廷于是任命陆康为庐江太守。陆康就任后，赏罚分明，击破了黄穰等人，其他残余也纷纷归降。

后来袁术与陆康反目，曾派遣江东小霸王孙策攻打庐江郡，陆康竟守住城池达两年之久，由此可见陆康的军事才能。陆康上马能打仗平叛，下马能治理地方。这样一个人物，在培养陆逊的时候，绝不会单纯地让陆逊只读经学，一定会涉及到兵书的学习和讲解，至于武艺的训练更是毋庸置疑。汉朝的士大夫，大都武艺不错，司徒王允还有徐庶就是剑术高手。

在从祖父陆康的悉心照顾下，陆逊虽年幼，却已经成长为满腹诗书、允文允武的少年俊才。

从陆逊的成长经历来看，父母也好，祖父母也好，外祖父母也好，只要是真正用心参与到孩子的成长过程中来，都能够助推孩子健康成长。

曾有一位朋友，因为父母总是干涉自己教育女儿，不得已背负贷款在外买房。我曾问她为何不与父母沟通，她说沟通了好多次，父母还是依然如旧，而孩子在他们的溺爱下已经养成了诸多恶习，实在没办法才分开居住。

为什么朋友的父母会成为了她女儿成长道路的“拦路虎”？这与祖辈所抱的心态有很大关系。对待子辈，他们都是严格要求，希望子辈能够出人头地；对待孙辈，因为他们觉得自有儿辈教导，自己不需要参与进去，只需要关爱孙辈，享受天伦之乐。

有些祖辈能够把握住关爱孙辈的度，不干涉儿辈的教导；但有些祖辈，却因为关爱过度，蜕变成溺爱，被聪慧敏感的孙辈抓住，成为孙辈抵抗儿辈教诲的依仗，逐渐成了孙辈走向“正途”的“绊脚石”。但这些祖辈不能自知，有的人还沾沾自喜，坚持一套“孩子还小懂什么，等大了自然就会懂”的观点，最终把孙辈送进了深渊。这就是我们常常说的“隔代亲”。

我们要牢记：每一个孩子的成长，不应该仅仅是父母的责任，在孩子生活中出现的每一位长辈亲人，都必须给予孩子“正能量”，而不是无底线的溺爱。

临危受命，在家族历练中成长

陆逊虽然在从祖父陆康的教导下，成长为少年俊才，但大多数都是“纸上谈兵”，根本没有践行机会。很快，机会来了。可这个计划，陆逊并不希望有。前面我们说到，袁术派遣孙策率军攻打陆康。战前，陆康就把陆逊和幼子陆绩等族人送回了老家吴郡，并指定年长一点的陆逊继任一家之主。陆康苦撑两年，城池被孙策攻破，心力交瘁的陆康在一个多月后去世，此时，陆逊年仅十二岁。

庐江一战，陆氏族人死伤过半，继任家主的陆逊是临危受命。支撑一个名震江南的陆氏家族，并不容易。从陆逊十二岁临危受命，到二十一岁应召进入孙权的幕府出仕，这中间九年的时间，历史上没有任何记载。

这九年虽然没有任何记载，但对于陆逊的一生来说至关重要。九年里，陆逊奉从祖父陆康的遗命“纲纪门户”，再也不能像其他小伙伴那样拥有无忧无虑的童年时光，更没有时间和大家一起玩泥巴过家家，他必须整顿家族事务，尽快让家族从庐江战败的损失惨重中恢复过来。

南宋诗人陆游曾写过一首哲理诗《冬夜读书示子聿》，里面有两句“纸上得来终觉浅，绝知此事要躬行”。陆逊虽学习成绩优秀，毕竟都是“纸上谈兵”，正是在这九年里，陆逊摸爬滚打，在家族管理、对外交往中既将以前所学的知识融会贯通，又学习到了很多以前从未接触的人情世故。

最重要的是，掌家的陆逊，根本无人依靠，一切事情都只能靠自己决策，失败了反思总结继续再来，成功了归纳经验，这对陆逊的成长影响非常大。正是少年时期这段掌家的经历，让出仕后陆逊虽然名声不显，但不管是治理县务，还是平定叛乱，陆逊都做得非常成功。

学的再多，如果没有实践机会，那只能是想法，不能成为解决办法的策略，就会像三国时期的马谡一样。不客气地说：学一个月的成果或许还不如让孩子独自实践一天的效果。

而现在很多父母，总是狭隘地认为“学习就是把书本的知识死记硬背”，如果学习的知识不能加以运用，那只能成为脑海中的一段文字符号，久而久之，甚至会让孩子产生厌学情绪。

与其这样，不如在生活中，多一点时间让孩子去实践，比如每周末安排让孩子去菜市场买一次菜、做一次饭等活动，这些活动都能让孩子将学习的知识融会贯通。

祖辈榜样效应，也能助推孩子成长

说起来，陆逊和孙氏家族是有家仇的。当年，是孙策攻破庐江城，杀死陆氏家族近一半人，还让自己最亲的从祖父陆康抑郁而亡。陆逊完全可以投靠孙吴的敌对势力或者选择永远不为孙吴出力，但他没有，他继承了从祖父陆康的忠贞，在孙吴危急存亡之际，挺身而出，打败刘备，并用夷陵之战成就了自己的威名。

从祖父陆康是陆逊心中的偶像，他在成长过程中，继承了祖父陆康所有的优点，还衍生了一些很棒的优点，比如说谦逊，陆逊把自己的名字从陆议改为陆逊或许就是为了提醒自己要时刻保持谦虚、退让。

陆逊的谦逊在孙吴是有名的。吕蒙推荐陆逊继任都督后，陆逊做的第一件事情就是给关羽写信，信中自贬到很低的地方，虽然是计谋，但也是陆逊为人的表现。夷陵之战，陆逊临危受命，年已三十九岁的他，军中众将“各自矜持，不相听从”，他没有仗势而压（当时孙权赐剑用以斩杀不服者），而是按剑而起慷慨呈辞弹压了不听节制的将领。后来孙权听说了此事，问陆逊说：“你当时怎么不上告诸将不服从指挥约束呢？”陆逊回答说：“我深受国恩，所负重任超越自己的实际能力。况且这些将领或是陛下亲信，或是我军勇将，或是国家功臣，都是国家理当依靠来共同建立大业的人。微臣虽说笨鲁懦弱，心中却暗慕蔺相如、寇恂谦虚居下的道义，以成就国家大事。”

如此种种，可以看出祖辈做好孩子的榜样，对于孩子的成长也是非常有帮助的。现在不少祖辈，因为自己已经不用教导儿辈，就放松了对自己的要求，不仅仅纵容孙辈，自己也成为影响孙辈走向歧途的“负能量”。

作为祖辈，一定要尽可能严格要求自己，不说成为孩子的正能量榜样，最起码不能成为孩子不良行为的模仿源。临了，临了，也应该站好最后一班岗，既不为儿辈添麻烦，又能助推孙辈成长。

5 周处："亡羊补牢"式的规正，孩子更需要

周处，字子隐，义兴阳羡（今江苏宜兴）人。

有人说，周处是三国时期最牛的武将，远超过吕布，因为他杀过蛟龙。有人说，蛟龙不是神话传说里的怪物么，难道真有。要说这可不是传说轶事，是明确记载在《晋书》上的内容。

周处这个人不简单，他能文能武。

说他能文，是他著有《默语》三十篇及《风土记》，也曾撰集《吴书》（吴国历史）。《默语》和《吴书》是什么内容，没人知道，因为早已经失传。但《风土记》却流传至今，这是一部记述地方风俗的名著，今人查考端午、七夕、重阳等习俗，所依据的便是这一部《风土记》。

说他能武，是少年周处，能射虎，能杀蛟龙，天生神力，西晋灭孙吴后，周处被征召到洛阳，先后外放新平太守、广汉太守，新平郡和广汉郡都是毗邻少数民族的州郡，动不动是要平定少数民族叛乱的。周处都做得非常不错，后来被朝廷派去征伐反叛的氐人齐万年，将兵五千斩杀敌军一万多人（他的部下竟没吃饭就上战场，还有这么强的战斗力，由此可见其武力值）。

当然，周处死得很冤枉，被西晋的梁王司马肜携私报复害死。说起两人的仇恨也很简单，周处为人正直，因为弹劾梁王的不法行为，被梁王记恨。

周处虽然死得冤枉，但历史没有忘记他。他死后，西晋朝廷追封他为平西将军，赐他百万钱，安葬之地一顷，京城一座占地五十亩的宅第，又赐给他一座五顷的皇家庄园。当时，周处的母亲还在，西晋朝廷下诏书要奉养周处的母亲至寿终。

为纪念周处，晋惠帝元康九年（公元 299 年）朝廷为他建立祠堂，原名“周孝侯祠”，南宋绍兴年间赐名“英烈庙”，元顺帝追封他为英义武惠

正应王，故称“周王庙”，亦称“周侯古祠”，历代均有修建。著名书画艺术家尹瘦石曾在周王庙为他宜兴籍的老乡周处题字“阳羡第一人物”。

可这么一位名垂千古的忠臣义士，幼年时期却是横行乡里的恶霸，与白额猛虎、水中蛟龙被乡邻共称“三害”。

他为何会成为乡中恶霸，为人厌恶呢？

母亲溺爱，熊孩子称霸乡里

周处出身不错，父亲周鲂，年少时好学，被举为孝廉，因功被孙权封为关内侯，官至裨将军、鄱阳太守。周鲂因什么功被封赏呢？周鲂诈降曹休，诱其率军接应，使曹休在石亭之战中一败涂地。《三国演义》中以“周鲂断发赚曹休”为回目写到此事。

可惜，周鲂去世得太早，大约是赤乌初年（约公元 238 年）前后，而此时周处才两岁多。周处幼年丧父，年龄小到对父亲都不见得有印象。陪伴周处成长的是他的母亲。

周处的母亲活的时间非常长，周处战死沙场的时候已经六十一岁，他的母亲仍然健在，西晋朝廷下旨奉养她。即便是十几岁就生养了周处，周母在周处战死时最少也将近八十岁了。

父亲虽然早逝，毕竟是官宦世家，尤其是孙权晚年比较奢靡，大臣武将们都比较富裕。周处家衣食无忧，而且孙吴武备实行部曲制，父死子继。

在古代女性地位低下，周处如此有名望，甚至朝廷下旨奉养周母，但依然没有任何关于周母的记载，连姓氏都不知道。可能周母如果不是生下周处，其家财都要被周氏家族的其他人吞并，命运也不会太好。

在古代，母凭子贵的案例很多。周母对于周处比较溺爱，毕竟周处是他的唯一依靠。至于纵容，肯定也是有的。很多父母总是会抱着一种“孩子还小，犯点错也正常，等长大了就好了”的观念。古代的女性往往不能随意外出，周处真要在外面做了什么坏事，如果没有人来告状，她恐怕不一定能知道。而一般的乡人要到周家见到周母告状也不容易。所以说，周母对于周处作恶既有纵容，也可能有不知情的状况存在。

少年周处确实干了很多错误的事情。他年少时身材魁梧，臂力过人，武艺高强，好驰骋田猎，不修细行，纵情肆欲，横行乡里。民谣说：“小周处，体力强，日弄刀弓夜弄枪。拳打李，脚踢张，好像猛虎扑群羊。吓得乡民齐叫苦，无人敢与论短长。”这位“少孤，不修细行，州里患之”的七尺少年，被乡民与南山猛虎、西氿蛟龙合称为阳羡城“三害”。

少年周处，价值观还在成长阶段，没有强力的家人能够约束他。当他第一次挥舞起拳头解决纠纷时，那种刺激和掌控的感觉很容易会让他迷失自己。因为武力能够带给周处胜利的快感和别人的畏惧，身体中恶的一面会逐步压制住善的一面。时间长了，遇到问题或者纠纷，他想到的不再是协商解决，反而是武力威慑，甚至明明是自己错的，仍然会习惯性地使用武力。当正确的人摄于武力退缩后，周处的价值观就会受到冲击，逐步混淆对错是非。因为他已经不需要去分辨自己的对错，武力会让自己的一切错误变成正确存在。

这样的案例虽然极端，但在当下的家庭也有一些影子存在。不少父母因为溺爱，总是坚信自己的孩子是好的，总是觉得问题出在别人身上，喜欢纵容自己的孩子。久而久之，孩子就会走向恶的深渊，就像《中国教育报》报道的篡改高考志愿的案例，篡改者的父母始终不肯相信儿子犯了错，即便是知道儿子犯错了，不是想着让儿子规正错误，反而是想尽办法不让儿子受到惩罚。

当然，周处还是很伟大的，因为他“浪子回头”了。

浪子回头，奋发努力走正途

关于周处是如何改邪归正的，《晋书》这样记载：处自知为人所恶，乃慨然有改励之志，谓父老曰：“今时和岁丰，何苦而不乐耶？”父老叹曰：“三害未除，何乐之有！”处曰：“何谓也？”答曰：“南山白额猛兽，长桥下蛟，并子为三矣。”处曰：“若此为患，吾能除之。”父老曰：“子若除之，则一郡之大庆，非徒去害而已。”处乃入山射杀猛兽，因投水搏蛟，蛟或沉或浮，行数十里，而处与之俱，经三日三夜，人谓死，皆相庆贺。

处果杀蛟而反，闻乡里相庆，始知人患己之甚，乃入吴寻二陆。时机不在，见云，具以情告，曰：“欲自修而年已蹉跎，恐将无及。”云曰：“古人贵朝闻夕改，君前途尚可，且患志之不立，何忧名之不彰！”处遂励志好学，有文思，志存义烈，言必忠信克己。

《晋书》将周处改过自新的因素归结于两点：

第一是周处自身觉醒。周处知道大家都很讨厌他，尤其是问了乡里比较有身份地位的乡老，乡老如实相告，说出了三害对于百姓的危害。周处羞愧而有改过的想法，他先后杀死猛虎和蛟龙表明自己的决心。

第二是寻找名师辅导。当周处用了三天三夜杀蛟龙时，乡人以为他已经死去，纷纷庆贺，周处回来知道后，悔恨之情越来越浓，但他没有自暴自弃，反而是去寻找孙吴的两位大名士陆机和陆云兄弟（二人是陆逊之孙）。陆云劝导他只要有心改过，什么时候都不晚。

有信心，有名师点拨，再加上周处本身就有习武人“不服输”的精神，从此发奋读书。我觉得周处能“浪子回头”少不了母亲的帮助。没有母亲不望子成龙，看到儿子周处在“歧途”上越走越远，再迟钝的母亲，也明白继续这样下去的后果。周母为了能够规正儿子的错误，想尽办法，如乡老面对周处的询问，能够如实相告，正是周母努力结果。

当周处发现乡人以为他在与蛟龙搏斗死去庆祝时，他的心情可想而知。周处，为什么要不畏艰险除掉猛虎与蛟龙两害？就是想表明自己的决心，希望获得乡人的谅解。事实的残酷，让他非常渴望有人安慰，母亲及时出现，给予安慰与鼓励，让他坚定了改变自己的信念。

至于寻找名师指点，也是受到母亲指引。现在不少人考证，周处去寻找陆机和陆云求教存在很大的问题，周处是公元 236 年出生的，陆机和陆云却是公元 261 年左右出生的，年龄差距太大了。不管名师是谁，他都为周处指引了方向。

周母为周处的“浪子回头”想尽了办法，挖空了心思，付尽了努力。周处一直非常孝顺母亲，他死后，朝廷给他议定的谥号是孝。母亲对于他来说，不仅有亲情，更多的还有感恩。

孩子犯错不可怕，可怕的是犯错后，父母不纠正，反而放任。放任也就罢了，有的父母等到孩子犯错积累到了劣迹斑斑，竟选择放弃孩子。有一个孩子，从小偷小摸开始，胆子越来越大，把整个村子都偷了遍，父母刚开始也不管，等实在是告状和找到家里要赔偿的人越来越多，这才用暴力逼迫孩子回头。孩子越打越皮，偷窃的情况也更加严重。等到家里实在支付不起赔偿的时候，孩子父亲竟登报声明断绝父子关系。

没有人不犯错，但不能在孩子犯小错的时候不规正，犯大错的时候却想着逃避责任。即便孩子已经劣迹斑斑，父母仍不能放弃对他的希望，应尽一切努力去帮助他“改邪归正”。

教育孩子，要坚信“亡羊补牢犹未晚矣”

曾有朋友问我：“当孩子实在是在某一方面一塌糊涂的时候，该怎么办？”

首先要坚定地相信“亡羊补牢犹未晚矣”。面对孩子的问题，不翻旧账，翻旧账不仅无益于解决孩子的问题，还容易让孩子产生“破罐子破摔”心理。

一切要往前看，只有相信明天是美好的，我们才有信心去帮助孩子改邪归正。抛开那些陈年旧账，我们和孩子一起剖析问题缘由，寻找改变的办法，鼓励孩子增强信心，及时表扬孩子的进步。

在帮助孩子规正时，很多父母面临最大的问题是孩子容易出现问题反复。就像很多女性朋友减肥一样，努力一段时间体重下降明显，但没过多久体重会出现反弹。孩子的问题和女性的减肥其实是相通的。

孩子没有形成正确的价值观，规正错误更多的还是在父母的引导下。孩子的意志力并没有随着父母的引导而投射到错误改正上，出现反复是很正常的事情，甚至有些孩子还会不进反退。曾有一位朋友的孩子数学成绩一直不好，自己想办法引导后，成绩不增反而退步特别严重。

面对反复现象，第一不能急，要以正常的心态去透视孩子的反复，寻找问题所在，而不是急于抛弃自己引导孩子的方法。第二是要客观公正地寻找“孩子虽然出现反复，但是否在某些方面存在进步情况”，如果存在，就要继续坚持。第三是要坚定信心，要坚信帮助孩子规正是必要的、正确的，不能因为孩子的反复就怀疑自己；还要坚定其他家人的信心，他们因为没有参加，往往不注重过程，反而看重结果，而规正的效果并没有那么快见效，因为没有见效，他们会觉得你是失败的，别让他们产生这样的想法，那样他们会成为规正孩子的“绊脚石”。

规正孩子，需要坚持，需要智慧，因为孩子的问题已经积弊很久，很难短时间规正，需要等待。

坚信“亡羊补牢犹未晚矣”特别重要！

本章小结

1. 潜规则

有一些父母，把工作中为人处世的哲学贯通到陪伴孩子成长的过程中来，很多事情并不明确指出孩子的错误，反而使用各种暗示手段，试图让孩子自我察觉，这不是尊重孩子，是在害孩子。作为父母，可以以宽容、大度、温和作为工作生活中为人处世的原则，但在教育孩子的过程中，即便应该构建和谐、亲密的亲子关系，也绝不能纵容孩子，甚至是被孩子摆布。

对待孩子要宽严有度，一些鸡毛蒜皮的事情，能宽容的要宽容，但在一些大是大非上一定不能松懈，尤其对孩子不尊敬老人、打骂其他孩子这些恶习要做到“零容忍”。有些父母认为，孩子还小，什么都不懂，等以后长大了就懂了，无须严格要求。甚至还有父母觉得，很多优秀的传统美德，早已经镌刻在孩子的基因里，等到一定的时机，这些美德就会“自我觉醒”。任何一项美德“觉醒”，都需要父母用言行做榜样来“促醒”，否则孩子的这些美德基因只会消亡，绝不可能会“觉醒”。

别看着孩子“学坏”放任，更别等着孩子“败家”。在原则问题上，父母要“阳刚”起来，让孩子不骄傲、尊老爱幼，对待一切都有敬畏之心；只有有“敬畏之心”的孩子，才能在成年后的生活里过得越来越好。

2. 隔代教育

祖父母、外祖父母，出于对孙辈的关爱和不放心，事事都代为包办，培养出什么都不会做、什么都不敢做、什么都不愿做的“三不少年”。

作为祖父母、外祖父母，千万不能溺爱孩子，反而要在吃苦耐劳和节俭两个方面重点培养孩子。不能总是满足孩子的要求，合理的要求满足，不合理的要求加以拒绝，尤其是那些没有多少用途的玩具之类的东西更应该少买或者不买，引导孩子养成勤俭节约的好品质。主动引导孩子进行劳动，尤其是家务劳动，告知孩子“自己的事情自己做”，如书包整理、吃饭的碗筷、房间的卫生等都应该让孩子自己完成，引导孩子养成吃苦耐劳的好品质。

祖父母、外祖父母要容许孩子吃亏，别总教育孙辈“斤斤计较”，对于什么都要“寸土必争”，这样把孙子孙女推向了“睚眦必报”的地步，对家人、朋友没有感恩之心，最终变得“人人讨厌”。做合格的祖父母、外祖父母，让“隔代教育”成为孩子成长的“良药苦口”，而不是成为孩子走向“歧途”的“祸首”。

3. 家世背景

起点再高，家世再好，一切还要靠孩子本身。如果孩子不能自我觉醒，认识不到学习的重要性，再好的条件都不能助推孩子走向“正途”。决定一个孩子未来的关键性因素，还在于孩子的意愿。孩子愿意学，学起来才会事半功倍，如果不愿意学，一切都是徒劳。孩子愿意学、肯学，才能学得进，才能学得快，才能学有所成。

4. 学习欲望

没有哪一个孩子是天生好学的，总是因为后天的一些必然的和偶然的因素汇聚在一起，最终激发出孩子主动学习的欲望。作为父母，除了保证好孩子的吃穿住行，还应该注意从小激发孩子学习的兴趣，让孩子爱上学习，乐于学习。激发孩子学习的欲望是父母应尽的责任。怎样做才能激发孩子的学习欲望呢？

创造良好的学习环境，孩子学习的环境要安静、整洁，住房尽量远离喧闹、空气污染的地方，环境的布置要简朴，不要有过多的张贴和装饰，学习环境中要有新鲜的空气和充足的阳光，以减少学习环境中不良因素给孩子带来的干扰刺激。经常与孩子进行亲子交流，父母应该向孩子渗透有关学习的故事和小常识，在逐步与孩子建立相互信赖的朋友关系的同时还能使他认识到学习的重要性。引导孩子明确学习的目的，激发他主动增强学习的自觉性。注意锻炼孩子的意志力，即逐步引导他在有干扰的环境中或在有限的时间内坚持完成学习任务。面对孩子的成功，要及时加以表扬和鼓励，以激发孩子学习的积极性；当孩子出现学习分心的现象时，不要过分指责，批评要细致耐心，简明扼要，不要过分唠叨，更不能对孩子进行身体上的惩罚和人格上的侮辱。

5. 亡羊补牢

孩子犯错不可怕，可怕的是犯错后，父母不纠正，反而放任，等到孩子犯错积累到了劣迹斑斑，竟选择放弃孩子。没有人不犯错，但不能在孩子犯小错时不规正，犯大错时却想着逃避责任。即便孩子已经劣迹斑斑，父母仍不能放弃对他的希望，应尽一切努力去帮助他“改邪归正”。

首先要坚定地相信“亡羊补牢犹未晚矣”。面对孩子的问题，不翻旧账，翻旧账不仅无益于解决孩子的问题，还容易让孩子产生“破罐子破摔”心理。一切要往前看，只有相信明天是美好的，父母才有信心去帮助孩子改邪归正。抛开那些陈年旧账，和孩子一起剖析问题缘由，寻找改变的办法，鼓励孩子增强信心，及时表扬孩子的进步。

在帮助孩子规正时，很多父母面临最大的问题是孩子容易出现问题反复。孩子没有形成正确的价值观，规正错误更多的还是在父母的引导下。孩子的意志力并没有随着父母的引导而投射到错误改正上，出现反复是很正常的事情，甚至有的孩子还会不进反退。

面对反复现象，第一不能急，要以正常的心态去透视孩子的反复，寻找问题所在，而不是急于放弃自己引导孩子的方法。第二是要客观公正地寻找“孩子虽然出现反复，但是否在某些方面存在进步”，如果存在，就要继续坚持。第三是要坚定信心，要坚信帮助孩子规正是必要的、正确的，不能因为孩子的反复就怀疑自己；还要坚定其他家人的信心，他们因为没有参加，往往不注重过程，反而看重结果，而规正的效果并没有那么快见效，因为没有见效，他们会觉得你是失败的，别让他们产生这样的想法，那样他们会成为规正孩子的“绊脚石”。

规正孩子，需要坚持，需要智慧，因为孩子的问题已经积弊很久，很难短时间规正，需要等待。

第九章

谁说女子不如男

——三国时期女性家庭教育启示

封建时代，虽然女性地位低，却决定着一个家族的未来。由此可见，培养出一个各方面素养好的女孩尤为重要。古人对女孩的培养并不像我们所想的那样忽视，反而在琴棋书画各个方面都很重视。黄月英、王元姬、甄宓、蔡琰、杨艳、辛宪英、贾南风、夏侯令女、阮氏、孙鲁班十位女性都是名震千古的女性，有的是赞名，有的是骂名，为什么会出现这样截然不同的结果呢?

1 黄月英：尊重孩子意愿是父母必须做到的

黄月英究竟叫什么？有人说她叫黄月英，也有人说她叫黄婉贞，还有人说她叫黄硕，字月英。不管叫什么，都没有任何史料佐证，一切来源于民间传说。

古代的女性地位低，别说名字了，能够在史料记载时提及本来姓氏，就是莫大的光荣了，有的女性，即便丈夫非常有名，儿子非常有名，也只是冠以某某妻、某某母的称呼。其实，我们称呼她黄氏更好，这里姑且就叫黄月英吧。

黄月英是谁？不用我说，大家都知道。黄月英，三国时荆州沔南白水（今湖北襄阳）人，沔阳名士黄承彦之女，诸葛亮之妻，诸葛瞻之母。

真要把黄月英放到现代来，可以用两个关键词来形容她的人生：

第一个关键词是丑。裴松之在补注《三国志》时，引用《襄阳记》，记载黄承彦曾对诸葛亮说家有丑女。丑到什么地步，不知道，黄承彦仅用“黄头黑色”四个字概况。因为这四个字，各种传说多了起来，但不管怎么说，一定是与当时的审美观有所差异。当时的美女以白为美，刘备的妾室甘夫人，皮肤白的像玉一样，据说刘备将甘夫人召到自己的内室纱帐中，然后从屋子外面往里看去，甘夫人就如同皎洁的月光照耀下的霜雪一样。

第二个关键词是有才。《襄阳记》中记载黄承彦对诸葛亮说自己的女儿“才堪配”。黄承彦能够说出黄月英有才，名士都是比较谦虚的，这说明黄月英真的很有才。历史上关于黄月英有才的传说非常多，甚至还有不少人说诸葛亮在黄月英的教导下益发出色。不管是真是假，最起码说明黄月英确实有才气。

黄月英究竟是怎么成长起来的呢？与她的父亲黄承彦有着莫大的关系。那黄承彦究竟是怎么教育黄月英的呢？

暖心鼓励，让孩子不自卑

容貌，别说在古代，即便在现代，都是女子非常重要的评价标准。

漂亮是一种资本，君不见曹操不仅喜欢美女，还喜欢别人家的美女。他曾为了张绣叔叔的遗孀邹夫人送掉了长子曹昂、侄子曹安民、心腹典韦的性命，由此可见美女的威力。

在那个年代，普通百姓的女儿，长得丑尚且自卑，更何况上流社会的小姐们？黄家在荆州可不是普通家族，虽然父亲黄承彦是个隐士，但他的老丈人是荆州蔡氏的族长，交往的朋友如庞德公、司马徽，都出身于世家。

长得丑的黄月英，定然遭受了不少白眼和嘲笑，连其父黄承彦都要遭受“池鱼之殃”，更别说丈夫诸葛亮了。诸葛亮娶了黄月英后，《襄阳记》曾记载：“时人以为笑乐，乡里为之谚曰：‘莫作孔明择妇，正得阿承丑女。’”看到了吧，别说黄月英，连诸葛亮都成为了大家的笑柄，甚至还有人写了嘲笑的歌曲传唱。

丑成了黄月英的标签，自卑自然而然就会出现，恐怕她还会患上社交恐惧症，宅在家一定会成为黄月英的标准配置。黄月英有没有自卑呢？

没有，她反而相当自信。据说她看上了又高又帅又有才的诸葛亮，让父亲上门“表达心意”，诸葛亮答应了，她还出题考验诸葛亮。这得有多大的自信呀？想想一个长得不咋样的女孩子看上了“都敏俊”一样的男子，这个男子要是答应了，她得多高兴呀，估计要“一蹦三尺高”，可她不仅没有这么做，反而还设置考验，这说明她对自己非常自信，根本不觉得帅气的诸葛亮会中途反悔。

这种自信从何而来，定然是来自于父亲黄承彦的暖心鼓励。自卑的孩子，心理是非常敏感的，敏感于父母亲人哪怕是极其细微的举动。作为父亲，黄承彦一定是关注到了女儿敏感的根源，利用一切可以利用的机会去扭转她对于美丑的定义，让女儿明白相貌不是唯一标准。

黄承彦定然不只做出扭转女儿对于美丑定义的举动，肯定还有各种各样渗透在日常生活中的包括言语等一切活动在内的鼓励和肯定。传销最可怕的在于洗脑，那么多人陷入其中，就是被传销组织头目用言语营造的虚幻未来迷惑。传销可恶，洗脑更可恶，但鼓励孩子走向阳光不可恶，应该植入到陪伴孩子成长过程中来。

不少父母总是不注意，有意无意间就会去揭孩子的伤疤，而这些伤疤其实是孩子最想隐藏起来的自卑，他们极度渴望获得他人的认可，尤其是父母的认可。作为父母，要跟黄承彦学习，不但不揭孩子伤疤，而且注意保护孩子伤疤。

日常生活中，孩子产生自卑可能绝大多数并不来自于自身缺陷，更多的还是因为学习或者其他方面的暂时落后而被父母或者亲人长达数次或者十数次的批评催生。作为父母，不能人为地为孩子制作自卑源，应该尽一切可能保护和强化孩子的自信心。

唯有自信的孩子，未来才会更优秀。

当然，黄承彦不仅让女儿黄月英摆脱了自卑，他还让女儿找到了自信的依仗。

悉心培养，让孩子全面发展

古人说“女子无才便是德”。黄承彦偏偏不这么认为，当他向诸葛亮提出婚配要求时，说出了一个很重要的理由：才堪相配。说明黄承彦认为女儿黄月英在才能上不输于诸葛亮。

其实在中国古代，有才的女子非常多，只不过因为女性地位低下，在编纂史书的时候往往不会被记录，这导致很多杰出女性被埋没。同一时代的才女就有蔡琰和王元姬，关于王元姬，其祖父王朗曾经说过：“使我们家兴盛起来的，一定是这个女孩，可惜她不是男子！”也有人说黄承彦这么说有夸大的成分，我不这么认为，女性在知识学习上一向有其性别的优势，尤其是细腻和专注程度。

世家女子应该不是像我们所说的那般“无才”，用美貌盖过一切呢？其实不然，世家女子同样要接受“琴棋书画”的培养。在古代，男子往往是在外打拼，家里的很多事务都是由正妻打理。如果正妻们都是“不学无术”的绣花枕头，那家还不立刻散掉？只能说那个时候的女子，父母培养更多的还是一些启蒙的东西，并不会涉及太多高难度的经学内容。

黄承彦对于女儿黄月英的培养非常认真，传说黄月英熟读兵书，上知天文，下知地理，文韬武略，足智多谋。看看这评价，我是被吓到了，不知道你吓到了没有？

也许这个传说对于黄月英的描述有夸大成分，但黄月英在机械方面非常精通。襄阳地区至今流传着这样的故事，说她发明创造的木狗、木虎、木人，曾使诸葛亮惊羡不已，连连称奇。

如此种种，不难发现黄承彦对于女儿的培养应该是这样的：

一是助推女儿养成了读书的好习惯。读书，是最有效的学习方式。俗语说，书读百遍其义自现。如果黄月英没有喜爱阅读的习惯，如果黄月英没有反复去阅读父亲乃至父亲朋友们的藏书，她是很难做到上知天文、下知地理的。古代的交通很不发达，要做到知天文地理，需要大量的阅读和熟记。

二是引导女儿养成勤于思考交流的好习惯。书读多了，不思考，不交流，单纯地依靠读，那只是死读书，只能成为脑海中的死记忆，只有多思考多交流，才能把书中的知识变成自己的认知，融会贯通。父亲黄承彦不仅重视自己常与女儿就某个内容进行交流，还常带女儿参与他和司马徽、庞德公等人之间的学术交流活动。

三是培养女儿积极动手操作实践的好习惯。想法再多，不去动手，永远不会知道自己的想法究竟是不是有用。黄月英能在机械方面有所特长，得益她强大的动手能力，而这个能力哪怕不是父亲要求的，也是在父亲的引导或者支持下养成的。

黄月英的才并非父亲一人所说，诸葛亮一定从别的地方也听说过，否则不会黄承彦一提婚事，诸葛亮没有犹豫就答应了。

在孩子的成长过程中，父亲一定要参与其中，父亲在性别等方面，与母亲有显著区别。父亲们应该向黄承彦学习，别总把教育孩子的责任推给母亲，孩子不是母亲一个人的，父亲的责任也不只是赚钱养家糊口。

父亲，比起母亲，在陪伴孩子时更为理性，不会拖泥带水，这样更有利于孩子成长。

黄承彦在培养女儿的过程中，还有更值得我们学习的地方。

劳动培育，让孩子有独立生活的能力

黄月英再有才，结了婚，柴米油盐酱醋茶，过好日子才最重要。否则，其他一切都是虚妄，现在每年都有很多年轻夫妻因为家务琐事而离婚。

黄月英的劳动能力如何呢？

据南宋范成大《桂海虞衡志》记载："汝南人相传，诸葛亮居隆中时，友人毕至，有喜食米者，有喜食面者。顷之，饭、面俱备，客怪其速，潜往厨间窥之，见数木人舂米，一木驴运磨如飞，孔明遂拜其妻，求传是术，后变其制为木牛流马。"

这则记载说明黄月英劳动能力非常强，尤其是做家务的本领。别小看这一点，诸葛亮躬耕于南阳，虽有书童，但黄月英是要挑起持家重担的。如果她不会持家，搞不了多少时间，生活就会逼迫诸葛亮远离黄月英。

黄月英劳动能力强，说明父亲黄承彦在女儿成长过程中非常重视劳动能力，尤其是家务能力的培养。而这一点，现在很多父母是完全舍弃的，很多人总是抱着"学习是你的责任，其他一切都是我们的责任"这样的观点，经常看到不少孩子都上大学，竟还把自己在大学里的衣服打包，或是带回家，或是邮寄回去，或是送洗衣房。

劳动是有助于孩子成长的，千万不能忽视。

尊重孩子意愿，让孩子自己做主

我最佩服黄承彦的地方就是当听说诸葛亮在寻找配偶，主动上门自荐。这绝不会是他的自作主张，一定是女儿的心愿。女儿听说诸葛亮又高又帅，也许曾经见过——毕竟诸葛亮常常与黄承彦交往，见到很有可能。一见倾心，女儿告诉父亲自己的想法，父亲忝下老脸亲自上门说亲，是不容易的一件事。

现在呢？别说谈恋爱结婚的事情了，连孩子学什么特长、上什么学校、报什么专业都是父母做主，高考分数出来后，填报志愿出了多少类似的案例，有的孩子为了反抗甚至离家出走。

至于恋爱结婚，有的父母控制的就更严格了。一位朋友因为母亲在其择偶标准上的强势错失了好几段不错的姻缘，至今三十多了还不曾婚配。我们总是美其名曰怕孩子吃亏，但我们做出的决定一定是准确吗？孩子的人生，是孩子的，虽然我们是他们的父母，但我们并不真正清楚孩子到底需要什么。

尊重孩子的意愿，即便我们不同意，我们也只能向孩子提出我们的想法和建议，让孩子去选择。我们不可能一辈子陪着孩子，孩子需要独立自主地去做出自己的努力，与其等到以后他们不敢或者不会做出选择，不如现在趁着我们还健在，让他们去自我选择。不管是挫折还是成功，他们都能收获经验。

孩子真正需要我们做的，不是去控制他们或者帮助他们做出决定，而是我们坚定地支持他们做出的决定。

2 王元姬：重男轻女要不得

河南豫剧有一出非常有名的《花木兰》选段，选段名字叫“谁说女子不如男”，抨击的就是“重男轻女”思想。

“重男轻女”，是封建思想的糟粕，绝大多数父母已经抛弃了这种落后腐朽的家庭教养观，但在某些农村地区还有余存。

山东留美女博士赵庆香的父亲就有典型的“重男轻女”思想，在他心目中，没有什么比儿子更重要的了，哪怕是明知道女儿非常不容易，他也要问女儿要钱贴补儿子。女儿因为实在没有钱就拒绝了父亲的过分请求，这位禽兽父亲竟然心生杀机，将回家探亲的女儿和双硕士学位的丈夫魏涛砍死在家中。

谁说女子不如男呢？王元姬就是那个比男子更出色、更优秀的女子。

王元姬，东海郯县（今山东郯城西北）人。三国时期曹魏经学家王朗之孙女、王肃之女，晋文帝司马昭之妻子，晋武帝司马炎与齐王司马攸的生母。

父亲王肃育有四儿一女，祖父王朗曾经说过这样一句话“使我们家兴盛起来的，一定是这个女孩，可惜她不是男子！”果不其然，最终让王氏家族显赫的就是王元姬。

对于王元姬，祖父王朗虽然还有一些重男轻女的情结在，但对于孙女的培养还是非常上心的，几乎是把王元姬当成一个男儿在培养。有人说王元姬是妻以夫贵，如果不是嫁给了司马昭，说不定也难以在历史上留下浓重笔墨。

这句话也对，也不对。说对，是因为在男权社会，女子的地位本身就是附属于男子身旁，难以改变。说不对，是因为王元姬真的是一个高颜值高才华的女子，不是有那么一句话“明明可以靠脸吃饭，却偏偏要靠才华”吗？

王元姬就是这么一位可以靠才华吃饭的美貌女子。

唐初房玄龄等人编撰的《晋书》记晋武帝司马炎命史官作策曾这样评价王元姬：诞膺纯和，淑慎容止。质直不渝，体兹孝友。《诗》、《书》是悦，礼籍是纪。三从无违，中馈允理。追惟先后，劳谦是尚。爰初在室，竭力致养。嫔于大邦，皇基是相。谧静隆化，帝业以创。内叙嫔御，外协时望。履信居顺，德行洽畅。密勿无荒，劬劳克让。崇俭抑华，冲素是放。虽享崇高，欢嘉未飨。崇化繁祉，肇基商乱。

这样一位秉德清贞、体行纯和女子，祖父王朗和父亲王肃究竟是怎样培养出来的？

言传身教，让孩子德行兼备

祖父王朗是三国时期著名的经学家，他博学多闻，校注儒家经典，很有名气。齐王芳正始六年（公元 246 年）十二月，以王朗所作的《周易传》作为学习《易》学的人必须考核的内容。后世把他注解里的思想称为“王学”。王朗著有《周易传》、《春秋传》、《孝经传》、《周官传》等，有文集三十四卷。

父亲王肃师从大儒宋忠，曾遍注群经，对今、古文经意加以综合。又以其深厚的文化底蕴，借鉴《礼记》、《左传》、《国语》等，编撰《孔子家语》等以宣扬道德价值，将其精神理念纳入官学。唐贞观二十一年（公元647年），唐太宗诏令历代先贤先儒二十二人配享孔子，其中就包括王肃。此后历代王肃亦配享孔庙。宋真宗大中祥符九年（公元1009年），追赠司空。

王元姬家学渊源，祖父和父亲对她都没有保留与藏私。祖父王朗更是把孙女王元姬带在身边，悉心教导。王元姬八岁时，就能诵读《诗经》、《论语》等书籍，尤其精通丧服礼仪；只要是有文义的，看了一遍，一定能记在心中。

在祖父王朗和父亲王肃的言传身教下，王元姬不仅成为了文化学习上的“学霸”，更是把学到的知识内化为对自己的品德要求，逐步提升品德水平，迅速成长为在品德方面非常突出的有德女子。

王元姬都有哪些好品德呢？

一是王元姬非常孝顺。

陈寿的《三国志》曾记载了王元姬三件非常有名的孝顺举动：

第一件是王元姬九岁时，遇到母亲羊氏生病，她不离左右地侍奉母亲，很长时间衣不解带。不容易呀，九岁就知道在母亲生病的时候服侍母亲，别说现在了，就是在古代都是不可多得的孝女。想想现在九岁的女孩在做啥，她们要么沉迷于电视，要么沉迷于平板电脑，要么沉迷于美食游戏，哪里想到去服侍生病的父母亲人呢？不大声吩咐父母帮自己做这做那就不错了。曾有一位朋友向我诉苦，说女儿很冷漠，自己都生病了还要叫自己起来做饭。

第二件是魏明帝太和二年（公元228年），王元姬十二岁时，祖父王朗去世，王元姬非常哀伤、痛哭流涕，发自内心，父亲王肃更加珍惜重视她。这也不容易哦，在现在社会，爷爷奶奶一辈的人对待孙辈几乎是把心掏了出来，哪怕是自己省一点，也要满足孙辈的要求。真要等祖辈去世，孙辈能够记得祖辈的恩情的有几人？

第三件是高贵乡公甘露元年（公元 256 年），父亲王肃去世，已经三十九岁的王元姬在为父亲守丧期间，身体羸弱瘦不胜衣，一说话就掉眼泪。

三件事情，足以见王元姬的至孝。王元姬为什么小小年纪就懂得孝顺父母亲人呢？这与祖父王朗、父亲王肃的教育有很大关系。祖父王朗著有《孝经传》，父亲王肃著有《孝经王氏解》，祖父和父亲都是孝的践行者和推广者，作为王氏家族的传人，耳濡目染下就成为孝的传承者。

现在很多父母总是责怪孩子不知道体谅父母的辛苦，不知道孝顺父母，但很少思考有没有去引导孩子懂得孝的含义和明白孝行的内涵。孩子都不懂孝，又怎么去践行孝呢？

我们既要做孩子孝的榜样，也要教导孩子明白孝和孝行的内涵，这样孩子才能逐步变成一个懂得孝、表达孝的好孩子。

二是王元姬非常节俭。

儿子司马炎逼迫魏元帝曹奂禅让，建立西晋，尊奉王元姬为皇太后。王元姬已经到了一个女人所能达到的最荣耀的地位。可是王元姬一贯节俭，即便是身为太后，也不忘旧业，身体力行，亲自在宫中带头纺纱织布，为宫中的后妃们做出表率。她的房间没有一件豪华的摆设，器物、服饰朴素而无纹彩，穿洗过的衣服，吃饭从不讲究美味。

王元姬为何会如此节俭？祖父王朗就是她学习的榜样，王朗恭俭节约，就算因婚宴而收到的礼物也一无所受。更令人敬佩的是，王朗常常讥笑世俗的那些有好施之名、但不体恤穷贱的人，所以经常用财物周济困急。父亲王肃也是一个倡节俭的人。

现在很多父母信奉“赚钱就是为了孩子，要尽最大的所能满足孩子的需求”，也不能完全说这种想法是错误的，但适当地引导孩子不养成“大手大脚”的习惯也是必要的。毕竟孩子没有营生的能力，成长阶段花费全靠父母支持。孩子不可能一辈子靠父母，总要独立生活，一旦养成“大手大脚”的习惯，那就会严重影响未来的生活。我身边就有不少年轻夫妻因为赚的钱不够某一方大手大脚而滋生矛盾最后离婚的案例。

节俭不等于抠门，我们应该教会孩子懂得“什么时候该节约，什么时候不该节约”的道理。

独立掌家，让孩子得到历练

父亲王肃真的是很伟大的，估摸着也就在王元姬八九岁的样子吧，父亲发现女儿常在没有听到自己和妻子吩咐时就已经顺承其意去做事了，而且举止行为适当。

父亲王肃大胆地做了一个决定，让女儿王元姬管理家事。这可不是一件简单的事情，能够让八九岁的女儿来管家事是需要很大胆量的，很可能女儿会把家事处理得一塌糊涂，让自己头疼，但他没有犹豫，他知道女儿要成长，就要有更多的历练机会。

要是个儿子，还可以让他出去游学，一个女孩子家家，真没有多少历练的渠道。王肃为了让女儿有历练的平台考量很多，即便女儿处理得不好也不至于让家族有所损失，但挫折却能促进女儿成长。

在王元姬的努力下，挫折没有打倒她，反而让她学习到了很多的东西，因为她处理家务也越来越合情合理，得到父亲的赞赏和认可。

这段管理家务的经历，对王元姬的影响非常巨大，这让她习得了三个方面的能力。

第一种是持家能力。这个能力对于女孩子来说是最重要的本领。古代世家，丈夫一般要么在外为将做官，要么在外经商赚钱，家里的事情主要靠妻子操劳。一个女人会不会持家非常重要，关乎到整个家庭是否能够有序地运转下去。《三国志》记载，王元姬当皇太后的时候，在她的精心治理下，宗族亲属都亲善和睦，关注天下百姓，言谈一定符合礼制，从未有谗言诽谤。

第二种是交际能力。《三国志》记载王元姬嫁给司马昭后，对公婆竭尽妇道，谦虚谨慎对待其他人，使得妻妾之间井然有序。为人处事，是最难的事情，而又是一个人生存过程中最重要的事情。人与人之间的联系，就靠交往。会交往的人，生活会相对顺利一点；而不会交往的人，生活就会差许多。

第三种是识人能力。《三国志》记载王元姬识人独到，当时钟会以才能见任，王元姬常常对司马昭说：“钟会见利忘义，喜欢挑起事端，恩宠太过一定会作乱，不能委以重任。”后来，钟会果然谋反。王元姬的识人能力从何而来，就是从其管理家事中习得的。大家族，仆役众多，形形色色的人很多，管事的时候就会与这些形形色色的仆役接触，在一来二去的接触中，只要王元姬注意观察和总结，就可以获得一些识人的技巧。

作为父母，我们要向王肃学习，积极努力地为孩子创设历练平台，让他们能够在与更多人接触的过程中学会交际和识人的本领。尤其是交际本领，这是当下很多孩子欠缺的本领，我经常听朋友们说自己的孩子内向，他们不一定是内向，更有可能是不知道如何与别的孩子交往。

重男轻女，这样的糟粕思想要不得

王元姬的四个弟弟王恽、王恂、王虔、王恺，除去王恂和王虔还有不错的名声外，王恽史料中毫无记载，最小的弟弟王恺骄奢淫逸，因为皇帝的包庇而逍遥法外，死后谥号为“丑”。

如此种种，都说明女子并不输于男子。再说，已经是二十一世纪了，男女早就应该平等了，作为父母，千万不能再有重男轻女的想法。就算生个男的又怎样，传宗接代？这早就不是皇帝当政的朝代了，不管男女，教育不好，立马就成了败家子。

这些年儿子在外挥霍欠下巨额债务，选择逃跑，让父母承担的案例还少吗？难道我们还指望“养儿防老”吗？就像前面说到的山东留美女博士赵庆香的父亲一样，从小到大就把儿子当成宝贝，既然当成宝贝，为何不培养成才，让宝贝成为家庭的顶梁柱呢？何必从女儿身上吸血来供养儿子？这哪里是养儿子哦？分明是多养了一个老子嘛！

重男轻女要不得，都是自己的孩子，要一视同仁，平等对待，像王朗和王肃一样，好好培养每一个孩子，不管男女，只要培养好，儿女就能自力更生。只要儿女能够自力更生，就是父母最大的幸福。

3 甄宓：树立目标更有利于孩子成长

甄宓，中山无极（今河北省无极县）人，魏文帝曹丕的正妻，魏明帝曹叡的生母，曹叡即位后追尊甄氏为文昭皇后。

文昭皇后，姓甄，《三国志·魏书·后妃传》中列举了其兄弟姐妹的名字，唯独没有她的名字。因为曹植描写宓妃的《洛神赋》被一些人认为是写给甄氏的爱情篇章，故此她一般被称为“甄宓”或“甄洛”，有时又称为甄妃、洛神宓妃等。但从其子魏明帝为避母姓将《感甄赋》改名《洛神赋》而“洛”“宓”二字未被避讳来看，此二字皆非甄氏本名。

文昭皇后究竟叫什么，现在已经实在说不清了，姑且就称呼她为甄宓。甄宓，美貌非凡，关于她的传说故事非常多，尤其是曹操、曹丕和曹植父子三人之间的关系传闻更是扑朔迷离。

肯定有人觉得我要来说说这涉及父子三人的四角恋，真对不起，我还真没有那个本事。再者说，这些事情终究不过是后人的猜测，真假难辨，就是真的辨出来，又能咋样？

不过我们要注意：甄宓不仅是一个大美女，而且是一个才华横溢、品行高尚的女子。

陈寿在《三国志·魏书·后妃传》中记载了汉末至三国曹魏时期著名经学家王朗对甄宓的评价：伏惟先后恭让著於幽微，至行显於不言，化流邦国，德侔二南，故能膺神灵嘉祥，为大魏世妃。虽夙年登遐，万载之后，永播融烈，后妃之功莫得而尚也。

那甄宓究竟是如何成长为一个贤妃的呢？

树立目标，激发孩子自学欲望

甄宓从出生开始就非常神奇。《后汉书》记载甄氏于光和五年十二月丁酉（公元 183 年 1 月 26 日）出生。每天晚上睡觉时，家里都会看见好像有人把玉衣盖在她身上，大家对此都很奇怪。

甄宓家世显赫，祖上是东汉太保甄邯，家中世袭二千石俸禄的官职，父亲甄逸曾任上蔡令，典型的世家女子。幼年的甄宓并不幸运，父亲甄逸在她三岁时就去世了。一般三岁的孩子，因为年纪小，对于父亲的去世不会有太多的情感表现。甄宓则不同，她哭得特别伤心，让大家都很看重她，觉得她是个孝女。

过了没多久，相士刘良来甄家给甄逸的所有子女看相，刘良指着甄宓说："这个女孩贵不可言。"

谁也说不清相士刘良为什么会对甄宓说下这句话，也许玄学之术真的能够从一个人的面相等身体情况看出一个人未来的走向。就是刘良的这句话对于甄宓的影响非常巨大。

这句话为甄宓营造了一个梦想，也让甄宓自己树立了一个目标——做一个品德高尚的女子。

甄宓究竟是怎么实现自己树立的目标的？

一是她能够控制住自己的欲望。八岁时，院子外有耍杂技的人，甄宓的家人及几个姐姐都上阁楼观看，只有甄宓没去。几个姐姐就很好奇，跑去问甄宓："杂技那么好玩，你为什么不跟着我们一起去看呢？"甄宓觉得姐姐们的问题很奇怪，她反问几个姐姐："杂技难道是女子该观看的吗？"

姐姐们为什么好奇？因为玩是孩子的天性，甄宓才八岁，正是好玩的时候，怎么不跟着一起去玩呢？但甄宓不这么觉得，她觉得自己应该克制这一方面的欲望。为什么她能够克服玩的欲望呢？因为她有自己的目标，有自己的梦想。有目标的孩子，往往会在潜意识里产生一种想法：她们会觉得自己应该克制其他方面的欲望，而把精力放在需要提升的方面。

能够克制自己的欲望是非常难的。毛泽东与蒋介石在重庆谈判时，得知蒋介石不喜欢别人在他面前抽烟。毛泽东为了尊重蒋介石，在与蒋介石谈判的时候一根烟都不抽，甚至都没有趁着休息时间到外面去抽烟。蒋介石回到官邸后，曾对身边的人说毛泽东这个人不简单，能克制自己的欲望，长达十个小时不抽烟。

玩，是每个孩子的天性。现在很多孩子不是好玩，而是贪玩，简直把玩当成了主业，而忽视了学习这件重要的事情。当孩子用玩覆盖学习后，他们就会把学习当成负担，其实玩和学习是相辅相成的。现在很多孩子并不会玩，他们的玩就是沉迷于电子游戏，而电子游戏对于孩子的成长总的来说是弊大于利。

对于孩子，我们需要从小引导他们逐步控制自己贪玩的欲望，逐渐把欲望的重心放到各种知识的学习上。

二是她意识到读书充电才能提升自己。甄宓深刻地明白“知识对于人成长的意义”，她非常喜欢读书，每天坚持阅读，等到她九岁时，看过的字文都立刻就知道。甄宓不光是看，还多次用她哥哥的笔砚写字。

看到妹妹这样好学，甄宓的哥哥觉得不满意，就来教导甄宓：“你应该学习女工。读书学习，想当女博士（官名）吗？”古人嘛，总是觉得“女子无才便是德”，尤其是男性往往歧视女性，觉得女人嘛，做做女工等家务活就行了。但甄宓不这么认为，她反问哥哥：“听说古时候贤惠女子，都学习前人的经验，用来借鉴。不读书，拿什么借鉴呢？”

读书对于甄宓的帮助非常巨大，甄宓文才非常棒，她留存于世的作品只有一首，是她写给丈夫曹丕的诗歌，名叫《塘上行》。甄宓以沉痛的笔触抒发了被弃的哀愁与悲痛，整部作品于阴云密布中透露出一种刻骨的悲伤之情。诗之结尾更是令人肝肠寸断不忍卒读：“出亦复苦愁，入亦复苦愁。边地多悲风，树木何修修。从君致独乐，延年寿千秋。”明代文学家徐祯卿在《谈艺录》中感慨此诗云：“诗殊不能受瑕，工拙之间，相去无几，顿自绝殊。”

甄宓绝不是花瓶，在自己的努力下成长为一位才貌双全的女子。阅读对于一个人的成长非常重要，而现在有些父母都忽视了这一点。最近，我在与几位孩子上了初中的朋友聊天，聊天中，他们都提及阅读对于自己孩子的有益影响，尤其是语文成绩的提升。

阅读，不是可以速成的学习方式，它需要我们从小就引导孩子开始。只要长时间坚持不懈地进行大量阅读，孩子各个方面都会得到很大提升，甚至能够实现气质和人生的蜕变。

三是她认识到历练对自己成长非常重要。甄宓家其实并不顺利，先是父亲早亡，大哥和二哥也死得很早，整个甄家就靠母亲张氏维持。甄宓很小就开始参与家事的管理。

她为什么要参加到家事的管理中去呢？因为她意识到历练对于自己的成长非常重要。书读得再多，没有历练终究会是“纸上谈兵”，只有经历了挫折和磨难才能提升自己。

正是在历练中，甄宓逐步成长为品行高尚的女子。

《魏书》记载：甄宓嫁给曹丕后，对曹丕妾室中有宠的劝勉她们努力上进，对无宠的安慰开导，并常常建议曹丕说：“古时黄帝子孙繁盛，是因为妻妾多的缘故。所以夫君也应该多逑淑媛，让子嗣旺盛。”曹丕听了心里很高兴。曹丕要驱逐任氏时，甄氏问曹丕说：“任氏是乡党名族，不论德、色，我都比不上，为什么要休她？”曹丕说：“太任性，性子急，不温柔，心里对我的怨恨很久了，所以休了她。”甄氏哭道：“我受你的宠爱，所有人都知道，肯定会说你休任氏，是因为我的缘故。往上我怕公婆说我自私，往下其他妻妾会数落我受专宠之罪，希望你能重新考虑！”

历练孩子是现在很多父母比较忽视的，在这一点上，我们确实应该学习古人。

从甄宓的成长历程来看，幼年相士的话对于她的成长影响非常巨大。我们在孩子的成长过程中，也应该提早引导孩子树立目标，万万不可寄托于孩子自己能够建立成长目标。这种情况不是不可能，只是能够做到这一点的孩子少之又少，大部分的孩子沉迷于玩乐，需要父母做好引导工作。

有梦的孩子，在成长的道路上，更有耐挫力。

家人支持，更容易实现梦想

甄宓能够成长为贤妃，德行受到后人敬仰，家人的支持是必不可少的重要因素，尤其是母亲张氏，对她非常支持。

《三国志》记载：东汉末年，天下大乱，军阀割据，连年灾荒，百姓们为了糊口活命纷纷卖掉家中值钱的东西。甄氏家族家资雄厚，土地众多，储存有大量的谷物，因此趁机收购了很多金银宝物。才十几岁的甄宓看到这种情形，觉得非常不妥，便对母亲张氏说：“乱世求宝，可不是善策啊！一个人本来没有罪，但因拥有一件珍宝便可能被定为有罪，这便是人们通常所说的因财丧身。再说眼下众多百姓都在饥饿之中，不如将我家谷物开仓赈济四方乡邻，这才算是一种惠及众人的德行。”全家人都认为她说得有理，是个好主意，于是将家中的粮食全部无偿分发给邻里乡亲。

《魏略》记载：甄宓十四岁时，二哥甄俨去世，二嫂很悲伤的同时还要做些琐事，照顾孩子却非常慈爱。母亲张氏性格严厉，对几个儿媳妇不是很好，甄宓几次劝母亲：“二哥不幸早死，二嫂年纪轻轻就守寡，照顾唯一的孩子，道理上讲，您对待她要当成是儿媳妇，爱护她像自己的女儿。”母亲听了甄氏的话惭愧地流泪，之后对待二嫂的生活起居就像对待甄氏一样，平时也多有走动，关系密切。

从这两件事情不难看出母亲张氏及其家人对于甄宓非常支持，对于她提出的建议都非常认可，当然甄宓本身提的建议也是正确而合乎情理的。家人的支持，对于甄宓的鼓励非常巨大。成长中的孩子即便才识过人，他们也会因为年龄的关系信心不足，家人的支持能够增强他们的自信心，更能坚定他们自我成长的决心，这是一种良性循环。

现在很多父母走入了两个极端：一个极端是只要是孩子提出，不管对错都不支持；另一个极端是只要是孩子提出的，不管对错都会支持。这样的做法无益于孩子成长，面对孩子做出的决定或者提出的建议，对的我们要大力支持，错的我们也不立刻否定，而应该和孩子交流讨论肯定正确的地方纠正错误的地方，在完善后再行支持，这样才能推动孩子正向发展。

4 蔡琰：梦想是促使孩子成长的力量源

说起中国古代四大美女，几乎大家都能知道，但说起中国古代四大才女，又有多少人知道呢？中国古代四大才女是蔡琰、李清照、卓文君和上官婉儿。

蔡琰，字昭姬，《三国志》成书时，为了避讳晋文帝司马昭改成字文姬，东汉陈留郡圉县（今河南杞县）人，东汉大文学家蔡邕的女儿。

蔡琰，继承了父亲蔡邕的衣钵，是我国古代最负盛名的文学家、诗人、音乐家和书法家。现在能看到的蔡文姬作品只有《悲愤诗》二首和《胡笳十八拍》，其中《悲愤诗》被称为中国诗史上文人创作的第一首自传体五言长篇叙事诗。

蔡琰，命运多舛，一生三嫁，初嫁于卫仲道，不到一年，丈夫就去世了，因为没有儿女而回到自己家里，后因匈奴入侵，她被匈奴左贤王掳走，并生育了两个儿子，十二年后，曹操统一北方，用重金将她赎回，并将其嫁给同乡屯田都尉董祀。

历史上记载蔡琰的事迹并不多，但“文姬归汉”的故事却在历朝历代被广为流传。

历朝历代，对于才女蔡琰的评价非常高，同时代的魏国文学家丁廙就专门为才貌双全的蔡琰写了一篇名叫《蔡伯喈女赋》的赋，他在赋中这样写道：“伊大宗之令女，禀神惠之自然；在华年之二八，披邓林之曜鲜。明六列之尚致，服女史之语言；参过庭之明训，才朗悟而通玄。当三春之嘉月，时将归于所天；曳丹罗之轻裳，戴金翠之华钿。羡荣跟之所茂，哀寒霜之已繁；岂偕老之可期，庶尽欢于余年……”

《后汉书·列女传》中也专门记载了蔡琰的事迹。这位名垂千古的才女究竟是怎么成长起来的？

有个好父亲，自幼受到良好教育

蔡琰的父亲蔡邕用“道德君子”来评价一点不为过，他不仅品德高尚，而且才华横溢。

蔡邕生性至孝，对长辈非常孝顺，他的母亲曾经卧病三年，蔡邕不论盛夏严冬、气候变化，都没有解过衣带，七十天没有睡过觉。母亲去世后，他就在墓旁盖一间房子住下守着，一动一静，都遵守礼制。一只兔子很驯顺地在他的住宅旁边跳跃，又有木生连理枝，远近的人都觉得奇怪，前来观看的人很多。他与叔父、叔伯兄弟同居，三代没有分家，乡里的人都称赞他品行好。

蔡邕是汉代最后一位辞赋大家，其所作赋绝大多数为小赋，取材多样，切近生活，语言清新，往往直抒胸臆，富于世态人情，很有艺术的感染力其中代表作品为《述行赋》。

蔡邕还是一位史学家，作《灵纪》及十意，又补诸列传四十二篇，因李傕作乱散失，大多没有保存下来。

蔡邕精通音律和书法，书法名震古今，尤其精于篆、隶，其中隶书造诣最深，名望最高，有“蔡邕书骨气洞达，爽爽有神力”的评价；创“飞白”书体，对后世影响甚大。唐张怀瓘《书断》评蔡邕飞白书“妙有绝伦，动合神功”。

蔡邕还是个好父亲，没有因为蔡琰是女子而忽视，对女儿精心培育，把自己平生所学悉心传授。

《幼童传》中记载了一则蔡琰父女两人弹琴的趣事，那年蔡琰九岁，父亲蔡邕有一次在夜间弹琴，突然断了一根弦，在旁边听琴的蔡琰说：“是第二根弦断了。”父亲蔡邕也觉得蛮有意思的，女儿说对了，他也许是有些不信，竟对女儿说：“你这不过是偶然说中罢了。”这样说也就罢了，蔡邕还故意弄断第四根琴弦准备考考女儿，没想到女儿再次准确无误地说出答案。

从这个弹琴的小故事里，不难看出蔡琰父女之间的关系非常融洽，两人虽是父女，却情同朋友，有同样的爱好，经常在一起切磋交流。正是在父亲的悉心传授下，蔡琰才能够在音乐上夯实基础。她在胡地日夜思念故土，回汉后参考胡人声调，结合自己的悲惨经历，创作了哀怨惆怅、令人断肠的琴曲《胡笳十八拍》。《胡笳十八拍》是中国古乐府琴曲歌辞，全文长达一千二百九十七字，是一首由十八首歌曲组合的声乐套曲。

好父亲对于孩子成长的作用是巨大的。父亲，是孩子天然的榜样，作用强于母亲，有时候母亲说十句话，都不见得如父亲的一个眼神。相比于母亲，孩子更信服父亲，这往往被很多父亲忽视，他们总认为自己的责任是赚钱养家糊口，妻子的责任是相夫教子。这样的想法存在误区，女性有其来源于性别的天然缺陷，而这些缺陷很可能会成为孩子成长的负能量来源。

作为父亲，应该像蔡邕学习，参与到陪伴和引导孩子成长的过程中，做好孩子的榜样，将自己的优点潜移默化地传承给孩子，并为孩子的成长做好筹备和规划工作。

大量储备图书，让孩子能够博览群书

说起藏书，蔡邕可是个牛人，他生平喜藏书，多至万余卷，晚年将所藏之书载数车悉数赠给王粲，家存藏书还有四千多卷。

这可是不得了的数字，那个时候藏书可不容易，书非常贵，估摸着蔡邕是把所有的钱财都用在藏书上了。书多了，女儿蔡琰在父亲的熏陶下，真正是读万卷书。

《后汉书•列女传》曾经记载了这样一个故事。蔡琰归汉后，曹操对当年蔡邕收藏的一万多卷书非常感兴趣，一次聚会的时候就问蔡琰："听说你家原来有很多古籍，现在还能想起来吗？"蔡琰回答说："当初父亲留给我的书籍有四千余卷，但因为战乱流离失所，保存下来的很少，现在我能记下的，只有四百余篇。"曹操一听，非常高兴，当即表示："我派十个人陪夫人写下来，可以吗？"蔡琰却说："男女授受不亲，给我纸笔，我一个人写就是。"曹操虽然不信，也只能相信蔡琰。蔡琰将自己所记下的古籍内容写下来送给曹操，竟没有一点错误。

蔡琰不仅博闻强记，对于父亲撰写的文章也熟记于心。蔡邕撰写的四百多首诗歌，因为战乱连年，原稿没有保存流传下来，全靠女儿蔡琰凭借惊人的记忆力默写出来，又在曹操的帮助下得以流传至今。

大量的阅读，对于一个人的成长非常有益。熟读唐诗三百首，不会作诗也会吟。蔡琰不仅书读得多，文笔也非常突出，文学才华不下于父亲，写了许多文章，《隋书·经籍志》曾著录有《蔡文姬集》一卷，可惜已经失传。

现在很多父母总是谈及孩子不会写文章，却很少反思给孩子买了多少书，更很少反思带着孩子读了多少书。孩子既不读书，又没有亲身经历，如何写得出文章呢？

自生梦想，为人生指明方向

幼年的蔡琰在书卷里找到了榜样班昭。班昭是东汉时期最负盛名的女史学家，博学高才。其兄班固奉旨编著《汉书》，没有完成就去世了。班昭奉旨入东观藏书阁，续写《汉书》。汉和帝多次召班昭入宫，并让皇后和贵人们视为老师，号“大家”，因嫁予同郡曹世叔为妻，故后世亦称“曹大家”。

有了榜样的蔡琰，萌生了“做一名像班昭一样的女史学家”的梦想，从此她博览经史、留心典籍，曾立志要和父亲一起续修汉书。蔡琰在历经磨难，归汉后，继承了父亲的遗志，撰写了《续后汉书》。

一个人，只要有了梦想，整个生命都会焕发不一样的活力。里约奥运会帆船帆板比赛上，面对不公平的判决，身怀梦想的徐莉佳没有被挫折所打败，最终凭借不懈的努力，在第三四轮的比赛中迎头赶上，最终实现惊天大逆转，重回积分榜第一位。

有梦想的孩子，才最有前途。一个孩子要想通过自我萌生梦想并不容易，作为父母，要根据孩子表现出的兴趣方向，有意识地进行引导，推动孩子某一方面的兴趣进化为梦想。

从兴趣进化到梦想，父母千万不能过分强迫，过分强迫会容易让孩子产生抵触，甚至会厌弃。梦想的主体是孩子，而不是父母，我们只能引导，不能强逼。不过孩子一旦表达出某个梦想时，如果有往这一梦想方向努力的条件，作为父母一是要全力支持，二是在孩子懈怠时要做好督促和鼓励工作，千万不能让孩子半途而废，这样不仅是对梦想的浪费，更容易让孩子养成“遇见困难就逃避”的恶习。

历经磨难，让孩子的心境更为坚毅

蔡琰的整个少年时光，都是在磨难中度过的。

幼年时，父亲蔡邕因为得罪宦官，被流放到朔方九个多月。被皇帝特赦后，父亲又因为得罪宦官，不得已在江浙一带过了十二年“亡命江海”的生活。“亡命”结束时，蔡琰已有十四五岁了。

少年时期的磨难，对于蔡琰的影响巨大。孩子对于挫折与磨难都是极其畏惧和敏感的，有的孩子甚至因为承受不了这些挫折而自暴自弃，让整个人生都充满了灰色调，最后悲惨地死去。

在女儿面对磨难时，同样身处磨难的蔡邕给予了女儿非常及时的帮助和鼓励。在父亲温暖的怀抱里，蔡琰逐渐养成了坚毅的性格，而这正是以后她在面对更大悲惨时没有被打倒的力量源泉。

十六岁的蔡琰，远嫁河东卫仲道为妻，不到一年丈夫就死了，因为没有儿女，就回到娘家居住。回到娘家居住后，父亲蔡邕因为董卓的事情得罪王允被杀死。父亲尸骨未寒，蔡琰又被攻入长安的乱军所掳，被南匈奴左贤王强纳为妻。等到父亲当年的学生曹操统一北方，花费重金把她赎回中原后，嫁给了同乡董祀。婚后生活不幸福也就罢了，没多久董祀又触犯法律要被处以死刑，蔡琰实在没有办法，只能披头散发光着脚去跪求曹操饶恕丈夫性命。

一桩桩一件件，哪一件不是大悲的经历，但蔡琰硬生生地扛了下来，坚强地活了下来，在悲痛中仍然不忘记完成父亲的遗志，颇有点当年司马迁忍辱负重编史书的味道。

相比于蔡琰，现在很多孩子遇到一点点小事，比如父母或者老师批评几句，就要死要活的。很多父母，面对孩子的任性，不反思孩子的问题，总是把目光放在老师或者自己的身上，还总结出一些诸如“批评的言语行为会对孩子的身心产生巨大伤害”之类冠冕堂皇的理由。想一想，我们的孩子连父母老师批评的话语都不能承受，以后到了社会上该怎么办？

说到底，还是孩子们的日子过得太顺利、太舒服了。挫折不是常常可以有，但作为父母，完全可以在孩子成长道路上设置一些挫折，让孩子去经历、去感受、去反思、去总结，逐步引导他们笑对挫折和磨难。

5 杨艳：强势自私的孩子往往缺乏安全感

晋武元皇后杨艳，字琼芝，弘农华阴（今陕西华阴）人，曹魏通事郎杨文宗之女，晋武帝司马炎的皇后。

说起杨艳，倒有点和魏文昭甄皇后相似，都是在少年时期，有相士相面，相士都说未来非常富贵，就差明说要当皇后之类的话。当时权臣司马昭早有不臣之心，想篡夺曹魏江山建立司马天下，听到杨家有女日后极贵的说法，立刻派人到杨家为儿子司马炎聘娶了杨艳。

泰始元年（公元 265 年），晋武帝司马炎受禅即位。泰始二年，杨艳被立为皇后。杨艳深得晋武帝宠幸，并为晋武帝生下三子三女。泰始十年，杨艳去世，时年三十七岁，葬于峻阳陵，谥号武元皇后。

杨艳从被立为皇后到去世，前后仅短短八年。就是在这短短八年时间里，杨皇后亲手为西晋王朝埋下了不少祸国隐患。民国著名历史学家蔡东藩曾经这样评价杨艳，他说："让西晋灭亡的是贾南风，而让贾南风成为祸害的根源，实际上是杨艳。杨艳有三大误国举措，第一大误国举措是坚持立智商不高的儿子为太子；第二大误国举措是收受贿赂为蠢儿子娶了阴险强悍的贾南风做媳妇；第三大误国举措是临死了，还害怕蠢儿子继承不了皇位，竟然让晋武帝司马炎娶自己的堂妹杨芷为后，都要死了还如此的只想到自己，真是可叹可恨。杨艳为什么会这样呢？因为女人的心里，更多想到的只有自己，却不知道去考虑如何把一个家维持得长久一点，家的延续传承尚且想不到呢，又怎么会想到国家的延续传承呢？"

史料记载武元皇后杨艳自小聪明贤惠、善于书法、天生丽质、娴熟女工，按理说这位皇后应该可以成为晋武帝司马炎的贤内助，怎么就成为了祸国的元凶之一了呢？这一切都与杨艳的成长有着密不可分的关系。

监护人频换，往往让孩子缺乏安全感

杨艳出身高贵，出自于弘农杨氏，与被曹操杀死的杨修同宗同族。杨艳的父亲名叫杨炳，任曹魏通事郎，世袭封蓩亭侯。按说杨艳出身门阀世家，父亲又是侯爵，生活定然无忧无虑。

杨艳并没有享受到这样的生活，她很小的时候，父亲杨炳和母亲赵氏就双双去世了，就留下个段氏。史料记载段氏是继母，很可能是父亲的妾室。

如果杨艳是个男子或许还好，可惜她是个女孩，封建时期女子地位不高。成了孤儿的她，无依无靠，实在没有办法，就被送到了舅舅赵俊家。非常幸运的是，舅母非常慈善仁爱，对待杨艳这个外甥女非常喜爱，亲自哺乳喂养杨艳，让别人哺乳自己的孩子。

在舅母的宠爱下，杨艳着实过了一段幸福的生活，因此她非常感恩舅舅赵俊一家，等到她当了皇后，让舅舅赵俊做了大官享受荣华富贵。等她长大一点的时候，也不知道什么原因，没有任何史料交代，她就被送到了继母段氏家，跟随段氏生活。

孤儿因为缺乏父母的关爱，寄居在亲戚家，虽然亲戚关爱，但孩子往往比较敏感，缺乏安全感，生怕惹的亲戚不快，就会把自己送走，这样自己又会陷入到悲惨的境地中，因此察言观色的本事比较强，会特别关注自己的言行究竟会不会惹怒亲戚。

舅母的慈爱让孤儿杨艳深刻地感受到了好似母亲般的温暖，她的戒备心和敏感心随着时间与爱而慢慢消融，长此以往，杨艳一定会成为一个比较健康幸福的孩子里。就在她憧憬未来时，却被送到了后母段氏家中，深藏在潜意识的戒备和敏感重新被唤醒，而且更胜从前，因为她害怕自己会再次被送走。

监护人的更换，给予杨艳的伤害远不止此，它让杨艳滋生出强烈的自我保护欲望，她会慢慢坚信“靠谁都不如靠自己”。

孤儿现在并不多见，但单亲家庭或者丧偶家庭却非常多，来自于这类家庭的孩子往往与孤儿一样，比较容易缺乏安全感，更容易滋生自私心理，而且这种自私心理远胜于父母完整的家庭。

丧偶家庭的父亲或者母亲，因为生活的压力，往往会续娶或者续嫁，继父或者继母来到家庭后，孩子往往难以适应，他们会有意识将继父或者继母与自己的父亲或者母亲进行对比，继父或者继母再怎么努力，往往因为某些隔阂而容易让孩子感受到一些细微区别，而这些区别更容易让孩子产生一种危机感，甚至会产生一种“未来会被抛弃或者送走”的畏惧感。再加上亲戚朋友总是会在孩子面前说一些“继父或者继母会怎么怎么虐待他”的坏话，孩子会更加敏感，更加缺乏安全感。为了自我保护，孩子会越发自私。

为什么很多人在婚姻对象的选择上不愿意选择丧偶或者单亲家庭的孩子呢？就是因为这些孩子受到破碎的原生家庭的伤害，而有比较强的自我保护意识，外显出来就是比较的敏感和自私。

作为单亲家庭或者丧偶家庭的父母，对待孩子一定要更细心，即便是批评或者惩罚也要注意保护孩子的自尊心。

缺乏安全感的孩子，掌控欲很强

童年的经历，让杨艳缺乏安全感，缺乏安全感的她，不仅自私和敏感，而且对于自我保护的追求更为强烈，她为了保护自己，性格上非常强势，在很多事情都表现出很强的掌控欲。

杨艳对自己的丈夫司马炎非常强势，还别说，司马炎虽然有时候比较反感妻子强势，但终究没有像其他皇帝那样，废掉或者甚至杀掉妻子。真要换成曹丕那样的丈夫，杨艳真不知道要死几次了。可司马炎就是司马炎，他不仅没有废了杨艳，反而非常宠爱她，也真应了那句话“萝卜青菜，各有所爱”。

泰始年间（公元 265 年到公元 274 年），司马炎广选良家女子以充备后宫，事先下诏书禁止百姓婚嫁，派宦官乘使者之车，赐予驾驶车马的随从，急行各州郡，召集候选的人让杨艳挑选。杨艳嫉妒，仅选取那些面色白净、身材修长的女子，那些端庄秀丽的姑娘并不被留下。当时卞藩的女儿长得很美，司马炎非常喜欢，就用扇子掩着脸对杨艳说：“卞氏女很好。”杨艳却说：“卞藩三代都是皇后的亲属，他的女儿不能委屈地居于卑位。”司马炎被说得没有办法，只能作罢。

最初，司马炎听从了杨艳的建议，立自己的嫡次子司马衷为太子（嫡长子早夭），可司马衷实在蠢笨，时间久了，司马炎觉得这恐怕不是利国之举，便和杨艳商量改立杨艳的第三个儿子司马柬为太子，可杨艳拒绝了。

杨艳为什么对丈夫控制的这么严？有人评价她善妒，其实不是，她不是妒忌，而是出于一种刻在骨子里的自我保护意识，生怕有人威胁到自己的地位。后来，司马炎宠幸胡贵嫔，杨艳临死前生怕胡贵嫔当上皇后，威胁到自己的儿子司马衷，竟要求司马炎娶自己的堂妹杨芷为皇后。杨艳为什么要这么做呢？说到底是不愿意自己的童年经历重复在自己的儿子身上，让丈夫娶自己的堂妹，总归是一家人，对待自己的儿子总要比其他人好一些。果然，她的堂妹一如既往地支持她的儿子司马衷。

杨艳不仅对丈夫掌控得严，对儿子掌控得也严。儿子司马衷本身就脑子不太灵光，司马炎本来准备安排卫瓘的女儿嫁给司马衷，可杨艳却不同意，竟接受了贾充妻子郭氏的贿赂，要司马衷娶贾充那个又丑又矮的女儿贾南风为太子妃。司马炎并不太同意，杨艳竟然还干预朝政，密令太子太傅荀顗进言相劝，司马炎便同意了。

从丈夫到儿子，再到朝政，杨艳都有很强的控制欲。她做这一切，不为其他，只为保住自己的地位，保住自己的安全。

像杨艳这样的孤儿毕竟是少数，但父母双全的家庭，仍有不少孩子，因为父母在陪伴孩子成长过程中的某些问题而导致孩子缺乏安全感，面对这样的孩子，父母究竟该如何做才能让孩子逐步恢复到正常的健康人生上呢？

面对缺乏安全感的孩子，我们这样做

要复原孩子，必须搞清楚孩子缺乏安全感的原因。

心理学研究表明，儿童在很小的时候就会强烈地依恋父母或其他养育者，这种依恋是在孩子与父母或养育者的相互交往和感情交流过程中形成的。儿童要求的不仅是父母满足他们的物质需要，更要求父母为孩子的心理安全提供保障。

而我们很多父母，更多的觉得只要满足孩子的物质需要就可以了，至于感情的温暖和心理的安全就很少关注。我们经常看到这样的情景：父母大发脾气，以惩罚恐吓儿童，大声斥责，把孩子推推拉拉，甚至施以体罚。有些父母认为，这样对儿童进行教育，是为了不把孩子惯坏。事实上，当父母这样做的时候，往往会引起孩子的恐惧和痛苦，并未达到应有的目的。此时，儿童所感觉的恐惧是失去父母之爱的恐惧。

如何才能挽救孩子日益缺失的安全感呢？

一是营造和谐温暖的家庭氛围。如果孩子经常处于父母言语不合或是肢体冲突的不安环境中时，孩子会有恐惧的猜测，爸爸妈妈是不是因为我不乖才吵架?他们是不是不爱我了?他们会不会离开我?由于孩子对大人们的争吵无能为力，因此只能躲在角落里暗自哭泣，或是独自生自己的闷气，后者会把这股怨气累积在心中，长大后心中将会有扭曲的价值观。因此，拥有一个安康快乐的生长环境，对孩子安全感的建立是至关重要的。

二是尽可能多地抽出时间陪伴孩子。现在有许多俗称的“假日父母”，即父母平常都将孩子托付给保姆或是长辈照顾，自己则因为工作应酬而很少陪伴孩子，甚至不接孩子回家，孩子难得与父母见上一面。而对于孩子来说，爸爸妈妈就像是玩伴一样重要。缺少了父母的陪伴，孩子将很难养成良好且规律的生活习惯，安全感自然也就无从建立或培养了。因此哪怕再忙，每天也要至少抽出十分钟来和孩子在一起，和孩子在一起的时候，不要分心，不要因为觉得这是无聊的游戏而表现出不耐烦。长时间、高质量的陪伴，尤其是孩子入睡之前的陪伴可以增强孩子的安全感。睡前一起进行亲子阅读是很好的方式，爸爸妈妈可以把孩子环抱在怀里，一起讲故事看书，孩子会非常享受和喜欢这种活动。

三是面对挫折别苛责，允许孩子哭泣。孩子做错事或者遇到挫折，内心已经感到很难过，爸妈们最好承认并接纳他们的感受，全神贯注地去聆听孩子。有时一些小小的挫折就可能让孩子感到很委屈或孤立无援，比如生病、争宠，或是被隔壁小孩子抢走一颗糖果等，这时孩子哭泣只是想要吸引大人的注意力，来寻求一些安慰。不过有些父母却以训斥的方式不准孩子哭泣，此举是不可取的，因为适当的哭泣对孩子来说是一种很好的宣泄方式，可以及时排除负面情绪，协助建立安全感。

四是鼓励孩子独立，接纳孩子的个性。给孩子一个选择的机会；不要问太多问题；不要急于回答孩子的问题，让孩子自己完成自己的事情，亲身经历各种问题带来的挣扎，在自己的错误中得到成长。

五是不威胁孩子。不说“你不听话我就不喜欢你了”或者“你不听话我就不要你了”这样的话。

6 辛宪英：尊重让孩子成长更有张力

辛宪英，姓辛，但并不叫宪英，她究竟叫什么，没有任何记载，宪英是她的字，我们姑且就叫她辛宪英。

辛宪英，晋武帝西晋豫州颍川阳翟（今河南禹州）人，汉献帝初平二年（公元 191 年）出生，晋武帝泰始五年（公元 269 年）去世，活了七十九岁。她的一生贯穿了整个三国动荡时期。她出生那年，董卓迎少帝入皇宫，挟天子以令诸侯，干预东汉政权。她去世之前六年，蜀汉灭亡。她去世之前二年，司马氏篡魏，建立晋朝。她去世十余年后，国力残弱的孙吴也气数已尽。

辛宪英的父亲辛毗，卫尉，爵封颍乡侯；弟弟辛敞，为河内太守，官至卫尉；丈夫羊耽，官太常，是太傅羊祜的叔父；儿子羊琇封甘露亭侯，累迁中护军，加散骑常侍；女儿羊显琪，是一代经学大家。外孙夏侯湛，西晋文学家，神逸貌美，时人号为“连璧”。外孙女夏侯光姬，晋元帝司马睿生母。

羊氏一门，在辛宪英的辅佐下，在历史上无论是政治舞台，还是诗书薪传，都是人才辈出、显赫无比。历史上，辛宪英以“为人聪明有才，善于鉴人知事”名震千古，曾经有人将辛宪英的智、曹娥的孝、木兰的贞、曹令女的节、苏若兰的才和孟姜的烈并称。

作为一个女性，辛宪英从不参与任何政治纷争，但作为一个智者，她看的比谁都清楚。父亲辛毗，弟弟辛敞，儿子羊琇，当他们遇到大事时，都会去找辛宪英商量，可见辛宪英的智力识鉴确实为人所推崇信赖，可算是家族智囊。

《晋书》评价她为“从容阴礼，婉娩柔则。载循六行，爰昭四德。操洁风霜，誉流邦国。彤管贻训，清芬靡忒”。罗贯中对辛宪英亦有高度的评价，在《三国演义》中为她赋诗：“为臣食禄当思报，事主临危合尽忠。辛氏宪英曾劝弟，故令千载颂高风。”

辛宪英，一介女儿身，却有郭嘉、周郎、庞统的名士风流，即便是具有天生的素质、后天的智慧，也一定与父亲辛毗的教育有着莫大的关系。

辛毗究竟是如何教育自己女儿的？

以身作则，让孩子有学习的榜样

辛宪英的父亲辛毗博学多才，一直很有才名，洞察时势，深谋远虑，是三国时期一个有胆有识的治世之才。辛毗性情耿直坦率，刚正不阿，虽历经袁谭、曹操、魏文帝曹丕、魏明帝曹叡，但从不懈怠，而是忠于职守。

有一年，曹丕准备迁移十万户冀州百姓到河南，大臣们纷纷上书制止曹丕的举措，可惜都被曹丕给否决了，辛毗却不放弃，拉住曹丕的衣服不让他走，一直在劝说曹丕放弃错误的决策。曹丕用力夺回衣服，悻悻回宫，过了一会儿，他火气稍消，又出来责问辛毗：“佐治，你为什么要苦苦地同我作对呢？”辛毗诚恳地说：“在这种饥荒年月，强行把他们迁徙到河南，没有粮食来救济他们，这样会使他们心怀怨恨，失去人心，因此我不得不力争陛下收回成命！”曹丕实在拗不过辛毗，于是下令只迁移五万户，在史上留下了辛毗引裾的成语。

父亲辛毗以身作则，女儿辛宪英耳濡目染，时刻以父亲为学习的榜样。虽然辛宪英没有机会出来做官，但她确实养成了忠义的品质。

齐王芳正始十年（公元 249 年），司马懿发动高平陵之变除曹爽，因曹爽已离开了洛阳而紧闭洛阳城门。大将军司马鲁芝带领曹爽的家兵斩关夺门逃走，当时辛宪英的弟弟辛敞担任大将军曹爽的参军，留在洛阳城中，鲁芝便派人喊辛敞同去会合曹爽。辛敞畏惧于形势，不知所措，便向姐姐辛宪英请教。

辛宪英对弟弟说："天下的事情谁也没有办法预先知道结果，但我觉得司马懿是被逼着发动政变的。司马懿和曹爽都是辅政大臣，但是曹爽独专权势，以骄奢的态度行事，是不忠不义之举。司马懿发动政变不过是要诛杀曹爽罢了，曹爽哪里是司马懿的对手，我认为司马懿一定能够成功。"

弟弟辛敞反问姐姐："那我就不应该跟随鲁芝出城去会合曹爽了吧？"

辛宪英呵斥道："怎么能不去呢？忠于职守是人伦大义，当我们知道别人有困难，尚且知道去帮助他，何况你是曹爽的属下，万万不能丢弃自身的职责，这是不忠不义的举动，万万不能这样做。当然，你不是曹爽的亲信，没有必要去为他卖命，你跟随大家出城不过是忠于职守罢了，司马懿是不会治你的罪的。"

听从了姐姐的话语，辛敞跟随鲁芝出关离城去寻找曹爽。后来司马懿果然成功诛除了曹爽，也放过了辛敞，辛敞便感触说："如果我不是与姐姐商量，便几乎做出了不义之举。"

父亲辛毗虽然身居高位，却一向悭俭，辛宪英同样如此。悭俭是什么意思呢？悭俭不是吝啬，而是用之有度，不浪费，不浮夸。侄儿羊祜，便是辛宪英手把手培养成才，因感念叔母的恩德，羊祜曾赠送华丽名贵的锦被给她，辛宪英却嫌礼品太过华贵，又不舍得浪费糟蹋，于是把锦被翻过来盖。

辛宪英，简直是一个活脱脱的女版辛毗，继承了父亲所有的优点，就是源于父亲的以身作则。而现在很多父母，总是忽视自己的缺陷，过多地要求孩子做到父母都不能做到的事情，这不仅无益于孩子，久而久之，还会让孩子心生怨恨，滋生出这样的想法"连爸爸妈妈都做不到，我凭什么要做到呢，这不是在为难我么"。

面对孩子，一定要把握一个原则，我们做不到的，绝对不去强求孩子做到；我们做不好的，绝对不去指责孩子做不好。

自由民主，让孩子参与决策

魏晋时期，崇尚自由，无论男女，主张个性解放。父亲辛毗是个非常民主、崇尚自由的人，他尊重女儿辛宪英，从不把女儿当成佣人使唤，也不把女儿当成财产看待，更不把女儿当成男人的附庸看待，他真心把女儿当成了自己的家人、朋友看待，大胆地让女儿参与到家庭事务的决策中来，经常与女儿就各种事情交流，哪怕是朝堂上发生的事情。

辛毗是一个非常伟大的父亲，即便是在现代社会，他也是远超于当下许多父亲的人物。很多父母总是抱着一个宗旨，认为“孩子还小，懂得什么东西”，虽然在物质和金钱上予以几乎可以说是无底线的满足，但一旦涉及到上学、选专业、找对象等关乎孩子命运的大事时，根本就不会考虑孩子的意见想法，很多时候会比较独断，独断也就罢了，还经常会说诸如“孩子能懂什么呢，这一切都是为了你好，我还能害你么”之类的话语。

我们经常批评孩子毫无主见，没有判断能力，孩子一定很委屈，他们不是不想去做判断，而是他们根本不知道怎么判断。他们从出生到结婚，都是父母说了算，哪里有决断的经历呢？

我们羡慕辛宪英那敏锐的对时事、对人性的洞察力和判断力，但我们很少去学习她父亲辛毗敢于相信孩子、勇于让孩子参与家庭事务决策的举措。正是在父亲辛毗的悉心帮助下，辛宪英才能在不断的磨炼中，逐步拥有了敏锐的洞察力和对人性的精准把控力。

在曹丕与曹植关于王世子的争斗中，辛毗以国立嫡长的礼法，坚决支持册立曹丕。建安二十二年（公元 217 年），曹丕被立为魏王太子后，得意忘形，竟搂着辛毗的脖子说：“辛先生你知道吗？我好高兴！”

曹丕得意忘形的行为，让辛毗非常愕然。回到家后，辛毗将曹丕的表现告诉女儿辛宪英，让女儿说说自己的看法。辛宪英经过一番思考后，对父亲说：“太子是代替君王主理宗庙社稷的人物。代君王行事不可以不怀着忧虑之心，主持国家大事亦不可以不保持戒惧之心，在应该忧戚的时候竟然表现得如此喜悦，又怎会长久呢？魏国又怎能昌盛？”

女儿的见解，让父亲辛毗非常惊讶，唯一可惜的是，他没有看到曹魏的灭亡，而辛宪英却在有生之年看到了。辛毗怎么也没想到的是，他一手培养出来的女儿，后来会用自己敏锐的洞察力拯救了自己的儿子和自己的夫家。

景元三年（公元 262 年），钟会担任镇西将军，辛宪英也许是要考验侄儿羊祜，询问他：“你觉得钟会带兵西去是要干嘛？”羊祜答：“当然是去灭亡蜀国呀。”

辛宪英却不这么认为，她教导侄儿说：“钟会这个人，做事随意放纵，不像一个谦虚的臣子。我怕他将来要谋反。”羊祜当时没太明白叔母的意思，就劝说道：“叔母，你真是想得太多啦！”

后来，钟会征召辛宪英的儿子羊琇当参谋，跟他一起出征。辛宪英跟儿子羊琇说：“我上次说钟会，只是为国担忧。现在他来召我亲儿子了，这我不能忍，他将来一谋反，肯定会连累到你。你去跟司马昭请求一下，不跟钟会去。”羊琇很信服母亲，就去找司马昭请求批准，但是司马昭不同意。

辛宪英无奈之下只好向羊琇说：“看来你不去不行了。那你记住，这次出去千万要谨慎小心，对人对事都要宽容大度，不要跟人扯上事。如果钟会真的谋反，你就好好劝劝他。”

果然，一切都在辛宪英的预料之内。蜀国灭亡后，钟会干掉了最大的对手邓艾，然后起兵谋反。羊琇劝钟会不要谋反，钟会不听。因为这件事，叛乱被平定后，司马昭不仅没有追究羊琇的责任，反而封他为关内侯。当时跟随钟会前往征蜀的不少文臣武将被牵连。

从辛宪英的经历来看，作为父母应该警醒。

尊重孩子，给孩子成长插上翅膀

每个人都渴望得到别人的尊重，孩子也同样。一个孩子得到大人的尊重，长大后他也就会懂得该如何去尊重他人。孩子最初的受人尊重的感觉是从父母那里得到的，尊重别人的意识也是在日常生活中经过多次训练、教育，不断强化而逐渐建立起来的。

学会尊重孩子不是一件容易的事，因为它不是一朝一夕就学成的。它应是建立在正确的认识基础上，多花心思、掌握技巧、真正发自内心的自觉行为。

一是尊重孩子的独立人格和自我意识。孩子在两三岁时，其自我意识逐渐形成，他们会提出“我自己来”、“我自己做”的要求，并跃跃欲试地尝试着做每一件事，这是孩子心理发展到一定阶段的正常现象。我们总是生怕他们做不好，总是包办代替，从而剥夺了孩子学习与锻炼的机会。当孩子到时候什么也不会做或什么也做不好时，却又受到父母的指责与埋怨，这对孩子来说是不公平的。

作为父母，应随着孩子年龄的增长和独立意识的增强，通过各种方式以实际行动给予孩子支持，如对孩子表示信任、让孩子拥有独立的空间、给孩子支配时间的自主权、尊重孩子的选择、善待孩子的朋友等等。尊重孩子，还要注意保护孩子的自尊心。自尊是一种精神需要，维护自尊是人的本能与天性。孩子的自尊心是他们成长的动力。保护好孩子的自尊心，增强他们的自信心，这是做合格父母的责任。

二是给孩子一定的自由空间。孩子除了吃好穿好的需要外，还有渴望得到尊重、渴望独立自主、渴望自由创造的需要。尊重孩子，就要把自由和独立还给孩子，让孩子自主选择，自由探索。

为什么现在的孩子备受宠爱，却常常感受不到快乐？为什么父母为了孩子省吃俭用，却常常得不到孩子的理解？原因就在于，现在的孩子受父母支配太多、指责太多，家长往往把自己太多的想法强加给孩子，望子成龙、望女成凤是很多家长的期望，强制性灌输给孩子太多的知识，剥夺了孩子游戏和自我探索的时间和机会，这是不尊重孩子的表现；有些家长自认为是爱孩子，把所有诸如吃饭、穿衣的琐事都包办下来，剥夺了孩子自己动手、锻炼自理能力的权利，这也是不尊重孩子的表现……

同时孩子们由于过早地承受太多的学习压力，从而早早地失去了童年的乐趣，没有正常孩子那样的欢乐，这将影响他们的社交能力和其他各种能力的发展及心理发育，他们很难发现自我价值。

7 贾南风：别让孩子继承自己的缺点

贾南风，小名旹，平阳襄陵（今山西襄汾东北）人，西晋开国元勋贾充的三女儿（也是第二任妻子郭槐的长女），西晋晋惠帝的皇后，又称惠贾皇后、贾后。

贾南风在历史上的恶名，绝对不逊于吕后和武则天，但她又实在没有办法和吕后、武则天相比。贾南风善妒成性，做太子妃的时候，她嫉恨后宫所有的女子，严厉掌控丈夫司马衷，很少有妃嫔能够获得司马衷宠幸。贾南风残暴狠辣，知道妃嫔怀上司马衷的孩子，竟然拿枪戟投掷孕妇，肚子里的孩子应声落地，场景非常血腥。那时候贾南风才十几岁，亲手杀人，疯子一般，让人不寒而栗。贾南风淫荡放浪，司马衷继位后，她当上了皇后，不但与太医令程据通奸，还搜罗美男子入宫，供其淫乐。这还罢了，淫乐结束后，贾南风竟然残忍将这些美男子杀掉。

为了获取更大权力，贾南风大开杀戒，从诛灭晋武帝皇后，她婆婆娘家杨氏集团开始，在皇宫内刮起一阵迅猛的黑旋风，最终导致长达十六年之久的八王之乱，这也在客观上加速了五胡乱世的到来。从司马懿到司马炎三代四人辛辛苦苦打下来的江山，被贾南风糟践得破烂不堪。

1997 年 8 月，许昌电视台曾在焦作影视城开拍了一部名叫《乱世妖后》的二十四集电视剧，讲述的就是贾南风乱政的故事。贾南风乱政十年后，被赵王司马伦假造诏书，以谋害太子的罪名废掉，不久又被司马伦用金屑酒毒杀，贾氏一族也随之家破人亡。

由于乱政与陷害他人的事迹，贾南风一直被视为后宫乱政的典型负面人物，其为人凶妒暴虐，手段残忍而极端。贾南风嫁给司马衷时，年仅十五岁，正处于一个孩子最为叛逆的青春期，有人说宫廷斗争的黑暗迷失了她的心灵，让她蜕变成了一个凶狠残暴的女子。其实不是宫廷的黑暗“熏黑”了贾南风，而是她从小就有一个善妒凶残的母亲，在这样一位母亲的熏陶下，贾南风蜕变成凶狠残暴的女子，也就一点也不值得奇怪了。

母亲尚且如此，何况女儿乎？

贾南风的母亲名叫郭槐，字媛韶，父亲是城阳太守郭配，伯父是曹魏名将郭淮。郭槐，名门贵女，父亲郭配在当时有重名。按说，郭槐应该是个相夫教子的好女人。

贾充一开始娶了李丰的女儿李婉，李婉淑美有才行，《隋书·经籍志注》记载李婉有文集一卷传世。原本，贾充和妻子李婉过着幸福美满的生活。老丈人李丰犯了罪，妻子李婉受牵连，被流放到乐浪郡。按说贾充是司马昭的心腹亲信，老丈人犯罪牵连妻子，完全可以请求司马昭赦免。可结果令人遗憾，贤妻被发配，贾充娶了郭槐。也许贾充对此是非常憧憬的，不奢望说比李婉强，差不多也就心满意足了。

老天和贾充开了个大玩笑，郭槐出了名善妒凶残。婚后，贾充与郭槐先后了贾南风、贾午二女，又生了长子贾黎民。贾充非常兴奋，终于有了儿子。不管多忙，他都要逗弄一下儿子。有一次，贾充回家的时候，乳母刚刚喂完了奶，贾充伸手去抱儿子，正好被郭槐撞见，郭槐就认定贾充与乳母有奸情，竟然亲自动手用鞭子打死了乳母，结果儿子贾黎民就死了，《晋书》说是孩子思念乳母而死。

要说贾充的心理素质真够强的，这样的悍妻，也能忍受。这样的惨剧发生了一次就够惨的，贾充竟经历了两次。没过多久，郭槐又生了一个儿子，贾充这次很谨慎，可实在太爱儿子了。儿子刚满一周岁的时候，贾充实在忍不住抚摸了乳母怀中的儿子，又被郭槐发现了。郭槐再次怀疑两人有奸情，又把乳母给杀害了。最悲剧的是，这个儿子才一岁，也因为思念乳母死了。从此，郭槐再也没有生育，贾充也没有儿子。

贾南风的母亲郭槐妒忌到了何种地步，仅仅因为丈夫抚摸儿子的时候不小心与乳母有些身体方面的接触，就怀疑两个人有奸情，起了杀心。这也难怪，贾南风嫁给太子司马衷后，对司马衷管的那么严格了，至于贾南风杀害怀孕妃嫔更不值得奇怪了。

从小母亲就用言行举止给女儿做了榜样，贾南风发现母亲这样残忍的行为没有受到来自父亲或者朝廷的任何惩罚。这些都让她在幼小的心灵中种下了“女人管男人，甚至处死其他想接近男人的女人是理所当然”的认知。

郭槐出了名的霸道，更不怕任何人。司马炎称帝后，贾充原配夫人李婉获大赦回到洛阳。为了成全他们夫妻团圆，司马炎特降恩诏允许贾充置左右夫人，迎归李氏。晋武帝出于好意，让贾充迎归前妻后，仍可给郭槐以正妻夫人的名分，免得让贾充难堪和为难。贾充谢恩回家告诉了郭槐。郭槐火冒三丈，不顾皇帝的诏命，对贾充一阵数落：“这些年我跟你同甘共苦，患难与共，容易吗？你有今天，别忘了我的功劳。休想让那小妖婆在我跟前碍眼。”贾充见她不依不饶，怕她再撒泼使性，干脆谢绝了皇帝的恩诏，断了要置两夫人的念想，在城中永年里为李婉另修了一处宅院安身。

当时，人们在这种情况下，一般都会与前妻暗中往来，私下通情，但贾充不敢造次。女儿贾荃、贾濬多次哀求父亲去看望她们的生母李婉，贾充也不敢答应。尽管如此，郭槐仍不放心，每到贾充外出时，都要派人暗中窥探，唯恐贾充背着她去找李婉。后来，贾荃成了齐王司马攸的王妃，便劝说父亲休掉郭氏而迎还母亲李婉，有一次竟叩头到流血，贾充硬是不敢点头，心里只觉得有愧于李氏。贾充在母亲临终时，问她有何吩咐，贾母说：“我让你把我那贤德的媳妇迎回来尚且不肯，何必再问别的。”结果，李氏到死都没能回到贾府。

母亲郭槐强势到连皇帝都不畏惧，让女儿贾南风也养成了目空一切的恶习。为什么贾南风敢于在皇家内院撒野，杀死太子司马衷的妃子？就是因为她根本什么都不怕，母亲就是学习的“榜样”。

原本是有人可以惩罚贾南风让她“改邪归正”的，这个人就是皇帝司马炎。司马炎听说贾南风杀死怀孕妃嫔的事情后，非常愤怒，准备废掉贾南风，幽禁到冷宫金镛城。真要这样，历史上就少了一个妖后。让贾南风当上太子妃的杨艳虽然死了，但她的妹妹皇后杨芷还在。她和大臣杨珧、充华赵粲都为贾南风求情，荀勖等人更是四处奔走来保住贾南风太子妃的地位，最后司马炎也没有惩罚贾南风。从此，贾南风再也没有任何顾忌，司马炎为了保护孙子司马遹不被贾南风伤害，不得不把孙子带在自己身边保护。

母亲的一切缺点，都被女儿贾南风继承，而且“青出于蓝而胜于蓝”。千万不能忽视自身缺点，孩子无时无刻不在观察父母，模仿着父母由缺点而表露出来的“负能量”行为，如果父母不加以改正的话，孩子就会非常“完美”地继承父母那些缺点，甚至有过之而无不及。

天生丑陋，让孩子自卑而敏感

贾南风究竟有多丑，《资治通鉴》记载了晋武帝司马炎对贾氏女子的评价。

司马炎给太子司马衷选太子妃时，曾经对皇后杨艳这样讲“卫氏之女与贾氏之女，实在是泾渭有别，你难道不知道？贾家夫人天生好妒，又生子不多，贾家的姑娘个个长得又黑又丑不说，且个个身材短小，若是娶来会影响我司马家的后代；卫家夫人天性贤惠而又儿孙满堂，卫家姑娘长得白皙漂亮不说，个个身材修长，高个媳妇门前站，不会做活也好看。你说该选谁？”

贾充一开始并不是要把贾南风嫁给太子，而是准备把小女儿贾午嫁给太子。临结婚时，他才发现女儿贾午实在太矮了，连礼服都穿不上，只好让三女儿贾南风穿上礼服，嫁给太子。

贾南风的容貌可能还不如妹妹贾午。长得丑，别说在封建时代，就是在现代，都很容易被人嘲笑。嘲笑的多了，自卑就会不自觉的滋生。自卑的人，往往异常敏感，对他人的动态非常在意，一个眼神、一个动作都可能让他误生想法。

如果自卑转化成懦弱，还可划归于乖乖女之列，让人心生怜悯，要是再自强不息些，在某些领域做出点成绩，则让人由生敬佩。如果自卑转化成怨天尤人，那就很可怕了，这会让孩子变得心理阴暗，仇恨任何比他优秀的人。贾南风，自卑之下，在母亲的影响下，蜕变成悍妇也就不足为奇了。

在家也就罢了，丑就丑吧，有父母庇护，自卑的感觉还不算强烈。等到十五岁的贾南风嫁给太子后，来到了美女如云的太子宫。自己非常丑陋，而周围的人却异常美丽，连自己的丫鬟都比自己美丽，身处青春叛逆期的贾南风哪里能够受得了，受不了会怎么样呢？

自卑心理会越来越强烈，对周围的人或者事也越发敏感，出现情绪和行为上的失控其实也很正常！

孩子自信了，才能不自卑

自卑的孩子，往往缺乏自信心，经常拿自己的短处去和别人的比较，比较的结果当然是不如别人了，这让他们更加觉得自己很差劲。“自卑”说直白一点就是自我评价过低，自己瞧不起自己。它是一种人格缺陷，是一种不平衡的行为状态。

面对挫折和失败，很多孩子不是选择面对，想尽办法解决，反而选择用“自己不行”作为借口逃避。这其实很正常，因为每个孩子心里都会或多或少存在羞怯和自卑。

怎么帮孩子克服自卑心理呢？

一是引导孩子接纳自己。一个人不要看不到自己的价值，只看到自己的不足，什么都不如别人，处处低人一等。例如，有的孩子总认为自己学习不好，天生愚笨不敢跟别人比；有的孩子总认为自己拙嘴笨舌，不善辞令，丧失信心，产生厌恶自己并否定自己的自卑感，在与人交往中就缺乏勇气，缺乏积极性、主动性。连自己都不相信的人，当然很难引起别人的兴趣和注意，而这又恰恰助长了自卑，如此形成了“恶性循环”，越发增长了羞怯和自卑。要经常给孩子以鼓励，让他不但能认识自己，还要全面接纳自己。

二是学会正确与人比较。自卑感强的人往往拿自己的短处跟别人的长处比。这样越比越泄气，越比越自卑。有的孩子因为学习不好而产生自卑就是这个原因。如果自己的孩子学习不好，家长就不应该拿孩子与学习成绩好的同学相比。如有的父母经常说：“你看看隔壁的小明，年级和你的一样，他的成绩这么好，为什么你的成绩就这么差？”这种比较只能使孩子越比心情越糟。其实在比较中扬孩子的长、避孩子的短往往更能增强其自信心。

我们还要特别注意，帮助孩子克服自卑的时候要坚持不懈，不能操之过急，“冰冻三尺，非一日之寒”，孩子的自卑感不是一天形成的，要克服它也是要有一个过程的。尤其是自卑的孩子相较于其他孩子更加敏感，所以更要求我们要特别有耐心、细致，多多地肯定他，正确地引导他，相信自卑肯定不会毁了你的孩子。

8 夏侯令女：别总想着管控孩子

前面说过，古人将辛宪英的智、曹娥的孝、木兰的贞、曹令女的节、苏若兰的才和孟姜的烈并称。我们已经讲过辛宪英的智，下面我们来说一说曹令女的节。

曹令女，并不姓曹，而姓夏侯，至于名是什么，现在已经没人知道了，字令女，我们姑且就叫她夏侯令女。她父亲夏侯文宁，曾经做过梁国相（和太守一样都是两千石的官职）。她的丈夫是曹文叔，曹文叔是曹爽的堂弟。因为丈夫姓曹，所以人们都称呼她曹令女。

三国西晋时期学者、医学家、史学家皇甫谧撰写的《列女传》，三国时期曹魏国郎中、著名史学家鱼豢撰写的《魏略》，北宋初年编的《太平御览》等古代典籍都记载了夏侯令女的事迹。

夏侯令女有什么事迹呢？

说来不复杂，夏侯令女年纪很小就嫁给了曹文叔。他们俩属于早早婚，真要搁在现在，不管夏侯令女是否同意，曹文叔都要被判强奸罪。两人结婚后没多久，曹文叔就去世了。父亲夏侯文宁要夏侯令女回到家中商量改嫁事宜，夏侯令女不同意，她已经坚定了一个信念：“生是曹家人，死是曹家鬼！”

魏晋年间，礼教观念还没有深入人心，寡妇改嫁很常见，即使是四五十岁的中老年妇女，丧偶再嫁也很常见。谁也没想到，夏侯令女一个弱女子，竟吃了秤砣铁了心：要为曹文叔守节，这一生，不再嫁人。夏侯令女按照礼制，给曹文叔守完丧，当众宣布，我就算回了娘家，也绝不改嫁！为了表明心志，她剪了长发。古时候，人们普遍有“身体发肤受之于父母”的观念，认为剪掉头发是严重的不孝行为，曹操也只有在对外宣称“军法面前人人平等”时，才舍得割掉头发来代替斩首，足见头发的重要性。夏侯令女削发以明志，着实令家人大吃一惊。

如果家人尤其是父亲依从她也就罢了。事与愿违，谁也没有尊重夏侯令女的意愿，最终酿成了悲剧。

柏杨先生在他的现代语文版《资治通鉴》中译到这一节时，禁不住议道：“夏侯女士坚贞壮烈的行为，怀着何等高尚的情操，上惊天地，下泣鬼神。然而，一个妇女，为了自主，竟要付出如此可怖的代价，不禁一哭。为她的坚强哭，也为传统文化中，占中国人口一半的妇女们的命运哭。”

夏侯令女的悲剧为何会发生？完全是父亲夏侯文宁一意孤行造成的。

总想管控，不考虑孩子意愿

夏侯令女削发以明志，并没有打消父亲想让她改嫁的念头。父亲总觉得女儿可能是与女婿感情深厚。女婿死了，女儿一时还忘不了，时间长了感情也就淡了，到时候再劝女儿改嫁。

过了些天，父亲把女儿找来，再次劝说她改嫁，连改嫁的对象都已经选好了。夏侯令女的反应超出了家人的预期，她用刀割掉了自己的两只耳朵。看着这血淋淋的场面，家人非常痛心。

夏侯令女怕父亲再纠缠，就搬到了丈夫堂兄大将军曹爽的府上居住，曹爽对自家人一向比较照顾，他看到这个堂弟媳妇为人刚烈，也很钦佩，就派人好好照顾夏侯令女的生活。

没过多久，曹爽一族就被发动政变的司马懿给灭了门，夏侯令女也失去了依靠。父亲夏侯文宁上书要求与曹文叔一族断绝姻亲关系，并派人把女儿接回家。夏侯令女坚决不从，对着空荡荡的曹府痛哭失声。最后夏侯文宁实在没有办法，只能把女儿抓回家，并且严加看管，防止她再做出什么出格的事情。

夏侯文宁认为女儿不改嫁难以过上幸福的生活，以她的个性，终归是让人不放心，而且曹文叔一族已被杀绝了，也许再过些日子，女儿守节的志向就会慢慢减弱。过了一段时间，夏侯文宁派人探听女儿的口风："小姐，您有没有想想未来啊？"

夏侯令女泪流满面："爹娘又是要我改嫁吧？我看也没别的什么办法，只好答应了。"家人听她这么一说，都喜出望外，开始给她张罗对象，对她的看管也没有那么严了。

夏侯令女借这个机会跑进寝室，躺在床上用刀割下了自己的鼻子。待母亲感觉事情不对劲，过来揭开被子，才发现夏侯令女满脸是血，被褥都被血液染红了。家人看到夏侯令女这副惨烈的场景，都忍不住心酸落泪。

有人劝她说："人生在世，就像尘土依附在草叶上，这般飘摇零落，你又何苦把自己逼到这样惨的地步呢？而且，你说你要守节，可现在你丈夫曹家已被司马懿满门抄斩了，你是为谁守这节呢？"

令女忍住脸上剧痛，坚定地说："我听说，'仁者不以盛衰改节，义者不以存亡易心'。我之所以守节，并不是为了依附权势地位，而是为了顾怜曹文叔的孤苦无后。您说，当初曹氏强盛繁荣的时候，我尚且想为他守节保终。如今，曹氏已经衰亡了，难道反而忍心抛弃他吗？这种无情无义的禽兽行为，不是我做得出来的！"

看到女儿又是断发，又是割耳，又是割鼻，夏侯文宁也不是个冷血动物，终于明白了倔强的女儿恐怕不是自己能够管控的。他也怕再逼迫女儿改嫁，女儿还不知道要做出什么样的自残举措呢，只好尊重她的心愿，不再逼迫她改嫁了。后来司马懿听说了这件事，通令嘉奖了夏侯令女的忠贞节烈，还破例允许她领养了一个儿子，作为曹文叔的继承人。

有很多人想不通夏侯令女为什么一定要为死去的丈夫曹文叔守节？夏侯令女有可能是为情所困，现在这个早已经不讲究守节的年代，还有不少男女为了坚贞的爱情而选择孤独终老，何况古人呢？也有可能像她所说的一样，为了一个“义”字。

不管出于怎样的目的，没有人逼迫她去守节，这是她自己经过深思熟虑后的决定。既然是她的决定，作为父母，就不应该去逼迫她改变自己的初衷。做父母的，总是觉得做出的决定或者想法都是从儿女的角度出发的，都是出于一颗为儿女好的心。但我们毕竟是我们，我们的想法永远无法去代替儿女的想法。我们认为对的，他们并不见得赞同。

每个孩子都渴望自由，不愿意承受父母以爱为名的管控。

我们为什么总想管控孩子呢？

管控孩子，是在延续欲望

王小波曾说“人的一切痛苦，本质上都是对自己的无能的愤怒”。

当我们发现无法通过自己的主观能动性改变世界时，就开始把压力向他人转移，尤其是向孩子。这种转移往往是以非常隐蔽的方式进行的，比如隐藏在“我是为了你好”、“都是因为你”这样的美丽外衣下。

我母亲是一个控制欲比较强烈的人，而我又不是属于顺从型的孩子。即便现在我已经结婚生子，面对母亲的控制欲，我有时候还是会抑制不住地做出叛逆的反应。这种叛逆，是情不自禁的，甚至是根本没有经过大脑直接反射出来的举动。一旦我做出这些叛逆的反应，我立刻就意识到自己又开始叛逆了，心里也立刻涌现出后悔，觉得自己实在没有必要做出刚才的举止去触怒母亲。

比如她经常会冷不丁地询问一些我工作中的事情，明明与她无关，她非要知道，告诉她她就会很高兴，如果不告诉她或者显露出不耐烦，她马上就会愤怒，或是言语批评，或是动手敲打。“即便你活到八十岁，只要我还活在这世界上一天，我就管着你”这样的话语，是母亲批评我叛逆行为的“口头禅”。

母亲觉得她对我做出什么样的举动，都是真心实意百分百地为了我好，可她却没有意识到，我早已经长大了，有了自己的家庭，有了自己的判断。她这样“为我好”控制背后，隐藏着更深刻的原因，可能她是非常希望通过我延续她没有成功的梦想。

母亲经常和我说：“因为你，我昨晚又失眠了。”或者“因为你，我又病了。”或者“如果你不这样，我的心情就会好很多，我就不会失眠或者焦虑了。”她总希望通过改变我，来改变她的情绪。每当我顺从她的时候，她就觉得非常开心。当她觉得焦虑的时候，那是因为“我让她这么担心”；当她觉得愤怒时，那是因为“我惹她生气”；而当她觉得沮丧时，那是因为“我让她失望”了。

我一直非常反感母亲这些言语。像母亲经常对我说的“我为了你付出了多少心血，吃了多少苦，受了多少累”一样，她说这些话让我感觉到我必须对她的情绪和她的人生负责。

我有自己的妻子，有自己的孩子，慢慢地我发现为什么我们那么喜欢去控制别人，那是因为我们没有稳定的自我和自我价值感，我们需要别人的语言和行为来得到肯定或者是安慰。我们总是觉得我们是因为别人，尤其是孩子而产生负面的情绪，但我们自己又没有办法消弭负面的情绪，我们想到了一个推卸自己责任的办法，就是通过改变别人，尤其是改变孩子，让他们变成我们心目中认为的模样，这样就能让自己的心情变好。

只有当我们有非常稳定的自我价值感时，我们才会有不去控制别人的勇气。因为我们知道，我们的自我价值不会因为别人的肯定、褒奖、支持、赞美或者安慰而得到提升，我们本身就是有价值的，不需要通过控制别人的行为，来得到借来的价值感。

所以，千万不要再管控孩子了，终究有一天雏鹰要高飞，我们总不希望自己的孩子成为永远也飞不起的“鸵鸟”吧。

9 阮氏：自信的孩子最美丽

中国古代有四大美女，即西施、王昭君、貂蝉、杨玉环，四大美女享有“沉鱼落雁之容，闭月羞花之貌”的美誉。可以说，四大美女人人知道，是历代文人骚客或褒或贬的吟咏对象。

要说起中国古代四大丑女，恐怕知道的就不多了。究竟有哪四大丑女呢？轩辕黄帝次妃嫫母、战国时齐宣王王后钟离春、东汉贤士梁鸿之妻孟光、曹魏名士许允之妻阮氏。四位女性虽然很丑，但名垂千古的原因并不是因为太丑，反而是她们心灵才干远胜于容貌，都是丈夫的贤内助。

阮氏就是我们要说的主角。阮氏，究竟叫什么，早已经不可考证，只知道她出身名门贵族陈留阮氏，父亲是当时的卫尉卿（九卿之一，掌管宫门禁卫）阮共，字德慰。阮氏的哥哥是阮侃，字得如，是与“竹林七贤”并称的名士，又是著名的玄学大师和医学家。

阮氏，究竟丑在哪里，史料没有任何记载，但南朝宋文学家刘义庆在其著作《世说新语·贤媛传》中用了“奇丑”两个字形容。她因为父母之命嫁给名士许允，新婚之夜，人逢喜事精神爽的许允，美滋滋掀开新娘子的红盖头，阮氏姑娘抬起头来，含情而大方地看了自己的夫君一眼。这一看，可把许允吓坏了，“我的妈呀”一声惊叫，许允夺门而出，再也不肯进入洞房。

三国魏晋时的人原本就对颜值很重视，尤其是男子，讲究穿着打扮甚于女子。男子擦粉，风行一时，形容男子不是用玉树临风，就是用风华绝代等词语，名震千古的大帅哥潘安就是魏晋时期的人。玉人、俊容、美姿、美形，这些后世形容女子的词语，当时都用来形容美男子。当年，短小精悍的曹操为了接待匈奴来使，不得不让容貌俊美有威仪的崔琰代替自己接见使者。

真要是一般的女性因为自己的丑，让丈夫嫌弃到不肯进洞房，还不自卑到哭爹喊娘，甚至自暴自弃到自杀呀。可阮氏没有，她对于自己非常自信，她相信自己可以让丈夫刮目相看。阮氏哪里来的自信呢？

尊重缺陷，让孩子自信自强

许允从洞房里跑了，这可急坏了许允的父母家人。许允不肯进洞房，一来恐怕难以对位高权重的亲家交代，二来那么多亲朋好友见证，真要是传出去了，肯定要成为别人口中的谈资。

身在洞房的阮氏却非常镇静，一边开动脑筋思考对策，一边派遣婢女出去查探情况。过了一会儿，婢女跑回去汇报情况，说："桓范先生给许相公贺喜来了。"这位桓范可不简单，胸有谋略，口才出众，人称"智囊"。阮姑娘听说后非常高兴，对婢女道："桓范一定会劝相公再进洞房来的。"

果然不出所料，桓范来了看到许允的情况，就劝说他："阮家是世代守礼之家，既然把丑女嫁给你，肯定是有用意的，你应该进去看一看。"许允想想也是，再说老丈人家也不是一般人物，还是听从劝说，再进去看看吧。

许允犹犹豫豫地走进洞房，再次看到新娘的容貌，心中实在是难以忍受，转身就要再跑出去。阮氏心里清楚：这次夫君是被桓范劝进来的，要是再跑了，恐怕自己就要独守空房一辈子了。说时迟那时快，阮氏以迅雷不及掩耳盗铃之势，一把抓住了许允的衣服，问道："相公，你这是要去哪？"

去哪，当然是要跑啦！你长这么丑，谁受得了啊，许允心中嘀咕道。可这些话，许允哪里好说的出口，真要被老丈人知道了，自己不就遭殃啦。许允不好说恶话，却又咽不下这口气，讽刺阮氏道："我听说女子应该具备四德，你符合几德呀？"

很多人可能对四德并不了解，四德出自于《礼记·昏义》，主要指妇德、妇言、妇容、妇功四德。妇德是要求女子要"幽娴贞静"、"柔顺温恭"；妇言是要求女子贞静，做到不苟言，不苟笑，内言不出，外言不入；妇容是要求女子端庄，做到坐如钟，立如松，卧如弓，动不轻狂，笑不露齿；

妇功是要求女子要会做纺织、刺绣、缝纫等事。古代人说妇容，并不专指相貌美丑，而是特指仪容是否端庄得体。许允也真的是急了，有点口不择言了。

阮氏一听许允的问话，顿时乐了，她也不和许允争辩，轻言细语地回答："要说四德之中，我知道我长得丑，说起来也就缺少'容'这一德罢了。不过常听人说大丈夫应该具备百种优秀的品质，不知道您具备几种呢？"

听到阮氏这么问，许允也乐了，毫不谦虚地回道："我嘛，自然全部都具备啦！"说完，他还得意地看着阮氏。阮氏也不急于回答，反而盯着许允看了一会儿，才慢慢地说道："读书人的品行，以'德'为第一位，可您呢，却是好色不重德，怎么还自己说自己具备百种品行呢？"

这句话一出，可把许允给说愣了，对呀，自己号称道德君子，好色不就是一种无德的表现么。许允看到相貌丑陋的新婚妻子，眉目之间似有英气慧风在熠熠生辉，不免心生愧疚。愧疚之下，许允不仅乖乖入了洞房，而且婚后也对妻子格外敬重。

在那个一夫多妻制的封建时代，单凭容貌是难以持久地吸引住自己的丈夫的，就拿甄宓来说，美艳绝伦，丈夫曹丕后来不还是弃之如敝履。但德才兼备的妻子，丈夫不管在什么时候都会铭记。

阮氏为什么对自己如此自信呢？说到底，她有自信的本事，除了因为容貌上的缺陷而让妇容稍稍逊色一点，真可谓妇德高洁。

而这一切，都要归功于阮氏的父母家人。父母不仅包容了阮氏的缺陷，从不以女儿相貌丑陋为耻，反而悉心培育女儿。孩子为什么会因为自身缺陷而产生自卑呢？孩子最开始的自卑来源于家人，有的家人对于孩子的缺陷难以接受，就会投以异样的目光，甚至会说一些嘲笑的话语；有的家人对于孩子的缺陷会不自觉滋生同情，做任何事情都要考虑到孩子的特殊情况，总以为自己这样同情会对孩子有帮助。第一种家人对于孩子的伤害比较大，第二种家人对于孩子的伤害也不小。其实孩子不需要嘲笑，更不需要同情，他们需要的是一视同仁。

只有一视同仁，才能扭转孩子对于自身缺陷的认识，才能慢慢学会正确地面对自己的缺陷，当他们对于缺陷习以为常时，孩子自然就会不以缺陷为耻了。

把自己当成和大家一样的正常人，再加上自己在各个方面努力学习，让自己变得突出，自然而然就会自信。阮世家族家学渊博，阮氏的哥哥阮侃博学多才，阮氏自然也不甘示弱。

自信的孩子，往往各个方面都很突出

自信的孩子，往往各个方面都很突出，阮氏就是这样的典型，她虽然身为女子，却有着无与伦比的政治头脑、敏锐异常的洞察力，对于人心的把握也非常准确。

许允与阮氏婚后不久，就被提拔为曹魏的吏部郎（掌管官吏选拔任用），提拔了很多同乡，估摸着也得罪了一些人。有人向皇帝检举，魏明帝曹叡得知后，龙颜大怒，派遣宫廷的虎贲卫士来逮捕许允问罪。许允得知消息后，非常震惊，脑海里思考着各种对策，不知道是该据理力争，还是该苦苦哀求。犹豫之间，抓自己的卫士来了，这时候，阮氏抓住许允，悄悄说道："夫君，你一定要牢记皇帝是英明之主，可以用道理去辩驳，却不能用感情去打动。"

阮氏虽足不出户，但凭借着自己从父亲、丈夫等人那里听来的信息，准确判断出了曹叡的秉性，那就是面对这样一位血气方刚颇有英才的皇帝，想去用哀求的方式施加"感情攻势"，无疑等于自承其过，只会引来重重责罚，唯有"以理夺之"，针锋相对，才能从根本上斩断对自己的攻诬之源。

许允被虎贲卫士带走了，全家大小都非常担忧，一个个面带愁容，甚至号啕大哭。只有夫人阮氏面色自若，安抚大家："不用担忧，他不久就会回来的。"在屋里屋外不绝于耳的哭泣声中，她自顾开始动手煮起米粥，说是等许允回来正好充饥。

曹叡审判许允时，许允牢记妻子嘱托，头头是道地辩护起来："陛下，孔子说过，为国家举荐人才必须举荐我们了解的人。比起其他人，我的同乡恰恰是我最了解的，我多从他们中推举贤人有什么过错呢？如果陛下不相信他们，可以派人去考察他们的政绩是否称职，如果不称职，我甘愿受罚。”曹叡派人检查，发现许允推荐的人政绩确实很称职。就这样，许允被无罪释放，曹叡发现他衣服破损了，又赏赐了一件新衣服。于是许允穿着御赐的衣服，高高兴兴回家，喝丑夫人刚熬好的米粥去了。

许允在妻子阮氏的帮助下逃过了一劫。可他终究是见识浅薄，陷入了曹氏与司马氏的争斗中，曾谋划杀死司马昭。因为镇北将军刘静去世，朝廷派遣许允接任。一直惴惴不安的许允得知后，非常高兴地对妻子阮氏说：“我终于幸免啦！”洞若观火的阮氏却说：“灾祸就是从此开始的，怎么会是幸免了呢？”

果然，许允还没上任，就被抓了起来，廷尉判处他流放乐浪郡，妻儿不得同行，许允冻死在流放的路上。许允的门生将消息告诉了阮氏，阮氏正在家中织布，面不改色地说：“早就知道会这样。”门生说：“夫人，快把两位公子藏起来吧！”阮氏却说：“不用，不关孩子们的事！”阮氏带领全家人住到许允的墓地旁。司马师派遣亲信钟会来查看两个儿子的才能，如果与父亲差不多就抓起来。

许允的两个儿子听到了消息，很害怕。阮氏却说：“你们两个虽然不错，但才干不多，心里想什么就说什么，不会有事的。也不必表现得过于悲伤，钟会不哭了，你们也就别哭了。还有，少打听朝廷里的事。”儿子们按照母亲说的做，钟会认为他们平平无奇，回报司马师。钟会以善于看人著称，司马师相信他的判断，不再追究。

阮氏不愧是阮氏，她用计谋骗过了善于识人的钟会，保住了两个儿子。大儿子许奇官至司隶校尉，小儿子许猛官至幽州刺史，至于孙子辈，也都做到了二千石的大官。

许允这一辈子，值得庆幸的就是娶了阮氏这么一位贤妻。可惜，在很多事情上他没有听从妻子的意见。阮氏的自信不是空穴来风，她完全有资格在洞房之夜对丈夫说自己妇德俱全的话。

自信的人往往学起什么来都特别有信心，也更容易寻找到学好的方法。为什么会这样呢？因为自信的人，不管遇到什么样的困难，他们都会坚信自己一定能成功，一定能学好。

自信的孩子怎么培养

既然孩子自信有那么多好处，那怎么样才能培养出自信的孩子呢？

一是正确评价孩子的点滴进步。父母的评价对于孩子自信心的产生至关重要。在孩子小的时候，对待孩子的点滴进步，父母要及时评价，多说“你真棒”，最好能够指出孩子进步的地方。这样孩子就能看到自己的长处，肯定自己的进步，认为自己真的很棒。反之，如果经常听到父母的否定的评价，如“你真笨、你不行、你不会”，孩子也会否定自己，对自己的能力产生怀疑，从而产生自卑感。

因此，作为父母，要善于发现孩子身上的闪光点，不盲目地拿自己的孩子同别的孩子比较，而是多拿孩子的过去与现在比较，让孩子知道自己长大了、进步了，自信也会自然而然地萌生。如果自己的孩子发展较慢，父母要用更多的关怀和鼓励，让孩子懂得人人都有长处，逐渐树立对自己的正确评价。

二是在成功体验中培养孩子自信心。作为父母，应该多给孩子安排一些一定能完成的任务，比如摆碗筷、盛饭、收衣服等，孩子完成了就表扬他。还可以安排一些比较困难的任务，如洗碗、整理玩具等，如果孩子做到了就要大力表扬他，这样可以树立孩子的自信心。自信心，是一点一滴建立起来的。我们要根据孩子的优缺点，创造机会让孩子去历练，发展孩子的能力，孩子取得了进步，就表扬他，让孩子体验成功的喜悦，产生积极愉快的情绪体验。

需知自信心和独立性要从一点一滴做起，不是抽象的。因此家长应该正确认识到孩子的缺点和优点，正确把握，创设良好的机会和条件让孩子去尝试和发现，发展孩子的各种能力，并在孩子取得成绩时，及时表扬，充分肯定进步，才能让孩子体验到成功的喜悦。

三是鼓励挫折中的孩子培养他的自信心。孩子什么时候最缺乏自信呢，是在遭遇挫折的时候。当孩子遇到挫折，完成不了一件事情的时候，我们要把事和人分开，让孩子明白失败了不代表自己无能，只不过自己还没有掌握解决的办法，只要掌握了技巧，就能把事情做成功。

鼓励孩子，要把握两个原则：第一是不要讽刺孩子，让孩子受到打击和伤害；第二是不要过度赞扬孩子，这会让孩子滋生骄傲。

10 孙鲁班：别让大人间的纷争毁了孩子

孙鲁班，字大虎，吴郡富春（今浙江杭州市富阳区）人，孙吴开国皇帝孙权的大女儿，母亲是孙权的皇后步练师。

父亲孙权从没有想过，大女儿会成为祸害孙吴的罪人，一手主导了孙权死后的政治乱局。首都师范大学历史学院教授、博士生导师王永平曾这样评价孙鲁班："弘、峻诸人固然作恶多端，但这背后真正的导演是全公主。其手段之毒辣、多变，与历史上其他玩弄权术的女性相比，全公主应当排在高手的行列。因此，尽管孙权在表面上安排了以诸葛恪为首的辅政大臣，但实际上在长期的政治运作中，孙吴宫廷中已形成了以全公主为核心的宗室势力，直接影响甚至决定着孙权后期和少主孙亮时期的政局变化。"

陈寿在《三国志•步夫人传》中记载孙权曾在步练师死后，这样评价步练师："日夜恭敬虔诚，与我一样辛苦勤劳。修养优良品行端庄，从不失却礼仪。待人宽容慈惠，有贤淑美好之德。"

贤惠的母亲步练师怎么会养出如蛇蝎一般的女儿孙鲁班？

孙鲁班的教育失败，不能完全责怪母亲步练师，父亲孙权也有不可推卸的责任。

父亲溺爱，让孩子骄傲自大

孙权对女儿孙鲁班非常溺爱，从名字就可以看出。孙鲁班怎么看怎么像是一个男孩子的名字，这就罢了，孙权竟给女儿取字为大虎。无独有偶，孙权给小女儿孙鲁育取字为小虎。

孙权给女儿取一个男性的名和字，可能是出于“虎父要生虎女”考量，也可能是对宠妻步练师没有能够生到男孩的一种遗憾。孙权非常宠幸步练师，一直想立步练师为皇后，满朝文武没有一个赞同。等到步练师死后，孙权立她为后的想法才以实现。

出于对步练师的愧疚，孙权对步练师生的两个女儿都很宠爱，尤其是对大女儿孙鲁班更是到了溺爱的地步。

一是婚姻上的宠溺。黄武年间（公元 222 年 10 月到公元 229 年 4 月），孙权为太子孙登聘娶周瑜之女为太子妃，又将大女儿孙鲁班嫁给周瑜长子周循，并拜周循为骑都尉。这样安排，是想让大女儿与太子孙登更加亲密。夫君周循，英俊潇洒，很有当年周瑜的风采。婚后，孙鲁班生活幸福，可惜没几年，年纪轻轻的丈夫就去世了，守了寡。

宠爱孙鲁班的父亲孙权，不愿意女儿年纪轻轻就孤独终老，又为女儿选婿。黄龙元年（公元 229 年），父亲孙权选中了迁升卫将军、徐州牧的全琮。从此以后，女儿孙鲁班也被称为“全公主”。女儿再嫁，父亲孙权不仅给了丰厚嫁妆，还赐给女婿宅第一所，一年四季也都有赏赐，当时享受这样殊荣的只有重臣刘基与张承家。

二是权利上的宠溺。全琮娶孙鲁班为妻后，一方面是官职升迁非常快，官至右大司马、左军师；另一方面受到赏赐非常多，累计千金，家族子弟一道受宠显贵，全氏家族也一跃而成孙吴名门。

除了让女婿家族显贵外，孙权对女儿非常宠爱，全公主常常出入宫中。孙权的大政方针多与其长女全公主商定。

因为父亲宠溺，孙鲁班虽没有任何官位，却有实力参与政治斗争，这为她日后满足自己的权力欲望提供了先决条件。

母亲诉苦，把孩子牵进大人纷争

母亲步练师，深受父亲孙权宠幸，却一直不能封后。

步练师先是与太子孙登的养母徐夫人争皇后之位。徐夫人，因为善妒被孙权厌弃，被流放到吴郡，本来就不是皇后的有力竞争者，只因为抚养成人的孙登是个大孝子，屡次要求父亲孙权封徐氏为皇后。大臣们也因为太子的缘故，以“子以母贵，母资子贵”的古训要求孙权立徐氏为后。

这一轮皇后之位争斗中，孙鲁班就参与其中，极力劝说父亲孙权立母亲为后。太子和大臣们的呼声太盛，孙权也不敢过分驳斥。孙权虽然没有封步练师为皇后，但步练师在宫中的一切用度地位都如同皇后。徐氏虽然呼声高，但孙权不待见，根本没有什么威慑性。徐氏去世后，册立皇后风波再起。

这一次与步练师争皇后之位的是王夫人，王夫人不同于徐氏，她在宫中受宠爱的程度只稍逊于步氏。最重要的是，王夫人有儿子。大臣们为什么反对步练师被封为皇后？就是因为步练师没有儿子，只生下了两个女儿。

步练师与王夫人的争斗究竟如何惨烈，史料中没有任何记载，但从两个人都没有封后可以看出，孙权还是偏向于步练师的。等到步练师去世，孙权毅然决然的追封她为皇后。

这一次争斗，孙鲁班同样参与其中，与王夫人几乎到了水火不容的地步。母亲荣耀地去世后，父亲孙权想立王夫人为皇后，这可吓坏了孙鲁班。真要是王夫人当了皇后，自己可就要遭殃了。虽然父亲溺爱，她毕竟已经嫁人，古人认为“嫁出去的女儿，泼出去的水”。一旦王夫人被立为皇后，在父亲孙权心中的地位就会攀升，要是吹点枕头风，她再受宠也吃不消呀。为了自己，孙鲁班经常在父亲面前说王夫人的坏话。孙权对待妻子一向比较薄情，在女儿的谗言下，真的打消了立王夫人后的想法。

正当孙鲁班欢呼庆祝时，与她关系还不错的大哥兼妹夫孙登英年早逝。孙登去世后的第二年，也就是赤乌五年（公元 242 年），王夫人的儿子孙和被立为太子。

孙和被立为太子，比王夫人被立为皇后的后果更严重。如果一切顺利的话，孙和就会继承帝位，掌控整个国家，到时候，孙和很可能会因为自己与他母亲的龃龉而怨恨，孙鲁班极度不安。怎么办？孙鲁班联合丈夫共同对敌，自己在父亲孙权身边继续说王夫人的坏话，丈夫在朝廷上制造谣言反对太子。

不仅如此，孙鲁班还派人监视王夫人和太子孙和的一举一动，寻找时机。孙和政治敏感度不高，考虑事情不够谨慎。父亲孙权生病卧床修养时，他被派去宗庙祭祀，岳父张承的弟弟张休因为住在宗庙附近，就邀请他去吃吃饭、喝喝酒、赏赏花。孙鲁班得知消息后大喜，知道机会来了。她赶紧跑到父亲孙权那里诬陷孙和说："父亲，太子孙和不在宗庙里为您祈福，却跑到了太子妃家人那边暗中谋划大事。这就罢了，您生病期间，孙和的母亲王夫人不关心您的身体，反而时常流露出喜色。"

孙权一听，根本没有分辨女儿言语的真假，大怒，把王夫人叫来痛骂，王夫人非常忧虑自己和儿子的处境，竟然忧郁而死。王夫人一死，太子孙和就更加不受宠了，再加上孙鲁班推波助澜，让孙和与同父异母弟弟孙霸在朝廷之上互相争斗，惹的孙权大怒，最后废黜了孙和，赐死了孙霸。在这其中，孙鲁班和妹妹孙鲁育产生了很深的矛盾。

在父亲孙权对孙和和孙霸不满时，孙鲁班与弟弟孙亮的母亲潘夫人建立了政治同盟，先把自己的侄孙女嫁给了孙亮为妻，又极力劝说父亲改立孙亮为太子。父亲临死前，心中有悔恨，打算将孙和召回，被孙鲁班等人阻止。

早在父亲未死之前，孙鲁班为了以后更好地掌控朝廷，竟与自己同宗同族的堂侄孙峻乱伦，并在父亲去世时，将孙峻送上了辅政大臣的位置。孙峻为了讨好孙鲁班，派人赐死了被流放的废太子孙和，彻底断绝了孙鲁班被人报复的可能。

杀孙和也就罢了，毕竟孙鲁班和他仇怨很深，但孙鲁班连和自己有矛盾的亲妹妹也不放过，利用孙登之子孙英，以及孙峻的叔父孙仪阴谋杀死孙峻的机会，诬陷妹妹孙鲁育也参与其中，让情夫孙峻诛杀了妹妹。

等到孙亮知道了姐姐孙鲁育冤死的内幕，跑去质问孙鲁班，孙鲁班竟丧心病狂地陷害妹妹孙鲁育的两个儿子，说是他们告密害死了自己的母亲，孙亮也没有动大脑思考，竟相信了姐姐孙鲁班的说法，杀了姐姐孙鲁育唯一的两个儿子，免除了姐姐孙鲁班的后顾之忧。

善有善报，恶有恶报。对妹妹痛下杀手，给孙鲁班埋下了祸根。情夫孙峻死后，孙峻的弟弟堂弟孙綝掌权，他的妹妹是孙鲁育儿子朱损的妻子。

他掌权后，先是废黜了皇帝孙亮，流放了孙鲁班。

我相信幼时的孙鲁班也是一个天性善良的人，但在母亲步练师的引导下，逐步参与到大人们之间的政治纷争中，最后在政治漩涡中越陷越深，为了能够更好地生存下去，不得不放弃礼义廉耻和所有的自尊，谋杀后母、兄弟、亲妹、嫡亲姨侄。

有人说孙鲁班是蛇蝎一般的女子，我觉得孙鲁班也是一个可怜之人，是家庭教育失败的受害者。作为父母，我们不该把孩子扯入到大人的纷争，当然古代那种宫廷斗争是非常残酷的，很多子女也是无奈卷入，而现代却与古代不同，很多父母不知道出于什么样的原因，因为夫妻之间的纠纷，或者婆媳之间的纠纷，或者是隔代之间的纠纷，把孩子扯入其中。甚至有些夫妻，因为理念的不同，竟把孩子扯入到两人的纠纷中，让孩子当裁判。

如此这些不正确的行为，对于孩子的危害非常大。

孩子扯入大人纷争，危害重重

把孩子扯入我们大人之间的纷争中，会有哪些危害呢？

一是危害孩子的心理健康。面对大人的纷争，孩子很多时候都不知道大人在争论什么，但他会觉得是因为他而产生争吵，这样会让孩子产生恐惧和不安。孩子都不愿意大人争吵，他们会小心翼翼，甚至压抑自己，只为取悦大人，让大人不再吵闹。甚至，孩子为了保护自己，会学习在不同的人面前做出不同的表现，比如在爸爸面前一个样，在妈妈面前又是另一个样。久而久之，孩子就容易因此而形成双重人格。双重人格对他以后的健康成长、人际交往、婚姻家庭、事业等会埋下隐患。

二是错失教育孩子的良机。有的大人起争执，主要在孩子的教育问题，比如就孩子出现的某一个问题，几个大人之间观点不同，互相都想站出来教育孩子。处于情绪化中的大人往往不能理性审视对方，来正确应对孩子的问题。在反复争论过后而观点仍能无法统一的情况下，双方容易采取消极对待的方式，放任孩子，互相不管，让孩子错失了及时接受最佳教育的机会。家庭成员间的态度不一致，常让孩子茫然不知所措，无所适从，不知道该听谁的。在没有固定的教育观念的引导下，孩子常会错误地以为胜利一方的观点就是正确的，长此以往，孩子的是非观会变得模糊，甚至颠倒是非。

三是误导孩子学会不尊重他人。如果孩子从小就处在纷争不断的家庭中，整天耳濡目染争吵、指责和简单粗暴的行为方式。这会使孩子养成不平等待人，不尊重他人，唯我独尊的交往方式，造成性格上的缺陷，从而遭受交往挫折。

生活之中，家人之间产生矛盾很正常，纠纷也在所难免，但作为父母，我们应该尽自己所能，做到：有什么矛盾，不在孩子面前吵；有什么纠纷，不把孩子卷入；有什么分歧，不让孩子做裁判。

本章小结

1. 克服自卑

每一个孩子都不是完美的，总会存在这样那样的缺陷。孩子并非天生自卑，也不来源于自身缺陷，更多的还是因为父母总是喜欢有意无意间揭孩子的伤疤。而这些伤疤其实是孩子最想隐藏起来的自卑，他们极度渴望获得他人的认可，尤其是父母的认可。

自卑的孩子，往往缺乏自信心，经常拿自己的短处去和别人的长处比较，比较的结果当然是不如别人了，这让他们更加觉得自己很差劲。自卑，说直白一点就是自我评价过低，自己瞧不起自己。它是一种人格缺陷，是一种不平衡的行为状态。

怎么帮孩子克服自卑心理呢？

引导孩子接纳自己，经常给孩子以鼓励，让他不但能认识自己，还要全面接纳自己。学会正确与人比较，自卑感强的人往往拿自己的短处跟别人的长处比，不是不能比，父母要引导孩子在比较中扬自己的长、避自己的短，往往更能增强其自信心。帮助孩子克服自卑心的时候要坚持不懈，不能操之过急，“冰冻三尺，非一日之寒”，孩子的自卑感不是一天形成的，要克服它也是要有一个过程的。尤其是自卑的孩子相较于其他孩子更加敏感，所以更要求我们特别有耐心、细致，只要多多肯定他，正确引导他，相信自卑肯定不会毁了你的孩子。

2. 孩子意愿

孩子在成长过程中，随着年龄、历练和知识储备的增加，自己会逐步对未来的发展产生自己的规划和意愿。作为父母，要尊重孩子的意愿，即便不同意孩子的选择，也只能向孩子阐述想法和建议，让孩子进行自我抉择。

父母不可能一辈子陪着孩子，总有一天，孩子需要独立自主地去做出判断，与其等到以后孩子不敢或者不会做出选择，不如现在趁着父母健在，让他们去自我选择。不管是挫折还是成功，他们都能收获经验。孩子真正需要我们做的，不是去控制他们或者帮助他们做出决定，而是父母坚定支持他们做出的决定。

3. 实现梦想

一个人，只要有了梦想，整个生命都会焕发不一样的活力。有梦想的孩子，才最有前途。一个孩子要想通过自我萌生梦想并不容易，作为父母，要根据孩子表现出的兴趣方向，有意识地进行引导，推动孩子某一方面的兴趣进化为梦想。

从兴趣进化到梦想，父母千万不能过分强迫，过分强迫会容易让孩子产生抵触，甚至会厌弃。梦想的主体是孩子，而不是父母，父母只能引导，不能强逼。不过孩子一旦表达出某个梦想时，如果有往这一梦想方向努力的条件，作为父母一是要全力支持，二是在孩子懈怠时要做好督促和鼓励工作，千万不能让孩子半途而废，这样不仅是对梦想的浪费，更容易让孩子养成“困难面前就逃避”的恶习。

4. 丧偶家庭

因为某种不可抗力的因素，现在丧偶家庭越来越多。丧偶家庭的父亲或者母亲，因为生活的压力，往往会续娶或者续嫁。继父或者继母来到家庭后，孩子往往难以适应，他们会有意识将继父或者继母与自己的父亲或者母亲进行对比，继父或者继母再怎么努力，往往因为某些隔阂而容易让孩子感受到一些细微区别，而这些区别更容易让孩子产生一种危机感，甚至会产生一种“未来会被抛弃或者送走”的畏惧感。再加上亲戚朋友总是会在孩子面前说一些“继父或者继母会怎么怎么虐待他”的坏话，孩子会更加敏感，更加缺乏安全感。为了自我保护，孩子会越发自私。作为丧偶家庭的父母，对待孩子一定要更细心，即便是批评或者惩罚也要注意保护孩子的自尊心。

5. 安全感重塑

儿童在很小的时候就会强烈地依恋父母或其他养育者，这种依恋是在孩子与父母或养育者的相互交往和感情交流过程中形成的。儿童要求的不仅是父母满足他们的物质需要，更要求父母为孩子的心理安全提供保障。很多父母，更多地觉得只要满足孩子的物质需要就可以了，至于感情的温暖和心理的安全就很少关注到。

经常看到这样的情景：父母大发脾气，以惩罚恐吓儿童，大声斥责，把孩子推推拉拉，甚至施以体罚。有些父母认为，这样对儿童进行教育，是为了不把孩子惯坏。事实上，当父母这样做的时候，往往会引起孩子的恐惧和痛苦，不可能达到教育的目的。此时，儿童所感觉的恐惧是失去父母之爱的恐惧。

如何才能挽救孩子日益缺失的安全感呢？

营造和谐温暖的家庭氛围，给孩子一个安康快乐的生长环境，对孩子安全感的建立是至关重要的。尽可能多地抽出时间陪伴孩子，长时间、高质量的陪伴更有利于孩子的安全感重塑，哪怕再忙，每天也要至少抽出十分钟来和孩子在一起，和孩子在一起的时候，不要分心。面对挫折别苛责，允许孩子哭泣，适当的哭泣对孩子来说是一种很好的宣泄方式，可以及时排除负面情绪，协助建立安全感。鼓励孩子独立，接纳孩子的个性，给孩子一个选择的机会，让孩子自己完成自己的事情，亲身经历各种问题带来的挣扎，在自己的错误中得到成长。不威胁孩子，不说“你不听话我就不喜欢你了”或者“你不听话我就不要你了”这样的话。

6. 学会尊重

每个人都渴望得到别人的尊重，孩子也同样。一个孩子得到大人的尊重，长大后他也就会懂得该如何去尊重他人。孩子最初的受人尊重的感觉是从父母那里得到的，尊重别人的意识也是在日常生活中经过多次训练、教育，不断强化而逐渐建立起来的。

学会尊重孩子不是一件容易的事，因为它不是一朝一夕想学就成的。它应是建立在正确的认识基础上，多花心思、掌握技巧、真正发自内心的自觉行为。尊重孩子的独立人格和自我意识，作为父母，应随着孩子年龄的增长和独立意识的增强，通过各种方式以实际行动给予孩子支持，如对孩子表示信任、让孩子拥有独立的空间、给孩子支配时间的自主权、尊重孩子的选择、善待孩子的朋友，等等。

给孩子一定的自由空间。孩子除了吃好穿好的需要外，还有渴望得到尊重、渴望独立自主、渴望自由创造的需要。尊重孩子，就要把自由和独立还给孩子，让孩子自主选择，自由探索。

7. 掌控孩子

当父母发现无法通过自己的主观能动性改变世界时，就开始把压力向他人转移，尤其是向孩子。这种转移往往是以非常隐蔽的方式进行的，比如隐藏在“我是为了你好”、“都是因为你”这样的美丽外衣下。

为什么有些父母喜欢掌控孩子呢？因为这些父母没有稳定的自我和自我价值感，他们需要孩子的语言和行为来得到肯定或者是安慰。他们总是觉得他们是因为孩子而产生负面的情绪，但他们自己又没有办法消弭负面的情绪，他们想到了一个推卸自己责任的办法，就是通过改变孩子，让他们变成我们心目中认为的模样，这样就能让自己的心情变好。

只有当父母有非常稳定的自我价值感时，父母才会有不去控制孩子的勇气。因为自我价值不会因为别人的肯定、褒奖、支持、赞美或者安慰而得到提升，父母本身就是有价值的，不需要通过控制孩子的行为，来得到价值感。千万不要再管控孩子了，终究有一天雏鹰要高飞。

8. 自信养成

自信的人往往学起什么来都特别有信心，也更容易寻找到学好的方法。自信的人，不管遇到什么样的困难，他们都会坚信自己一定能成功，一定能学好。

既然孩子自信有那么多好处，那怎么样才能培养出自信的孩子呢？

正确评价孩子的点滴进步。父母的评价对于孩子自信心的产生至关重要。作为父母，要善于发现孩子身上的闪光点，不盲目地拿自己的孩子同别的孩子比较，而是多拿孩子的过去与现在比较，让孩子知道自己长大了、进步了，自信也会自然而然地萌生。如果自己的孩子发展较慢，父母要用更多的关怀和鼓励，让孩子懂得人人都有长处，逐渐树立对自己的正确评价。

在成功体验中培养孩子自信心。作为父母，应该正确认识到孩子的缺点和优点，正确把握，创设良好的机会和条件让孩子去尝试和发现，发展孩子的各种能力，并在孩子取得成绩时，及时表扬，充分肯定进步，才能让孩子体验到成功的喜悦。

鼓励挫折中的孩子培养他的自信心。孩子什么时候最缺乏自信呢，是在遭遇挫折时。当孩子遇到挫折，完成不了一件事情的时候，我们要把事和人分开，让孩子明白失败了不代表自己无能，只不过自己还没有掌握解决的办法，只要掌握了技巧，就能把事情做成功。鼓励孩子，要把握两个原则，第一是不要讽刺孩子，不让孩子受到打击和伤害；第二是不要过度赞扬孩子，这会让孩子滋生骄傲。

9. 不介入纷争

别把孩子扯入大人之间的纷争中，否则危害重重：

一是危害孩子心理健康。面对大人的纷争，孩子为了保护自己，会学习在不同的人面前做出不同的表现，比如在爸爸面前一个样，在妈妈面前又是另一个样。久而久之，孩子就容易因此而形成双重人格。双重人格对他以后的健康成长、人际交往、婚姻家庭、事业等会埋下隐患。

二是错失教育孩子良机。有的大人起争执，主要在孩子的教育问题。

处于情绪化中的大人往往不能理性审视对方，来正确应对待孩子的问题。在反复争论过后而观点仍能无法统一的情况下，双方容易采取消极对待的方式，放任孩子，互相不管，让孩子错失了及时接受最佳教育的机会。家庭成员间的态度不一致，常让孩子茫然不知所措，无所适从，不知道该听谁的。在没有固定的教育观念的引导下，孩子常会错误地以为胜利一方的观点就是正确的，长此以往，孩子的是非观会变得模糊，甚至颠倒是非。

三是误导孩子学会不尊重他人。如果孩子从小就处在纷争不断的家庭中，整天耳濡目染争吵、指责和简单粗暴的行为方式。这会使孩子养成不平等待人，不尊重他人，唯我独尊的交往方式，造成性格上的缺陷，从而遭受交往挫折。

生活之中，家人之间产生矛盾很正常，纠纷也在所难免，但作为父母，我们应该尽自己所能，做到：有什么矛盾，不在孩子面前吵；有什么纠纷，不把孩子卷入；有什么分歧，不让孩子做裁判。

后记

要改变孩子先改变父母

作为一名教育工作者，我一直希望每一个孩子能够在学业上有所发展。虽然“读书无用论”的观点在有些家长圈里弥漫，但我总朴实地认为，孩子没有知识储备，未来发展一定会比较艰难。邓小平同志曾经说过“科学技术是第一生产力”，在这个科技发展迅速的时代，一个不阅读、不充电的孩子，难以跟上时代潮流。

从教时间越长，我越发现孩子越来越难以引领前行。上课不听讲喜欢开小差、课后不及时完成作业的孩子越来越多，不管怎么更新教学理念，这部分孩子的情况都难以得到改善。一次次与家长沟通，不管我向家长提出怎样的建议，孩子都没有如我期许的那样得到好转，反而出现有的孩子“破罐子破摔”，在学业上越发落后。

出现这种情况，百思不得其解。有一次闲来无事，我统计了一下学业落后和经常不完成作业的孩子家庭情况。真可谓不调查则已，一调查吓死人，我惊奇地发现，这些孩子的家庭要么是单亲家庭（主要是离异家庭），要么是留守家庭（跟随爷爷奶奶或外公外婆生活，父母都在外地工作），要么是隐形留守家庭（父母虽在孩子身边，却从不管孩子的学习生活）。

这些孩子，不管老师怎么“因材施教”，都抵不上家长带来的负面影响。慢慢地，我意识到每一个问题孩子背后都存在着问题父母。要想帮助孩子前行，如果不改变父母，想单纯依靠改变孩子是很难的。

要改变孩子的父母很不容易。他们都是成年人，有很强的自我主观意识，如果想依靠所谓的说教只能适得其反，必须要自我充电，了解当下问题父母的症结所在，才能对症下药，让问题父母自然而然地得到改变。在努力学习家庭教育各项知识的过程中，我有幸结识了《中国教育报》家庭教育周刊主编杨咏梅老师。在她的悉心帮助和指导下，我在她主编的家庭教育周刊上开设家庭教育微评栏目。也是在她的鼓励下，我坚持撰写家庭教育方面的文章，开通了个人微信公众号。

在自我充电过程中，我发现可以从历史中寻找和总结家庭教育的成败。我在个人微信公众号上发布了“以史为鉴”系列文章，得到了独立出版人、资深家庭教育媒体人韩可弟先生的认可，他鼓励我继续研究思考，争取出版。

在韩先生的鼓励和支持下，我从三国这段中国历史上最辉煌的时代遴选出五十位在家庭教育成败上具有典型意义的人物进行思考，撰写了本书。一直对我非常关心的河北名师曹秀芳老师非常看好这一系列文章，在她的帮助下本书得以出版。

由于本人既非历史专业学生，又对历史没有什么突出的研究，在撰写五十位三国人物事迹时，我虽竭尽全力争取做到所写五十位三国人物的事迹符合历史记载，但毕竟水平有限且所能查询到的资料有限，如存在不当之处，欢迎方家批评指正。

鞠　锋

2016 年 11 月 25 日写于靖江